高等院校**通识教育**新形态系列教材

U0688913

我心飞翔

大学生心理健康教程

吕慧英 扶长青 吴雪霜 / 主编

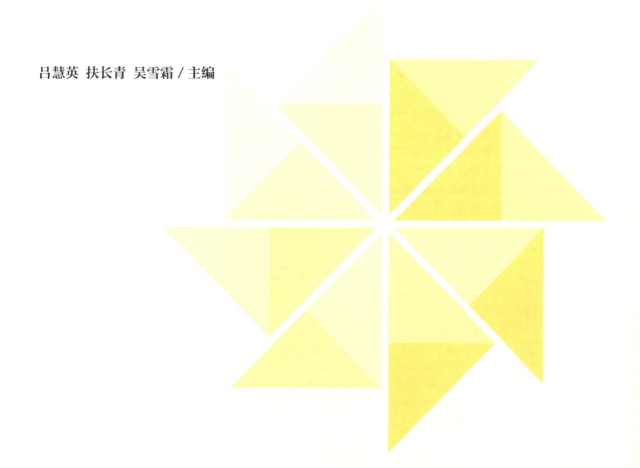

人民邮电出版社

北 京

图书在版编目（CIP）数据

我心飞翔：大学生心理健康教程 / 吕慧英，扶长青，
吴雪霜主编. -- 北京：人民邮电出版社，2022.8（2023.1重印）
高等院校通识教育新形态系列教材
ISBN 978-7-115-59482-2

Ⅰ. ①我… Ⅱ. ①吕… ②扶… ③吴… Ⅲ. ①大学生
－心理健康－健康教育－高等学校－教材 Ⅳ. ①G444

中国版本图书馆CIP数据核字(2022)第104131号

内 容 提 要

本书秉承积极心理学思想，强调理论与实践并重，紧密围绕大学生心理健康教育的教育性与发展性功能来展开。本书主要内容包括：健康人生，从心开始——走进心理世界；开启心门，放飞心灵——自我意识；自适其意，自遂其性——人格塑造；自信挥笔，描绘人生——生涯规划；生也有涯，知也无涯——快乐学习；嘤其鸣矣，求其友声——学会交往；调动心弦，聆听心音——情绪管理；人生如花，爱似花蜜——恋爱与性；不经风雨，怎见彩虹——压力管理与挫折应对；生如夏花，逝若秋叶——生命教育；自由呼吸，我心飞扬——心理危机干预。全书每章设置了学习目标、心灵故事、心理导航、心理测试和心理素质拓展活动，引导学生实际参与，使其学会自我认识、自我评价、自我调控和自我发展，培养健康的心理素质。

本书既可作为高等院校心理健康教育课程的教材，又可作为广大心理教育工作者、高等教育管理者和其他青年朋友的自助读物。

◆ 主　编　吕慧英　扶长青　吴雪霜
　　责任编辑　李媛媛
　　责任印制　王　郁　陈　犇
◆ 人民邮电出版社出版发行　　北京市丰台区成寿寺路 11 号
　　邮编　100164　电子邮件　315@ptpress.com.cn
　　网址　https://www.ptpress.com.cn
　　三河市君旺印务有限公司印刷
◆ 开本：787×1092　1/16
　　印张：11.25　　　　　　　　2022 年 8 月第 1 版
　　字数：309 千字　　　　　　2023 年 1 月河北第 2 次印刷

定价：47.00 元

读者服务热线：(010)81055256　印装质量热线：(010)81055316
反盗版热线：(010)81055315
广告经营许可证：京东市监广登字 20170147 号

本书编委会

主　任

　　吕慧英　扶长青　吴雪霜

编　委

　　（以姓氏笔画为序）

　　丁　伟（武汉生物工程学院）

　　王　龙（武汉生物工程学院）

　　李　艳（武汉生物工程学院）

　　朱悦悦（武汉生物工程学院）

　　吕慧英（武汉生物工程学院）

　　扶长青（湖北医药学院）

　　宋宇宁（武汉生物工程学院）

　　吴雪霜（武汉生物工程学院）

　　欧欣怡（武汉生物工程学院）

　　侯冰杰（武汉生物工程学院）

　　袁文婷（武汉生物工程学院）

　　高则富（武汉生物工程学院）

　　谢红林（武汉生物工程学院）

前　言

当前，大学生心理健康是一个受到社会广泛关注的话题。党和国家高度重视大学生心理健康教育工作，要求坚持不懈促进高校和谐稳定，培育理性平和的健康心态，加强人文关怀和心理疏导，把高校建设成安定团结的模范之地。近年来，随着社会的急剧发展变化，大学生的心理诉求和心理问题日趋复杂化和多样化，给高校心理健康教育工作带来了新的挑战。拥有健康的心理，才能更好地享受美好的青春时光。育人先育心，健康心态是培养社会主义建设者和接班人的应有之义。

本书追求科学性、实用性、可读性和趣味性相统一，以独特的体例撰写，结构完整，自成体系，深入浅出地阐释了大学生心理健康的有关知识。每章均以"心灵故事"为引导，再现了大学生活中的若干困惑。"心海泛舟"让大学生深入了解困惑的表象、原因。最为关键的是要找到自我调节的路径，"心路导航"给你方法，给你帮助。解决困惑后的内心感悟通常能引起共鸣，便有了"心情日记"，充满哲理的心理美文给人启迪。为顺应新时期的发展需要，本书增加了微课视频，丰富了教学资源。参与编写的老师都是从事大学生心理健康教育工作的一线人员，本书是大家实践经验的总结和集体智慧的结晶。

本书自 2012 年出版以来，受到大学生和心理健康教育工作者的广泛好评。在第五批湖北省高校心理健康教育示范中心和达标中心立项建设高校名单中，武汉生物工程学院位列其中，本次再版是我心飞翔的召唤，更是武汉生物工程学院心理健康教育 10 年探索的升华。

站在新的起点上，我们将继续为青春护航，开启心理育人工作的新篇章。

编者

2022 年 5 月

目 录

第一章

健康人生，从心开始
——走进心理世界

健康是人生快乐、幸福、成功的基础和前提，世界卫生组织前总干事马勒博士曾说："有了健康并不等于有了一切，但没有健康就意味着没有一切。"在现代医学看来，健康不仅包括身体健康，也包括心理健康。"心晴的时候，雨也是晴；心雨的时候，晴也是雨"，把封闭的心门打开，幸福的阳光就能驱散心灵迷失的阴暗。

● **本章学习目标**

- 了解心理健康的概念、标准及判断依据，增强心理健康意识。
- 了解心理咨询的功能，建立正确的心理咨询观念及自助、求助的意识。
- 认识常见的大学生心理健康问题和影响因素，并对心理健康进行自我评估。
- 掌握常见异常心理的概念和识别依据。

心理健康

健康是人生第一财富。

——爱默生

有健康的身体，才有健康的心理。

——洛克

青青是一名大一新生，入校已两个月，但她对于大学生活还处于感到新奇的状态，同时她也有一些困惑及困扰。青青在开学时积极加入了各种各样的社团组织，每天忙于参加各种活动，但是收获并没有达到自

己预期的结果。由于青春和室友的生活习惯不同，她和室友相处得并不愉快。班级生活委员在分配劳动任务时，由于考虑欠缺，导致任务分配不均衡，青春为此与生活委员产生了冲突。这些事情让青青疑惑：该如何平衡大学生活与学习？面对不同的生活习惯，怎样和室友建立良好关系？面对不合理的事情，怎样合适地进行表达和解决？

心理健康课下课后，青青找到自己的老师，积极求助，她把自己的疑惑和困扰告诉了老师，希望老师帮助自己解答疑惑，以便更全面地认识自己，同时希望能够了解更多的心理知识。

有人的地方就有心理。我们一起跟着青青和老师来了解心理学，走进心理世界，走进心理健康。

● 心海泛舟

一、健康与心理健康

（一）健康

健康是人类的基本需求。世界卫生组织对于健康的定义："健康不仅仅是躯体没有疾病，而且还要具备心理健康、社会适应良好和道德健康，一个人只有具备了上述 4 个方面的良好状态，才是一个完全健康的人。"这是对健康全面、科学、完整、系统的定义。

世界卫生组织还制定了十大准则，以衡量一个人是否健康。

（1）精力充沛，能从容不迫地应付日常生活和工作的压力而不感到过分紧张。

（2）处事乐观，态度积极，乐于承担责任，事无巨细不挑剔。

（3）善于休息，睡眠良好。

（4）应变能力强，能适应环境的各种变化。

（5）能够抵抗一般性感冒和传染病。

（6）体重得当，身材均匀，站立时头、肩、臂位置协调。

（7）眼睛明亮，反应敏锐，眼睑不发炎。

（8）牙齿清洁，无空洞，无痛感；齿龈颜色正常，不出血。

（9）头发有光泽，无头屑。

（10）肌肉、皮肤富有弹性，走路轻松有力。

（二）心理健康

心理健康有广义和狭义之分。从狭义上讲，心理健康指不具有某种心理疾病或病态心理。而广义的心理健康，则是指一个人具有良好的心理品质，即健康人格。我国心理学界一般认为，心理健康是以有效的心理活动、正常平稳的心理状态，对当前和发展着的社会、自然环境及自我环境，具有良好适应能力的心理状态。

一般而言，我们可参照下述标准检视自己的心理健康状况。严格意义上的心理健康则要求助于临床心理学家的测查与诊断。

（1）具有充分的适应力。

（2）能充分地了解自己，并对自己的能力做出适度的评价。

（3）生活的目标切合实际。

（4）不脱离现实环境。

（5）能保持人格的完整与和谐。

（6）善于从经验中学习。

（7）能保持良好的人际关系。

（8）能适度地发泄情绪和控制情绪。

（9）在不违背集体利益的前提下，能有限度地发挥个性。

（10）在不违背社会规范的前提下，能恰当地满足个人的基本需求。

二、大学生常见心理困扰

研究发现，大学生可能因为不适应大学生活而出现各种心理困扰，主要体现在以下几个方面。

（一）自我认识、自我体验、自我控制方面

大学生在自我认识方面会出现偏差，有时候低估自我，有时候又高估自我；在自我体验方面，有的大学生会存在孤独感、自负与自卑感；在自我控制方面，有时会出现自我放任与逆反心理。

（二）人格方面

由于多种原因，大学生在人格发展过程中会出现各种各样的问题，比如心理状态失衡，具体可表现为消极颓废、抑郁、虚荣心强等。另外，少数大学生意志薄弱、抗挫折能力差。

（三）适应方面

大学生善于思考，希望按照自己的意志处理一切问题。但是，大学生还没有真正独立于社会，他们还存在一定的依赖心理。独立和依赖的冲突，使很多大学生在心理上处于失衡状态，这对学习和生活有一定的不良影响。

（四）学习方面

大学期间，学习任务不再如高中阶段繁重，学习动力不足、学习目的不明确、学习方法欠缺是学习问题的主要方面。

1. 学习动力不足

部分大学生对于学习没有内在驱动力，无求知欲望，不想学习。有些大学生在高考填报志愿时对于大学的专业一知半解，凭借自己的主观理解猜测专业的意思，结果入学后发现所选择的专业开设了很多自己完全不感兴趣的课程，自己根本没有学习的欲望，缺乏持续学习的动力。

2. 学习目的不明确

许多大学生是为了通过考试、最终顺利毕业而不得不学习。在部分学习成绩很好的学生身上也存在这种情况，他们在学习上虽然努力，但没有明确的目标，经常感到心力交瘁，十分疲惫。

3. 学习方法欠缺

不少大学生习惯了中学时以教师为主导的教学模式，进入大学后很难适应新的教学模式，在学习方法上也没能及时调整，不知道在大学中应如何有效学习。

（五）人际交往方面

人际交往上的困扰主要体现在人际交往技能缺失和人际交往障碍两方面。

1. 人际交往技能缺失

人际交往技能缺失并非大学生群体独有，但这一问题在大学生中却有其独特表现。进入大学后，面对新的人际群体，一些大学生多少有些不适，少数大学生对大学中的师生、同学及异性间的关系显示出明显不适应。

2. 人际交往障碍

在大学阶段，个体逐渐进入准社会群体的交际圈，大学生开始尝试多种类型的人际交往，为将来进入社会做准备。在此过程中，部分学生会遭受挫折，陷入困惑与焦虑。

（六）情绪方面

大学生群体在情绪上具有自己的特点，比如情绪体验丰富而复杂；情绪体验趋向稳定，同时又具有明显的波动性等。这些特点使大学生中存在一些常见的情绪困扰，如焦虑、抑郁等。另外，大学生在情绪表达、情绪控制方面也可能存在困扰，比如不知道如何恰当表达自己的情

3

绪，或者感到难以控制自己的情绪等。

（七）恋爱与性方面

进入大学，我是否一定要恋爱？什么是爱情？怎样才能拥有完美的恋爱关系？万一失恋了我该怎么办？大学生是否可以发生性行为？这些问题折射出大学生在恋爱与性方面存在的困扰。

1. 爱情的困扰

大学生在恋爱过程中存在诸多误区，比如重恋爱过程、轻恋爱结果，重感情享受、轻理智控制等，从而引发一系列问题。

在处理友情问题上，大学生一个最突出的问题是无法正确分辨友情和爱情，不知道如何把握男女同学交往的尺度。

2. 失恋的困扰

从某种意义上来说，失恋可能是大学生最严重的挫折。失恋会给个体带来巨大的烦恼和痛苦，尤其会给个体带来严重的挫折感。尽管大部分失恋的个体经过一段时间后可以自己恢复，但仍有少数失恋者会出现一些心理问题。

3. 性的困扰

在性方面，大学生性意识活动十分活跃，性冲动以及渴望与异性交往的需要很强烈。另外，少数大学生对性问题过分关注，容易走上歧途。

（八）网络运用方面

随着社会的发展，大学生中拥有计算机的人越来越多，其中不少大学生毫无节制地玩网络游戏、聊天等，严重影响他们的学习和生活，更有甚者生理健康受到影响并产生一些心理问题。

4

知识链接

为引导大学生关注自身的心理健康，2000年，"5.25全国大学生心理健康节"在北京师范大学拉开帷幕，健康截取"5.25"的谐音"我爱我"，意为关爱自我的心理成长和健康。此后，教育部、团中央、全国学联办公室向全国大学生发出倡议，把每年的5月25日确定为全国大学生心理健康日。

历届"5.25"大学生心理健康周主题如下。

2000年：我爱我，给心理一片晴空！

2001年：我爱我，创造一个良好的人际空间。

2002年：我爱我，了解我自己。

2003年：我爱我，危机、理性、成长。

2004年：我爱我，走出心灵孤岛。

2005年：我爱我，放飞理想、规划人生。

2006年：我爱我，快乐自在我心，健康、自信的心理。

2007年：我爱我，用心交往，构建和谐。

2008年：和谐心灵　绿色奥运。

2009年：认同　关爱　超越。

2010年：和谐心灵，健康成才。

2011年：珍爱生命，责任同行。

2012年：寻找我·拥抱我。

2013年：中国梦·校园情·快乐心。

2014年：敞开心扉　拥抱爱。

2015年：释放心灵，成就梦想。

2016 年：读懂你我，共享青春年华。
2019 年：筑梦青春，追梦成长。
2020 年：聚力同心，战疫同行。

● **心路导航**

策略一：科学理解与运用大学生心理健康标准

（一）智力正常

智力正常是心理健康的重要标准之一。正常的智力水平是学习、生活与工作的基本心理条件，也是适应周围环境变化所必需的心理保证。

（二）自我意识明确

大学生对自己应有较为客观的自我认识，既不能因在某些方面比别人差而低估自己，也不能因在有的方面比别人强而盲目地高估自己，每个人都有自己的优缺点，要学会摆正自己的位置，恰如其分地评价自己。同时，大学生还应有良好的自我控制能力，能够做到自制、自律、自觉。

（三）人格健全

大学生应具有健全统一的人格，即具有心理和行为和谐统一的人格，个人的所想、所说、所做都是协调一致的。人格健全具体体现在以下几方面：人格要素无明显的缺陷和偏差；人生观正确，并以此支配自己的心理与行为；人格相对稳定。人格健全的个体具有积极进取的人生观，把自己的需要、愿望、目标和行为统一起来，无双重人格，不为私欲背弃信念和良心，不阳奉阴违、口是心非。

（四）适应能力强

社会适应指对社会环境中的一切刺激能做出恰当正常的反应。心理健康的大学生能适应生活环境的变化，与现实保持良好的接触，能够面对现实、接受现实，并能够积极主动去适应现实和改造现实，而不是回避现实；能主动面对各种挑战，妥善处理环境与自身的关系，创造条件使自己始终处于有利环境中。

（五）人际关系和谐

人际关系和谐既是心理健康的标准之一，也是维护心理健康发展的重要条件。心理健康的个体能够充分意识到与人交往的重要性，同时也愿意积极主动地与人交往，在交往过程中能够做到真诚、守信，在态度和人格上尊重他人、平等待人。在和谐的人际关系中，关系的双方都相互满足各自的需要。

（六）情绪健康

情绪健康总的要求是情绪稳定且积极情绪体验多于消极情绪体验，具体包括善于控制和调节自己的情绪，能够及时、准确、恰当地表达自己的情绪，在某些情况下又能够较好地克制自己的情绪；乐观、豁达，对小事不斤斤计较；善于创造快乐，能够承受快乐和痛苦的考验。

（七）意志坚定

意志坚定的主要标志是行为的自觉性、果断性和意志的顽强性。意志坚定的大学生在各种活动中都有自觉的目的性，能适时地做出决定并运用切实有准备的方式解决所遇到的问题，在困难和挫折面前，能采取合理的反应方式，能较长时间保持专注和控制行动去实现某一既定目标，不屈不挠，不达目的不罢休。

（八）心理行为符合年龄特征

在个体成长的不同时期，心理健康的个体应具有和其年龄相符的心理和行为表现。

· 知识链接 ··

　　心理健康是一种良好的适应与发展状态，也指人的认知、情绪和行为机能正常。心理健康的"朴素"标准包括：（1）爱自己；（2）爱他人；（3）爱生活、爱学习、爱工作；（4）乐于改变自己；（5）身心和谐统一。

策略二：心理健康的自我调适

（一）坚持健康、文明的生活方式

　　对大学生而言，具体要做到以下几点。（1）合理安排自己的作息时间，养成早睡早起的习惯，保证充足的睡眠时间；（2）坚持每天从事适量的体育锻炼，不吸烟、不喝酒；（3）每天按时吃饭，尤其应坚持吃早餐；（4）积极休闲，选择文明高雅的休闲娱乐方式，愉悦身心；（5）避免不文明的生活方式，如晚睡晚起、抽烟酗酒、暴饮暴食、沉迷网络等。

（二）培养健康的自我意识

　　心理健康的个体对自我必然持肯定的态度，能自我认识，明确认识自己的潜能、优点和缺点，并发展自我。一个积极向上的人能了解自己的长处与短处，并有适当的自我评价；能悦纳自我，对真实的自我持肯定、认可的态度，这些是自我意识健康发展的关键所在。作为成年人，应该做到正确认识自我，分析自己身上存在的不足，采取相应对策，主动寻找改善目前状况的办法，最终实现扬长避短，获得成功。

（三）培养良好的个性心理品质

　　健康的个体应是体力和智力、知识和道德、性格和才能、理性和直觉等诸方面获得高度和谐发展的人。青春期是人生中精力最充沛、思维最敏捷、情感最活跃的时期。与之相适应，行为上应该表现为朝气蓬勃、活跃好动，颇有些"初生牛犊不怕虎"的劲头。培养良好个性要避免狂妄自大、自私自利、狭隘猜疑、悲观厌世等不健康心理。预测一个人在学业、事业上能否成功，心理素质实际上比可测定的智商因素更为重要，这种心理素质也就是人们常说的个性心理品质。

（四）保持乐观向上的情绪

　　情绪对于心理健康至关重要。几乎每一种心理障碍或心理疾病都有其情绪上的表现。稳定而良好的情绪状态使人心情开朗、轻松安定、精力充沛，对生活充满乐趣与信心；相反，如果一个人长期处于不良的情绪状态中，久而久之就会导致心理失衡，甚至诱发心理疾病。因此，对情感丰富而冲动的大学生来说，更应学会保持乐观向上的健康情绪。首先，大学生应学会控制自己的情绪，在自己冲动、生气的时候应有意识地控制自己。其次，大学生还应学会有效地排解消极情绪。宣泄负性情绪的方法有很多，如大哭一场、向人倾诉、拿替代品出气、书写日记、吃喜欢的东西等。

（五）建立良好的人际关系

　　善于、乐于与人交往，是心理健康的必备条件。人是群居动物，仅就心理健康而言，人也是需要朋友的。当心情不好时，向同学或朋友倾诉会产生良好的心理调节作用。与人相处的原则：既对得起他人，又对得起自己。人际关系是复杂的，我们交友肯定有深浅或厚薄。对于事实已证明不可深交的人，我们也不妨浅交，不必疾恶如仇，保持适当的距离即可。

（六）合理处理爱情纠葛

　　无私奉献和付出是爱情的本质，认清这一点是处理恋爱问题的前提。大学生在恋爱过程中，应该学会尊重对方，平等地看待双方的感情，以认真负责的态度对待双方的感情。在恋爱过程中应做到文明恋爱，这是具有良好修养的表现。双方在交往过程中要尊重对方、珍惜对方，在

态度、语言等方面拒绝粗俗和放纵。最后，对于恋爱过程中出现的一些问题，如单恋、失恋等，大学生要学会有效地进行调节。

知识链接

当大学生彷徨、茫然时，默诵心理健康名言，可以激励自我、重拾信念。

（1）希望是附丽于存在的，有存在，便有希望，有希望，便是光明。

（2）人，只要有一种信念，有所追求，什么艰苦都能忍受，什么环境也都能适应。

（3）如烟往事俱忘却，心底无私天地宽。

（4）这世界除了心理上的失败，实际上并不存在什么失败，只要不是一败涂地，你一定会取得胜利的。

（5）生活中，谅解可以产生奇迹，谅解可以挽回感情上的损失，谅解犹如一个火把，能照亮由焦躁、怨恨和复仇心理铺就的道路。

（6）真诚的、十分理智的友谊是人生的无价之宝。

（7）尊重生命、尊重他人、尊重自己，这是生命进程中的伴随物，也是心理健康的一个条件。

心情日记

> **心理健康歌**
>
> 心无病，防为早，心理健康身体好。
>
> 气平衡，要知晓，情绪稳定疾病少。
>
> 调心理，寻逍遥，适应环境病难找。
>
> 练身体，动与静，弹性生活健心妙。
>
> 要食养，八分饱，脏腑轻松自疏导。
>
> 七情宜，不暴躁，气愤哀怒要去掉。
>
> 人生气，易衰老，适当宣泄人欢笑。
>
> 想得宽，重颜少，心胸狭窄促人老。
>
> 事不急，怒不要，心平气和没烦恼。
>
> 品书画，溪边钓，选择爱好自由挑。
>
> 与人交，义为高，友好往来要做到。
>
> 动脑筋，不疲劳，息睡养心少热闹。
>
> 有规律，健身好，正常生活要协调。
>
> 生命壮，睡足觉，劳逸结合真需要。
>
> 性情温，自身药，强心健身为至宝。

第二节

心理咨询

心灵应该习惯于从自身中吸取快乐。

——德谟克利特

提防别人不如提防自己，最可怕的敌人就藏在自己心中。

——斯帕克

7

心灵故事

　　小黎，女生，大一。新学期开学已经一个月了，小黎对专业课完全提不起兴趣，上课经常跑神，注意力不能集中。高考填报志愿时，小黎想填报英语专业，但是她的父母认为学医会有更好的出路，让她填报了药学专业。高中时小黎未学习过化学，一方面是因为自己不喜欢，另一方面是因为自己不擅长。她想转专业，但是母亲性格强势，她不知道怎么和母亲说。日子一天天缓慢地流逝，小黎的情绪越来越低落，最近两周食欲减退，睡眠质量也降低，她觉得自己需要到心理健康中心预约心理咨询。

　　你认为小黎是否需要心理咨询？如果你遇到了和她类似的情况，你是否会选择心理咨询？或许你已经通过影视剧、电视节目、网络推文等对心理咨询有一些初步的认识，请带着你的这些初步认识，来看看心理咨询到底是什么样的。

● **心海泛舟**

一、何谓心理咨询

　　心理咨询就是由专业人员运用心理学知识和相关理论、技术，针对来访者的各种适应与发展问题，与其协商、交谈，并给予启发和指导，帮助来访者达到自立自强、增进心理健康水平和提高社会适应能力的过程。我们可以从以下几个方面来更加深入和全面地认识心理咨询。（1）心理咨询建立的是一种咨访关系，这种关系对心理辅导的进行起着促进作用；（2）心理咨询是一种助人自助的活动，而不是强迫矫正；（3）心理咨询师将来访者视为独一无二的个体，尊重个别差异的存在，认为人可以自行选择自己所要保持的价值观，以及选择自己的生活方式，并为自己的选择负责；（4）心理咨询师以协助个体的方式来帮助个体认识自己和周围环境，进而达到接纳、欣赏自己，克服成长的障碍，最终迈向自我实现。

二、心理咨询的功能

（一）缓解负面感受

　　焦虑、烦躁、畏惧等负面感受是来访者寻求帮助的主要推动力之一。在心理咨询中，心理咨询师对来访者表达的情感充分理解、支持、积极关注，帮助来访者探索情感背后的原因，学习管理情绪的方法，从而使负面情绪感受获得缓解。

（二）建立新的人际关系

　　在心理咨询中，来访者可以直抒胸臆而不必顾虑破坏性的后果，他们的冒险或失败都不必付出任何代价。在咨询中，他们可以做出过激的或冷淡的情绪反应，心理咨询师常常用积极的态度去回应，促进求助者做出新的建设性的积极反应，并成功地运用于其他人际交往中。

（三）认识内部冲突

　　心理咨询可以帮助来访者认识到，大部分心理困扰源于自己尚未解决的内部冲突，而不是源于外界，外部环境不过是一个舞台，内心冲突就在这个舞台上面展开。

（四）纠正错误观念

　　来访者通常确信他们十分清楚自己需要什么和在干什么，而实际上并非如此，而是以种种非理性观念自我欺骗，心理咨询促进他们对自己的错误观念进行认真思考，对自己的问题形成新的理解，以新的视角看待问题，代之以更准确的理性观念。

（五）深化来访者的自我认识

　　心理咨询师引导来访者进行自我探索，当来访者真正认识了自己时，他也就认识了自己的需要、价值观、态度、动机、长处和短处。认识自己后，来访者就可以随时根据自己的情况规划自己的人生。

（六）学会面对现实

来访者往往会通过躲避现实来减少自己的焦虑，心理咨询师可促使其认识到这一点，引导其面对现实。

（七）增加心理自由度

大多数前来寻求心理咨询的人至少在某一个方面缺乏心理自由度，心理咨询师协助他们给自己的心理以更大自由的机会，接受矛盾和不完美。

（八）更有效地解决问题

通过缓解负面感受、获得领悟，来访者会变得更有力量，从而能更有效地解决问题。认清现实，然后采取有效行动，这是拥有幸福生活的秘诀。

● 心路导航

策略一：何时需要心理咨询

在机遇和挑战并存的大学阶段，凡是心理上有困扰，需要帮助、支持、治疗和指导的大学生，都可以选择进行心理咨询，具体包括下列情况。

（1）不良情绪持续两周以上，表现为：情绪低落、莫名忧伤；兴趣索然、闷闷不乐，易伤感、悲观、沮丧、失落；痛苦的内心体验持续存在，挥之不去，甚至自罪自责、悲观、厌世；伴有头痛、头晕、胃痛、乏力等躯体不适感。

（2）遭遇生活中的重大改变或突发事件。

（3）暴食或者厌食，饮食习惯发生巨大改变。

（4）过分关注自身健康，怀疑身体某部分或某一器官异常，尽管临床检查没有客观证据，但坚持认为自己得了某种疾病，并伴有焦虑、恐惧不安等症状。

（5）入睡困难、易醒、早醒、夜惊、梦呓、夜游及梦魇。

（6）强烈地感到不公平、不甘心，非常气愤，甚至想要激烈报复。

（7）遭遇严重的人身侵犯或伤害。

（8）觉得人生没有意义，感到前途渺茫、没有希望。

（9）学习（或生活）上压力过大或遭受挫折，难以应付，精神一蹶不振。

（10）某些事引起了强烈的心理冲突，自己难以解决。

（11）对学习缺乏应有的兴趣和热情，无法胜任学业，成绩显著下降。

（12）对自己将来的发展方向缺乏认识和掌握，感到无所适从。

（13）人际关系不和谐，与周围同学相处困难，感到很不适应。

（14）沉迷于网络，难以自制或自拔。

（15）有明显不平常的感觉和行为，如总听到一个声音指挥、控制你。

（16）有心理不健康的表现，如害怕一些并不可怕的事物，比如害怕花、害怕水、害怕笔、害怕看人等。

（17）身体没毛病，但存在由心理原因引起的性功能障碍，或者有一些古怪的性问题。

（18）过分自卑，看不起自己。

（19）经历失恋，心灵创伤无法"自愈"。

（20）借助专业心理测试，如卡特尔人格测验、症状自评量表、焦虑自评量表、抑郁自评量表等，发现需要进行心理咨询。

（21）并非本人意愿而不由自主地对毫无意义的往事反复回忆、联想、询问，对明知自己

9

已做好的事仍要反复检查或难以自控地重复做某些动作、行为，如有的人反复洗手、反复检查门有没有锁、反复检查水管关好没有。

不论是谁，只要心理上感到痛苦、有了烦恼，都可以去做心理咨询。特别是当问题很严重，自己无法解决时，更有必要寻求心理咨询的帮助。许多对你来说是极难解决的问题、长期困扰你的问题，在心理咨询师的指导下都可以找到解决的办法。

策略二：心理咨询前的准备

（一）要有主动咨询的欲望

来访者要有心理咨询的愿望和改变自身的心理准备。心理咨询是以语言沟通为基础的，若来访者没有沟通的愿望，不愿谈及真实的自我，不积极主动地配合咨询，咨询效果会受到影响。个人的求助动机越强，越容易收到良好的咨询效果。

（二）对心理咨询有较高的信任度，合理期待

首先，来访者对咨询机构、心理咨询、心理咨询师以及心理咨询师所持理论和方法应抱有较高的信任度。若来访者半信半疑，则咨询效果将大受影响。来访者应既不期待咨询进展神速，也不贬低咨询可能的效果。其次，来访者不必担心谈话的内容泄露，也不必对和咨询相关的隐情有意回避。心理咨询工作的重要原则就是保密和尊重，有些来访者因有这种担心，咨询时往往隐去某些问题，这不利于心理咨询师做出诊断和提供帮助。

（三）要明确咨询的内容

在心理咨询之前，来访者需要明白自己为什么去咨询、咨询要解决什么问题、怎样交流更合适、从哪里开始阐述，把想要咨询的问题想清楚，这样可以提高咨询效率，咨询更具针对性。叙述情况时尽量描述细节，要特别注意细节的描述，因为细节往往是问题的突破口，细节有助于心理咨询师对咨询问题做出更好的判断。有些咨询问题需要有关人员同步参与咨询，如子女的问题父母参与，恋爱问题男女双方参与。

（四）了解咨询设置

心理咨询有一套稳定的设置。

（1）稳定的时间。通常咨询时间为 50 分钟 / 次，家庭咨询与团体咨询 90 ～ 120 分 / 次。

（2）相对稳定的频率。每周 1 ～ 2 次，每周在固定的时间段开展咨询。这种安排会根据特殊情况而改变，比如来访者处于危机中。

（3）地点。一般选定在同一咨询室进行会谈是最佳选择。

（4）次数。咨询次数受多方面因素影响，比如咨询目标、咨询机构设置等。

（五）遵守预约时间

咨询时间确定后，要准时赴约。这不仅是对心理咨询师的尊重，也是认真对待自己的体现。通常在约定的时间提前 5 ～ 10 分钟准备好比较合适。

（六）及时反馈

心理咨询并不是一帆风顺的。再次面对痛苦并要讲述出来，来访者难免会想要逃避，拒绝深入交谈，这是正常现象。来访者对此所要做的就是和心理咨询师沟通自己的感受，向心理咨询师反馈自己体验到的咨询效果，包括正面的和负面的。

策略三：正确理解心理咨询

（一）心理咨询 ≠ 有精神病 + 不光彩 + 不体面

目前人们对心理咨询虽有所了解，但仍有人认为心理咨询是"治精神病"的。许多人认为心理疾病患者不可控制、有性格缺陷、沟通困难、需要照顾，因而常常产生一些刻板印象、偏

见和歧视，这就是所谓的心理疾病"污名"化。其实接受心理咨询的绝大部分人都是心理健康的正常人，他们只是在生活中遇到了自己无法解决的问题，如学习问题、人际交往问题、恋爱问题、婚姻家庭问题、职业选择问题等，这些问题都是我们正常生活的一部分，寻求专业人士的帮助是人们进行心理咨询的主要动机。还有一些人认为看心理医生是不光彩、不体面的事，通常左顾右盼、鼓足了勇气才走进咨询室，在心理咨询师反复保证下，才肯倾吐愁苦；或是绕了很大圈子，才把真实的情况表露出来。

（二）心理咨询 ≠ 窥见内心 + 万能"算命"

许多来访者不愿或羞于吐露自己的真实情况，认为只要简单说几句，心理咨询师就能猜出其心中想法，不然就表明心理咨询师水平不高。其实心理咨询师也是人，他们没有什么特异功能能窥见他人的内心世界，他们只是应用心理学的理论和方法，对来访者提供的一定信息进行讨论和分析，并针对性地进行咨询与治疗。因此，来访者需要详尽地提供有关情况，这样才能帮助双方共同找到问题的症结，从而有利于心理咨询师做出正确的诊断并进行恰当的治疗。

（三）心理咨询 ≠ 聊天 + 安慰

心理咨询当然也有宣泄、开导、安慰的作用，谈话是心理咨询的主要形式，但心理咨询并不是一般意义的聊天。心理咨询的谈话可以分为以诊断来访者心理问题为目的的摄入性谈话和以纠正来访者错误认知观念为目的的咨询性谈话。它和漫无目的的聊天有本质的不同。除了谈话，心理咨询还有其他方法和手段，比如心理测验、音乐干预、绘画干预、角色扮演、团体活动等形式。

（四）心理咨询 ≠ 救世主 + 绝对服从

一些来访者把心理咨询师当作"救世主"，把自己的所有心理"包袱"丢给心理咨询师，以为心理咨询师应该有能耐把它们一一解开，而自己不无思考、不无内省、不无努力、不无承担责任。其实，心理咨询师只起分析、引导、启发、支持、改变认知、帮助来访者人格成熟等作用。另外，来访者面临抉择，无从决断，希望心理咨询师帮忙拿主意时，应明白心理咨询师无权把自己的价值观、好恶强加给来访者。"救世主"只有一个，就是自己，只有改变自己、战胜自己、再塑自己，最终才能超越自我。

（五）心理咨询 ≠ 无所不能 + 立竿见影

许多来访者将心理咨询神化，认为心理咨询师无所不会、无所不能，就像一个"开锁匠"，什么样的心结都能一下打开，所以常常咨询一两次，没有达到所期望的"豁然开朗"的心境，就大失所望，再也不来了。实际上，心理咨询是一个连续的、艰难的改变过程。心理问题常与来访者的个性及生活经历有关，就像一座冰山，积封已久，没有强烈的求助、改变的动机，没有恒久的决心与之抗衡，是难以冰消雪融的，所以来访者需要有打"持久战"的心理准备。

正确认识心理咨询

"心理咨询不就是聊天吗？能说会道就能做心理咨询，有病的人才需要心理咨询。"从选择心理学专业以来，我听到太多的人说出这样的话。

为什么会这样呢？我想主要原因还是对心理咨询的认识不足。

那么心理咨询的意义是什么呢？一方面是帮助来访者与潜意识对话，真实地面对内在的自我需求。另一方面是帮助来访者掌握灵活的应对方式，解决生活中的困扰；学会与各种情绪相处，增加忍耐力；治愈心理创伤，以及因心理痛苦引起的生理不适；增加面对痛苦、不幸、灾难的勇气，在痛苦中依然保有积极向上、追求幸福的力量。

第三节

异常心理

一旦你承认自己遭遇的是一次"精神危机"，那么你可能很快地渡过抑郁。

——荣格

过分冷静的思考、缺乏感情的冲动，也必然使人的心理变态。

——瓦西列夫

心灵故事

　　韩梅梅，女。平时学习成绩优秀、活泼开朗、乐于助人，同时担任辩论队队长，是老师和同学眼中积极乐观、具有正能量的人。新学期开学到现在已经一个多月，室友觉得她变得不一样了，经常旷课和发呆，脸上的笑容减少了很多，喜欢的辩论队活动也不再参加，有时一周都不出寝室。韩梅梅意识到自己状态不好，决定找自己的好朋友和学校心理咨询中心的老师帮自己出出主意。

　　生活中你是否面临过这种状况？你身边的朋友是否有过相似的境遇？如果你是韩梅梅，你会怎么做？

● **心海泛舟**

一、大学生常见异常心理

　　人的一生会经历无数的变化。有些变化是正常的，有些变化是异常的。而心理活动正常与异常有时仅为一步之遥，有时是一个相当长的移行过程，其复杂性很难评说。大学生面临压力、竞争、矛盾、冲突时，可能会由于自身的生理、心理和社会环境等多方面因素共同作用而导致心理异常。

（一）异常心理的识别原则

1. 心理反应的合理性原则

　　受到侮辱时，人会产生反感甚至愤怒的反应，这是正常的。然而，个体无缘无故发怒，或是受到一些微不足道的刺激就不顾场合地大发脾气，这些反应就不合理，个体已经出现心理异常。

2. 心理活动的内在一致性原则

　　一个人遇到高兴的事时，会产生愉悦的情绪，欢快地向别人述说自己内心的体验。这种情况下，我们会认为这个人心理和行为正常。反之，如果某人含着眼泪用悲痛的语调述说快乐的事，或是对痛苦的事做出兴高采烈的反应，我们就可以推测其心理异常。

3. 个性特征的稳定性原则

　　比如一个很节约的人突然挥金如土，或者一个待人接物很热情的人突然变得非常冷淡，如果我们在他的生活环境中找不到促使他改变的原因，这时我们就可以推测他的精神活动已经偏离了正常轨道。

（二）异常心理的主要表现

　　（1）学习方面。成绩急剧下降，学习效率低下，学习兴趣消失，不能按时完成作业，千方百计躲避上学和考试。

　　（2）生理方面。如失眠早醒，饮食上有时数餐不吃，有时又暴饮暴食，不加选择地乱吃东西。

　　（3）情绪方面。出现恐惧、焦虑、抑郁等负性情绪，或情绪高涨、过于激动。

　　（4）行为方面。离群独处，少语、少动，精神不集中；过分活跃或重复做某一件无意义的事情；有暴力倾向等；在人际交往上和过去的习惯完全不同，前后判若两人，业余时间的安排及个人嗜好等方面也出现突然的变化。

（5）精神症状方面。出现妄想、幻觉，常说错话或做出常人认为异常的事情。

（6）个性方面。个性发生明显的改变，如原来活泼开朗的人突然变得沉默寡言，原来彬彬有礼的人变得粗暴，原来言词坦然的人变得疑虑重重，等等。原来性格上的某些缺点，如孤僻、多疑、胆小害羞、性情暴躁、多愁善感等，更加严重突出。

二、大学生常见心理障碍

（一）焦虑障碍

焦虑障碍是以过度害怕和焦虑或相关行为紊乱为共性特征的一组常见心理疾病。依据焦虑的急性和慢性特征，可将其分为惊恐障碍和广泛性焦虑障碍。

（二）抑郁症

抑郁症是一组以"悲哀、空虚、易激惹的心境，伴有身体和思维认知上的改变，并且显著影响到个体的功能"为主要特征的心理疾病的总称。

（三）强迫障碍

强迫障碍是一组临床上常见的慢性心理疾病，主要特征是反复出现强迫观念、强迫情绪、强迫意向或强迫行为。患者每天至少一个小时持续感受到明显的痛苦情绪或正常生活功能明显受到损伤。

（四）双相情感障碍

双相情感障碍是以明显而持久的心境高涨或心境低落为主的一组精神障碍，并有相应的认知和行为改变，严重者有幻觉、妄想等精神症状。临床表现为躁狂期和抑郁期交替出现，躁狂期患者可能出现自伤或伤人行为，抑郁期患者可能出现自伤或自杀行为。

（五）精神分裂症

精神分裂症是一种常见的精神疾患。主要特征：知觉、思维、情感、行为之间不协调，举止异常和社会功能退缩，精神活动与现实脱离，反复发作。

● 心路导航

大学生如果因遗传因素、环境因素等而出现心理异常，应尽快到医院或心理咨询中心寻求专业帮助，以尽快恢复健康的心理状态，切莫讳疾忌医。

策略一：焦虑障碍的识别与治疗

（一）焦虑障碍的识别

焦虑障碍包括广泛性焦虑障碍和惊恐障碍。

广泛性焦虑障碍以持续性广泛的、持久的不能控制的过度担心和紧张为主要特征，表现以焦虑情绪为主，常常伴有显著的运动神经紧张和自主神经活动过度的症状，如坐立不安、疲倦、心悸、气短、口干、吞咽困难等。

惊恐障碍表现为反复发作的、意外的惊恐发作。惊恐发作是突然汹涌而来的强烈的害怕或不适，几分钟可能达到峰值，患者伴有呼吸急促、头晕、心悸、震颤、出汗、濒死感、失控感等。患者对下一次发作有较高预期焦虑并产生回避行为。

（二）焦虑障碍的治疗

轻度焦虑障碍，临床医生多建议采用物理治疗或心理治疗。如果焦虑障碍对患者造成的影响较大，患者难以通过心理治疗或物理治疗恢复至正常状态，则患者需要遵医嘱采用药物治疗。

焦虑障碍比较有效的心理治疗方法有以下几种。

1. 解释法

焦虑障碍患者多有预期性焦虑，对未来的焦虑发作产生预期恐惧。如果患者能够主动配合心理医生，耐心倾听心理医生对疾病性质的解释，则有助于减轻心理负担，预防焦虑障碍的发生。

2. 放松法

采用放松法可使患者的肌肉和情绪得到放松。患者可以通过学习和掌握呼吸调节、放松全身肌肉的方法来消除杂念。反复训练可使心情平静、心跳有规律、呼吸均匀，这对焦虑发作者有较好的效果。

3. 系统脱敏法

系统脱敏法是在患者处于全身放松状态下，使能引起微弱焦虑的刺激在其面前重复出现，直到不能引起患者焦虑时，增加刺激的强度，如法炮制，直至患者的焦虑情绪完全消失为止。

4. 催眠法

催眠法适用于广泛性焦虑障碍。催眠师运用催眠技术，来改善患者的焦虑情绪。

策略二：抑郁障碍的识别与治疗

（一）抑郁障碍的识别

扫一扫

抑郁症

当个体出现持久的心境低落并伴有下述症状，持续时间达两周以上时，应尽快到专业的心理咨询机构或医院进行评估诊断。

（1）抑郁心境。

（2）兴趣或愉快感显著减退。

（3）食欲和／或体重明显改变。

（4）睡眠障碍。

（5）疲劳或精力减退。

（6）无价值感或不恰当地内疚。

（7）注意力集中困难。

（8）反复出现想死或自杀的念头。

（二）抑郁障碍的治疗

当发现自己有抑郁症状时，要意识到自己的疲惫感、无价值感、无助感和无望感是疾病的症状，是可以治疗的，切勿采用饮酒、不经医嘱擅自服药等方式来解决困境，应立即向精神科医生或心理治疗师寻求帮助。

在生活中尽量减少压力，保持身体健康，早睡早起，有规律地锻炼身体，参加社交活动；保持生活环境光线明亮、空气流通、整洁舒适；装饰以明快色彩为主，室内放适量的鲜花。以上这些均有利于调动患者积极良好的情绪，重燃对生活的热爱。

策略三：强迫障碍的识别与治疗

（一）强迫障碍的识别

强迫障碍的主要特征是反复出现强迫观念或强迫行为。患者知道这些观念和行为是没有必要的，但又无法摆脱，并且为这些症状感到窘迫烦恼，虽然极力克制，但没有效果。

强迫观念的症状：反复出现各种无意义的观念、思想及冲动，比如总怀疑自己在试卷上没写名字，总怀疑自己没有锁门等，并引发显著的痛苦情绪。

强迫行为的症状：无意义的、刻板的、重复的、仪式化的动作，如重复的行为（洗手、检查）或者精神动作（祈祷、默念）。强迫行为是患者为摆脱或减轻强迫观念引起的焦虑，不由自主地采取的顺应行为。

（二）强迫障碍的治疗

强迫障碍主要采用药物治疗并辅助心理治疗。心理治疗可以帮助患者认识和学会应对强迫症状，学会改善思维、管理情绪及采取有效行为应对生活，并进一步整合力量、完善人格。

基于暴露与反应预防治疗的认知行为治疗是主要的心理治疗方法。在治疗师的指导下，鼓励患者主动地、重复并长时间地暴露于引起强迫性焦虑的情境中，并且不进行强迫行为，根据暴露的难易程度，循序渐进地练习，患者逐渐体验到即使不做强迫行为，焦虑也会减退，灾难也不会发生。

策略四：双相情感障碍的识别与治疗

（一）双相情感障碍的识别

双相情感障碍在躁狂期的症状：显著的心境高涨，表现为持久且异常得得意扬扬、夸大或易激惹，至少持续一周。

双相情感障碍在抑郁期的症状：低落沮丧、对事物缺乏兴趣、容易倦怠、胃口不好或吃得过多、失眠、整天想睡、常常想一些后悔或自责的事情、缺乏自信、觉得人生乏味，这些症状持续两周以上，而且明显影响了日常生活功能。

（二）双相情感障碍的治疗

双相情感障碍主要采用药物治疗，辅助心理治疗，有效的家庭治疗（如保持安静的环境、给予关爱、注意季节变化等）也非常重要。除此之外，患者饮食上也要注意预防和保健，如避免含咖啡因食品，多吃蔬菜，补充维生素 B、不饱和脂肪酸、维生素 C 等元素。

策略五：精神分裂症的识别与治疗

（一）精神分裂症的早期识别

精神分裂症的诊断需要病程持续 3 个月以上，患者的社会功能明显受损或缺乏现实检验能力。另外，在精神症状表现上至少有下述各项情况存在。

（1）思维障碍——联想松弛、逻辑倒错，谈话内容不紧凑、缺乏中心内容，使人感觉不易理解。

（2）妄想，内容多为被害、嫉妒等，如认为自己的大脑受无线电波控制；怀疑房间里装了窃听器，怀疑被人跟踪，觉得周围人都用异样眼光看自己等。

（3）情感不协调，淡漠或倒错，如自言自语、痴笑、喜怒无常等。

（4）幻听，听到有人评论自己。

（5）应答不切题，往往牛头不对马嘴地跑题乱答。如问"你吃过饭了吗"，答"我已经把事情办好了"。

（6）意志减退，孤独、退缩、生活懒散，不注意个人卫生，数日不理发、不洗澡等。

（7）怪异的想法和行为，如莫名其妙地问："一天为什么有24小时？""猴子为什么长4条腿？"有的在走路时，走着走着突然又返回，问其原因，自己也答不出来。

（8）性格改变，如少言寡语、孤僻、对人冷漠、躲避亲人，甚至与家人亲近；有的独自呆坐，或无目的地漫游；有的脾气变得暴躁，无故发脾气，因小事摔东西，不遵守纪律，不能控制自己，敏感多疑；还有的表现为反复回忆很久以前的事，终日沉湎于自己的幻想之中；有的表现为注意力不能集中，上课时听不懂老师在讲什么，成绩明显下降。这是精神分裂症较为多见的早期症状。

（二）精神分裂症的治疗

精神分裂症患者要早发现、早治疗，因此，当患者出现精神分裂早期症状时，应及时到专科医院诊治。需要注意的是，患者应坚持遵医嘱服药治疗，治疗原则是：疗程够、药量足，并辅助一定的心理社会康复训练。

心理求助

在生活中，当我们存在心理困扰却无法排解时，及时求助是明智选择。韩梅梅意识到自己状态不好，影响了自己的生活和学习，准备向自己的好朋友和心理咨询师寻求帮助，这就是心理求助。心理求助的定义为：客观上存在心理困扰者以解决问题或以解除痛苦为目的，向个人以外的力量寻求帮助的过程。心理求助行为实际上是个体经过思考权衡后所做的决策。有时个体的求助行为往往会因为社会大众的看法而受到影响，个体从遭遇心理困扰到寻求帮助往往要经历内心挣扎和权衡，甚至不愿求助，把自己陷入困境。

我国学者江光荣和夏勉在 2006 年提出了心理求助的阶段—决策模型。该模型将心理求助分为 3 个阶段：（1）问题知觉阶段，此阶段心理困扰者意识到自己存在心理问题；（2）自助评估阶段，此阶段心理困扰者知觉自己有心理困扰后，评估自己是否具备资源和能力独自应对所面临的问题；（3）他助阶段，此阶段心理困扰者向外界力量（如朋友、亲人、心理咨询师等）寻求帮助。

心理测试

焦虑测试

指导语：焦虑自评量表（见表1-1）中有 20 道题目，请仔细阅读每一道题目，每一道题目后有 4 个选项，请根据你最近一个星期的实际感觉，做出选择。

表1-1　焦虑自评量表　　　　　　　　　　　　　　　　　　单位：分

题目	没有或几乎没有	少有	常有	几乎一直有
1. 觉得比平常容易紧张和着急	1	2	3	4
2. 无缘无故地感到害怕	1	2	3	4
3. 容易心里烦乱或觉得惊恐	1	2	3	4
4. 觉得可能要发疯	1	2	3	4
5. 觉得一切都很好，也不会发生什么不幸	4	3	2	1
6. 手脚发抖打战	1	2	3	4
7. 因为头痛、颈痛和背痛而苦恼	1	2	3	4
8. 感觉容易衰弱和疲乏	1	2	3	4
9. 觉得心平气和，并且容易安静地坐着	4	3	2	1
10. 觉得心跳得很快	1	2	3	4
11. 因为一阵阵头晕而苦恼	1	2	3	4
12. 有晕倒发作，或觉得要晕倒似的	1	2	3	4
13. 吸气呼气都感到很容易	4	3	2	1
14. 手脚麻木和刺痛	1	2	3	4
15. 因为胃痛和消化不良而苦恼	1	2	3	4
16. 常常要小便	1	2	3	4
17. 手常常是干燥温暖的	4	3	2	1

题目	没有或几乎没有	少有	常有	几乎一直有
18. 脸红发热	1	2	3	4
19. 容易入睡并且睡得很好	4	3	2	1
20. 做噩梦	1	2	3	4

计分说明：把20道题的得分相加得粗分，粗分乘以1.25，再四舍五入取整数，即得标准分。

结果说明：焦虑评定的分界值为50分，分数越高，焦虑倾向越明显。

（本测试结果仅供参考，若有需要，请咨询专业人员。）

本章习题

1. 大学生心理健康的标准有哪些？
2. 你对心理健康课程的期待与要求有哪些？
3. 心理咨询有什么功能？接受心理咨询前需要做哪些准备？
4. 大学生中常见的心理障碍有哪些？
5. 学校心理咨询中心的地点是_____，预约电话是_____，工作时间是_____。

第二章

开启心门，放飞心灵
——自我意识

　　我是谁？这是一个充满了思辨和叩问的永恒话题。古希腊时，人们就将"人啊，认识你自己"的铭文刻在神殿之上，但千百年来人类仍不断地在询问自己："我是谁？"认识自我既是人生之旅的出发点，也是实现绚丽人生的必由之路，这正如心理学家科恩所说："青年初期最有价值的心理成果就是发现了自己的内部世界，对青年来说，这种发现与哥白尼当时的革命同等重要。"

● **本章学习目标**

- 了解自我意识的含义、内容、结构及发展过程。
- 了解大学生自我发展常见的偏差，并对自我意识状况进行自我评估。
- 掌握自我意识完善的策略与方法，用于解决自我意识中的问题。

第一节
认识自我

　　知人者智，自知者明。

——老子

　　用心灵的眼睛去注意自身。

——笛卡儿

💬 **心灵故事**

迷失的自我

　　在生活中，我们时常会有些疑惑：我是个很优秀的人吗？父母是医生，我就要选择医学专业、毕业后从事类似的工作吗？我真正喜欢的是什么？我要过什么样的生活？……

每次遇到这些想不明白的问题，我都希望能有人直接告诉我答案，但周围的人只会说好好读书、找个好工作，什么样的工作轻松又稳定，迫不及待地讲述他们这几十年来总结出的人生经验，试图让我按照所描述的去发展，少走弯路。但我感觉这样好像不对，可是又不知道正确答案是什么。我该怎么办？

"我是谁？"对每一个人来说都是一个谜题。了解了"我是谁"，方能头脑清醒地把握好自己的人生，跨过生命之旅中的每道沟沟坎坎。

● 心海泛舟

一、什么是自我意识

自我意识就是个体对自身的认识和对自身与周围世界关系的认识、体验和评价，主要包括 3 方面的内容。（1）个体对自身生理状态的认识和评价，如对自己的身高、体重、身材、容貌、性别等的认识，以及对身体的饥饿、疼痛、疲倦等状态的感觉；（2）个体对自身心理状态的认识和评价，如对自己的能力、气质、性格、兴趣、爱好等方面的认识和评价；（3）个体对自己与周围关系的认识和评价，如对自己在一定社会关系中的地位、作用以及自己与他人关系的认识和评价。个体正是通过自我意识来认识、激励、调控自己，与环境求得动态的、和谐的平衡。

二、自我意识的分类

（一）从结构上分

在结构上来看，自我意识包括自我认识、自我体验、自我调控 3 个部分，这 3 个部分分别代表知、情、意 3 个维度。

1. 自我认识

自我认识是自我意识中的认知成分，是一个人对自己各种身心状态的认识。自我认识回答的问题是：我是谁？我是个什么样的人。它包括自我观察、自我分析、自我评价等。

（1）自我观察。自我观察也就是将自己的心理活动作为被观察的对象。"每日三省吾身"，这里的"省"就是自我观察。

（2）自我分析。自我分析是将从自身思想与行为方面所观察到的情况加以分析、综合，找出自己个性品质中区别于他人的重要本质特征。

（3）自我评价。自我评价是建立在自我观察和自我分析基础上，对自己品德、能力及其他方面进行社会价值判断。

2. 自我体验

自我体验是自我意识的情感成分，是一个人在自我认识的基础上产生的对自己的态度。它其实是人对自己情绪状态的体验，主要涉及"我是否满意自己""我是否悦纳自己"等问题。自我体验主要包括自尊感和自信感。

（1）自尊感，也称自尊心。人们生活在一定的群体中，总希望在群体中占有一定的地位，得到良好的社会评价和认可。当社会评价和认可满足个体自尊需要时，个体就产生自尊感，它促使个体更加努力，追求更高的社会期望。如果社会评价和认可不能满足个人的自尊需要，就可能出现两种情况：一种是产生自我压力感，使自己加倍努力，迎难而上；另一种是产生自卑心理，从此一蹶不振，丧失信心。

（2）自信感，也称自信心。自信感是对自己是否有能力完成所承担的任务而产生的自我体验，自信感与自我评价紧密联系。良好的自信感建立在恰当、正确的自我评价的基础上，个体既能看到自己的潜力，又能充分预计到可能遇到的困难。而不恰当、不正确的自我评价会导

19

致自信感转化，如果自我评价过高，则自信感会转化为自高自大；如果自我评价过低，则自信感又会转化为自卑感。自大或者自卑都对个性的正常发展极为不利。

3．自我调控

自我调控是自我意识的意志成分，是指个体不受外界因素影响，能够对自己的情感和行为进行调节和控制。自我调控涉及"我怎样克制自己""我如何调整自己"等问题，它包括自我检查、自我监督、自我控制。

（1）自我检查。自我检查是个体将自己的活动过程及结果与活动的目的进行比较、对照，以保证活动的预定目的逐步得以实现。

（2）自我监督。自我监督是个体以内在行为准则对自己的言论和行为进行监督，有人将其比喻成一个人内心的"道德法庭"。

（3）自我控制。自我控制是个体对自身心理与行为的积极掌握。自我控制表现为两个方面：一是驱使作用，如为提升自己的能力而参加各种社团等；二是制止作用，即抑制错误的言论和行为，如不高声喧哗、公共场所不抽烟等，都是自我控制的结果。

自我意识是个性的组成部分，是衡量个性成熟水平的标志，是整合、统一个性各个部分的核心力量。自我认识、自我体验、自我调控三者相互作用、相互影响，构成了一个能动的个性心理调控系统。

（二）从内容上分

机能主义心理学派创始人之一威廉·詹姆斯认为，自我意识可分为以下3个部分。

1．生理自我

生理自我是指个体对自己的身体、性别、年龄、容貌、仪表、健康状况及所有物等方面的认识，如"戴眼镜、短发"等特征描述。

2．社会自我

社会自我是指个体对自己在一定的社会关系和人际关系中的角色、地位、名望、权利、义务、责任等方面的认识，如"我是学生""我是某社团成员"等。

3．心理自我

心理自我是指个体对自己的兴趣、爱好、价值观、能力、性格、气质等个性特征的认识，如"性格比较急躁、喜欢唱歌"等。

（三）从自我观念上分

从自我观念上分，自我意识可分为现实的我、镜中的我和理想的我。

1．现实的我

现实的我是指个体从自己的立场出发对自己目前总体实际情况的基本看法。

2．镜中的我

镜中的我是指个体想象中的他人对自己的看法。社会学家柯里提出"镜中的我"理论，他认为人与人之间互为对方的镜子，在对方眼里观察自己，可以看到社会其他成员对自己的认识与评价，就好像通过镜子观察自己一样，以一定的标准来衡量自我形象，产生对自我满意或不满意的情绪体验。

3．理想的我

理想的我是指个体想要实现的形象，是个体追求的目标，它引导个体实现理想中的自我。

知识链接

心理学家乔治和哈理提出了关于自我认知的窗口理论，他们认为，人对自己的认识是一个不断探索的过程。

每个人的自我都由 4 个部分构成。

（1）公开的自我：自己知道、别人也知道的自我，如我们的身高、长相及某些属于公开性质的信息。

（2）盲目的自我：别人看得清楚而自己看不清楚的"我"，即所谓的"当局者迷，旁观者清""不识庐山真面目，只缘身在此山中"。

（3）秘密的我：每个人都有许多关于自我的信息是别人不了解的，如某些不希望他人知晓的经历。

（4）未知的我：又可称为潜能的我，是自己和别人都还不知道的自我，如尚待开发的能力和个性。

● **心路导航**

策略一：自我与他人的比较法

（一）社会比较

"不怕不识货，就怕货比货"。识货如此，识人亦是如此。只有在与别人的比较中，才能找准自我的坐标。社会心理学家利昂·费斯汀格在 1954 年提出了社会比较理论，即个体在缺乏客观的情况下，利用他人作为比较的尺度，来进行自我评价。社会比较可以提高个体的自信心，并且成为合理自我完善的基础。然而，当比较建立在不实际的标准上时，这些功能都会失效。我们一般采用以下 3 种比较方式。

（1）向上比较。与比自己表现优秀的人比较，这样有助于认识到自己的不足和缺陷，激励自己，看清差距，努力进取，改进和提高自己，但是要避免导致不满、气愤、自暴自弃等消极情绪体验。

（2）向下比较。与不如自己或比自己境况差的人比较，这样可以提升自我评价，体验到愉快、满足和成就感，但要避免导致自我感觉过分良好、不思进取等。

（3）相似比较。与自己相似的人比较是我们最常用的比较方式，也最能影响我们对自己的看法。相似比较同样能产生积极和消极的情绪。一般来说，处于胜利的一方，能体验到强烈的自尊、自豪；处于失败的一方，则羞愧、内疚。相似比较中要多方面比较，要既能看到自己的长处，也能看到自己的短处。

（二）自我比较

自我比较，即把现在的自我和过去的自我、所追求的将来的自我进行比较，一是发现"现在的我"与"过去的我"相比，自己有哪些进步；二是发现"现在的我"与"理想的我"相比，自己还有哪些不足，以及如何完善自己。

● **做一做**

3 个我

按照示例填写表 3 个我（见表 2-1），反思"现在的我"与"过去的我"相比，有哪些进步？"现在的我"与"理想的我"相比，有哪些不足？如何完善自己？

表 2-1 3 个我

过去的我	现在的我	理想的我	改善策略
见人就紧张，面红耳赤，声音颤抖，语无伦次，手足无措	与同性交往比较理想，与异性交往时腼腆害羞、木讷拘谨	与人交往时表现自然、游刃有余、不卑不亢、和谐相处	学习人际交往技巧；对同学再主动一点，再热心一点；多相信自己一点

21

策略二：评价法

"自信、幽默、立场鲜明、充满激情"是小王对自己的评价，他也很满足自己的这一状态，与同学的关系也比较融洽。在一次民主生活会上，大家畅所欲言，进行批评与自我批评。当谈到小王时，有不少人提出了自己的看法："小王太过自信，希望他能够更稳一点！""小王总体非常幽默，但有时候不注意场合，不太得体。""他有时候太亢奋了，我们有点受不了！""他很有想法，但是有点固执己见！"小王听到这些意见觉得十分意外，甚至有些刺耳。为什么自己引以为豪的优点到了别人眼里却成了缺点呢？小王一时间缓不过神来……

"不识庐山真面目，只缘身在此山中。"当局者迷，旁观者清，周围的人对我们的态度和评价能帮助我们认识自己、了解自己。比如，我们可以了解一下父母眼中的我、兄弟姐妹眼中的我、一位重要人物眼中的我、亲戚眼中的我、老师眼中的我，以及同学朋友眼中的我分别有哪些优点和缺点。当然，对于他人的评价，我们也不能全盘接受或全盘否定，但要注意：首先，要特别重视与自己关系密切的人对自己的评价，因为他们对我们比较了解，评价也较为全面、客观；其次，在大多数情况下要重视人数众多、异口同声的评价。

例：下面是一位大一学生的自我描述。

自己眼中：我是一个内向、坚强、上进、自信、有理想、懂事、好学、乐于助人、疾恶如仇、争强好胜、渴望成功与优秀、有一点自私、妒忌心强、自制力弱、说些小谎的大学男生。

在父母眼中：我是一个懂事、有些害羞、不用父母操心、上进、不乱花钱、有些懒惰的大男孩。

在兄弟姐妹眼中（只有一个妹妹）：我是妹妹心中可以依靠与信赖的大哥，是一个诚实守信、爱护妹妹的好哥哥。

在同学眼中：我是一个大方、乐于助人、受人尊敬、人缘好、有些懒散、追求自由的人。

在老师眼中：我是一个默默无闻、成绩优秀、自律、品学兼优的学生。

在恋人眼中：我是一个懂得爱、有责任感、守时守信、有幽默感、坚强的好男人。

● 做一做

他人眼中的"我"

1. 制作若干张卡片，如图2-1所示。

```
身体外貌特征：_____

心理特征：_____

人际关系特征：_____
```

图2-1　他人评价卡片

2. 在一张卡片上写下描述自己的身体外貌特征、心理特征（兴趣、能力、性格）、人际关系的形容词（越详细越好）。

在一些卡片上写下自己的姓名，请老师和同学公正、客观地写下对你的评价。

在另一些卡片上写下自己的姓名，请父母或亲戚公正、客观地写下对你的评价。

3. 比较你自己与别人对你的评价，看看有什么异同。在图2-2中填写比较结果。

4. 思考：为什么会有这些不同？自己是从什么角度来评价的？根据什么来评价的？再问问他人为什么这么评价，请他（她）尽量举出你生活中的例子来说明。

相同之处	不相同之处
身体外貌特征：_____。	身体外貌特征：_____。
心理特征：_____。	心理特征：_____。
人际关系特征：_____。	人际关系特征：_____。

（a）

相同之处中的优点	不相同之处中的优点
身体外貌特征：_____。	（身体外貌、心理特征、人际关系）
心理特征：_____。	我认为：_____。
人际关系特征：_____。	他人认为：_____。

（b）

相同之处中的缺点	不相同之处中的缺点
身体外貌特征：_____。	（身体外貌、心理特征、人际关系）
心理特征：_____。	我认为：_____。
人际关系特征：_____。	他人认为：_____。

（c）

图 2-2　他人评价和自我评价的比较

策略三：反思法

（一）自我反省

自我反省意味着站在自身之外，审视那些业已发生的事情，并提出"为什么""怎么样""如果……那会怎么样"之类的疑问。自我反省意味着"扪心自问""凝思过往"。要认识自己，我们必须做一个有心人，经常反省自己在日常生活中的点滴表现，总结自己是一个什么样的人，找出自己的优点和缺点。

做一做

23

每日睡前"十问"

对于今天所做的事情，处理是否得当？怎样做有可能会出现更好的结果？

今天所做的事哪些令我满意？

今天所做的事哪些不太理想，原因是什么，如何改进？

今天发生的事情中，我是否有偷懒行为？是否尽全力？有无浪费时间？

我今天做了多少事，有无进步？

有无完成我既定的目标？

有没有给自己提出更高的要求？

我今天是否说过不当的话？是否做过损害别人的事？有人对我不友善是不是另有原因？

明天，要处理哪些事情，如何分配时间？

明天，我怎样去改变自己？

（二）活动分析

我们可以通过参加各种活动时的表现，以及取得的成效、成果，来分析、认识自己。例如，通过参加演讲比赛来评价自己的语言表达能力，通过平时克服困难的情况来认识自己的毅力，通过在校（系）组织的活动或在工作中的表现及完成任务的情况来确定自己的能力，从而客观认识自己的知识才能、兴趣爱好，进一步发挥优势，弥补不足。

（三）成败经历

在生活中通过总结成功或失败的经验教训，我们能发现自己性格、能力上的优势和劣势，从而认识自己、改变自己。拥有优势时，要居安思危，使优势最大化；看到劣势时，要想办法改正，完善自己。

策略四：测量法

测量法可以分为生理测量和心理测量。通过生理的测量或检查，我们可以了解自己的生理状况（如身高、体重）。通过心理的测量（大多是心理测试），我们可以了解自己各方面的心理特征（如社会适应水平、性格特征、气质类型、心理健康状况等）。通过一些较为成熟的、信度和效度较高的测验来了解自己的心理状况是一种比较科学、准确的方法。心理量表的使用仅作为辅助，结果易受不同个体、不同时间、不同情绪状态的多方面影响，使用不当有可能引发反效果。

第二节
悦纳自我

当我接受了现实的自己时，我就发生了变化。

——卡尔·罗杰斯

学会喜欢自己，才能启动生命的热忱，走向宽阔的人生。

——吴若权

心灵故事

爱自己，首先要接纳自己

2021年2月，中青校媒面向全国2063名高校学生就容貌焦虑话题展开问卷调查，结果显示，近六成的人存在一定程度的容貌焦虑。容貌焦虑是指个体过度关注自己的容貌，并对此持负面的、消极的态度。心理学家胡科特认为，一个人的内心状态分为两种：实体自恋与虚体自恋。实体自恋指的是一种内在的价值感，我觉得"我很好"，这个感觉更像实物，不会因为外在条件变化受到很大伤害。而虚体自恋的个体，则将自我价值感和外在条件紧密捆绑起来，如美貌、权力、社会经济地位等。虚体自恋的本质，实则是无法接纳"真实的自己"。自然界中从来不会有任何一朵花，嫉妒或模仿别的花朵。每朵花对自己的存在都很有自信，因为有没有人欣赏不是花开的理由。接纳自己是我们与生俱来的权利。

我就是我，世界上没有相同的两片叶子，地球上也没有完全相同的人……在这个世界上，每个个体都是一种独特的存在。我们应该以自己的方式歌唱，以自己的方式绘画。不论好坏与否，耕耘自己的小园地；不论好坏与否，在生命的乐章中奏出自己的音符。

● 心海泛舟

一、悦纳自我的含义

悦纳自我是指无条件地接受自己的一切，包括好的和坏的，成功的和失败的，接纳自己的优点、缺点和限制。悦纳自我的人知道自己的优点和缺点是什么，并且会尽量扬长避短，他们喜欢现在的自己，不会自暴自弃、妄自菲薄、自怨自艾，较容易感受与体验到自信和快乐。

二、影响大学生悦纳自我的认知偏差

（一）苛求完美

尽管"爱美之心，人皆有之"，追求完美是人类健康向上的本能，但过分追求完美则容易引发自我的适应障碍。其主要表现为：对自己持有过高的要求，期望自己完美无缺，却不顾自己的实际状况；不能容忍自己"不完美"的表现，对自己"不完美"的地方过分看重，甚至把

人人都会出现的、人人都会遇到的问题都看成自己独有的"不完美"的表现。

（二）自卑

自卑是对自己不满、否定、指责、抱怨的情感，往往是自尊心屡屡受挫的结果。其表现为：自我认识不客观，很多时候只看到自己的缺点而忽略了自己的长处，不能容忍自己的缺点和弱点；否定、抱怨、指责自己，看不到自己的价值；夸大自己的不足，认为自己什么都不如他人，处处低人一等，丧失信心。

比如，在生活中，我们的外表属于公开性信息，会受到他人的观看、审视和评价，由此引发对个人外貌的频繁性关注。而过分关注则会产生一种"外貌担忧"，即"我的外貌是否符合他人的标准"，担心收到负面评价，从而产生焦虑、紧张、不安的情绪。

（三）自负

自负是指过高地估计自己，即不切实际地高估自己的能力和长处，难以看到自己的缺点和不足，却把别人看得一无是处。

（四）自我中心

自我中心即在思考问题和做事情的时候，一切从自己的需要或利益出发。其表现为：凡事从自我出发，不能设身处地地进行客观思考；只关心自己，遇事先替自己打算，不顾及他人的感受和需要。

（五）虚荣

虚荣即追求表面上的荣誉，期望拥有但实际上并未拥有某种荣誉而在行动上竭力表现出似乎拥有的个性特点，以期望获得尊重的心理。虚荣心是一种被扭曲了的自尊心，是自尊心的过分表现。

25

知识链接

心理学家斯普兰格指出，青年期是开始"自我发现"的新时期，体现在以下几个方面。

（1）关于自己是否是成年人的自我意识。例如：我是个成年人吗？我的行为符合成年人要求吗？

（2）关于自己外貌的自我意识，如常在镜子面前评价自己。

（3）关于自己能力、性格的自我意识。例如：我聪明吗？我温柔吗？我是一个诚实的人吗？

（4）关于性的自我意识。例如：我的男性特征明显吗？男生喜欢我吗？怎样才招异性喜欢？

（5）关于社会归属与社会地位的自我意识。例如：我被重视吗？我在班上名气大吗？

（6）关于对人生价值的自我意识。例如：人为什么活着？人生的价值与意义是什么？我要成为一个怎样的人？

心路导航

策略一：学会欣赏自己

（一）每个人都是优劣共存体

巴尔扎克曾说："我这五尺二寸的身躯，包含一切可能有的分歧和矛盾。有些人认为我高傲、浪漫、顽固、轻浮、思考散漫、狂妄、疏忽、懒惰、懈怠、冒失、毫无毅力、爱说话、不周到、欠礼教、无礼貌、乖戾、好使性子，另一些人却说我节俭、谦虚、勇敢、顽强、刚毅、不修边幅、用功、心细、有礼貌、经常快活，其实都有道理。"

"尺有所短，寸有所长。"我们每个人都有自己的长处和短处，如果只看见自己的短处而看不见自己的长处，或者夸大短处而缩小长处，都是不恰当的，我们要一分为二地看待自己。

做一做

一分为二看自己

1. 天生我才。

（1）我最欣赏自己的外表是_____。

（2）我最欣赏自己对朋友的态度是_____。

（3）我最欣赏自己对学习的态度是_____。

（4）我最欣赏自己的一次成功是_____。

（5）我最欣赏自己的性格是_____。

（6）我最欣赏自己做事的态度是_____。

写完后与身边的同学交流，你会发现自己身上有很多优点。

2. 接纳并改变自己的缺点。

列出几项你认为改变不了的缺点，并思考你之所以得出这样结论的原因（可以从生理、心理、社会及家庭方面分析）。

缺点：_____。

原因：_____。

……

对刚才列出的缺点做改换句式练习，方法为：现在时改成过去完成时。例如，将"我就是这样不能自控"改为"我曾经是这样的不能自控"。

（1）_____。

（2）_____。

请朋友帮忙监督你实际行为的改变情况。

（二）善待缺点

天下没有十全十美的事。人有点微小的缺点才显得真实也才显得珍贵。缺点不可避免，关键是我们以一种什么样的态度看待自己的缺点。只有正视自己的缺点，相信瑕不掩瑜，才能体验美好的人生。

做一做

站在镜子前，发现自己的优点

虽然我的皮肤不够白，但它很光滑、细嫩。

虽然我的眼睛不大、鼻子不挺，但我的五官很协调。

虽然我的牙齿不够整齐，但我的笑容很灿烂。

虽然我的个子不够高，但我的身材很好。

虽然我的身材不够好，但是很健康。

虽然我的脸不是自己想要的瘦削的那种，但它不容易起皱纹。

虽然我的脸蛋不那么完美，但很耐看。

……

（三）"我"很重要

一位演说家在一次演讲开始前没说一句开场白，手里高举着一张20元的钞票。面对会议室里的 200 个人，他问："谁要这 20 元？"一只只手举了起来。接着他将钞票揉成一团，然后问："谁还要。"仍有人举起手来。随后他把钞票扔到地上，又踏上一只脚，并且用脚碾它，问："现在谁还要？"还是有人举起手来。即使钞票被踩踏踩蹒得又脏又皱，依然有人想要，因为它并没有贬值。

人生路上，也许我们会无数次被自己的决定或碰到的逆境击倒、欺凌甚至碾得粉身碎骨。我们觉得自己似乎一文不值。但无论发生什么，或将要发生什么，就像那张钞票一样，我们永远不会丧失价值，不要忘记这一点——"我是独特的，我很重要"。

策略二：增强自信

（一）质疑法

自信心不足的人往往妄自菲薄，感觉处处不如别人，简直一无是处。我们可以写下自己的想法与恐惧，弄清楚自己究竟害怕什么，担忧什么；然后质疑这些想法与恐惧，用正确合理的观念来替代原先的揣测（见表 2-2）。

表 2-2　质疑法操作示范

想法与恐惧	质疑	替代的话
我的脸像发烧一样，让人看了觉得好笑，自己太不争气了	也许我的脸没有想象中的那样红	没什么大不了，任何人都可能脸红
我感觉处处低人一等，人生如此失败	我真的一无是处，我的人生也有成功的经历	任何人都有优点和缺点，要发扬优点，规避缺点
他们表现得太出色了！我怎么这么差劲	我的表现虽然不出色，但也没有大的差错	能够站在台上演讲已经不错了，以后慢慢改进

（二）外表训练法

通过外表和行为的一些联系，可以让我们从外在上给别人一种自信的感觉，进而增加自信。首先，保持整洁、得体的仪表，这有利于增强我们的自信。其次，举止自信，如行路目视前方、步伐加快、抬头挺胸等，交谈时眼神正视别人，刚开始可能不习惯，但过一段时间后就会有发自内心的自信。此外，注意锻炼，保持健美的体形对增强自信也很有帮助。

（三）镜子法

镜子照得巧，能让人充满信心，拥有良好心情。首先，像"立正"那样，笔直站在镜子面前，对着自己微笑。注意要抬头挺胸，看到自己积极乐观的形象。然后，看着自己的眼睛，告诉自己"你看上去真棒"，或者想几件开心的事情，或者给自己一个甜甜的微笑，认真地说一句"我爱你"，体会与心灵对话的美好感觉。接下来，深呼吸三四次，让这种感觉传递到全身，更加肯定自己的能力和决心。此外，可以将自己喜欢的格言写在镜子上，或者贴上自己喜欢的贴画、海报等，让自己看到镜子中的自己时，同时联想到这些美好的东西，这对那些对自我形象并不满意的人很有帮助。

（四）自我激励法

在遇到困难或感到心灰意冷时，在心中默念："我是最棒的！""别人能行的，我也能行！我并不比别人差！""大家都是人，都是一个脑袋、两只手，智力都差不多，只要努力，方法得当，那么什么事都是能办得到的。""我很努力，结果不会太糟糕！""我要给自己鼓掌，我为自己的表现而高兴。"……自我暗示以激励自己。

（五）补偿法

补偿法即通过努力奋斗，以某一方面的突出成就来补偿生理上的缺陷或性格上的缺点。通过补偿的方式扬长避短，把自卑感转化为自强不息的推动力量。耳聋的贝多芬，成了划时代的"乐圣"；少年坎坷艰辛的霍英东，没有实现慈母的期望成为一代学子，"不是读书的材料"的他，后来却在商界大展宏图。许多人都是在这种补偿的奋斗中成为出众的人。

（六）微笑法

没有信心的人，经常眼神呆滞，愁眉苦脸。笑是幸福、快乐的表现，笑能使人产生信心和力量，笑能使人心情舒畅，精神振奋；笑能使人忘却烦恼，摆脱忧愁。学会微笑，学会每天保持甜美的笑容，信心会慢慢在心里滋长。

（七）体验成功法

在一个星期左右时间里，注意自己做得好的几件小事（不一定是很重要的事，只要你认为自己做得好就行，如和同学有一次愉快的交流、又掌握了一些英语单词等），并尝试因此而给自己一些赞扬（通过这个练习，你会增加乐观与自信，以积极的心态去面对身边的每一件事情）；将思想集中在这些事上，回忆自己为完成它们经历的每一个细节（闭上眼睛回想对自己更有帮助，效果也更好）。赞扬自己，告诉自己：你很出色，完成了了不起的工作，正确地运用了自己的心智（这样你就会感到骄傲和自豪）。在以后的时间里如果感觉灰心丧气，将这些成功的经历在脑海里放映一遍，以确认自己是有能力的。

（八）蔓延效应法

在纸上列出10个优点，不论是哪方面（细心、眼睛好看等，多多益善），在从事各种活动时，想想这些优点，并告诉自己有什么优点。这样有助于我们提升从事这些活动的自信，这称为"自信的蔓延效应"。

> **悦纳自己**
>
> "哟！你看那谁来了！" 周围传来的是调侃讥讽般刺耳的笑声。
>
> 我恍若踏入烈火焚身的人间炼狱，只是死死低着头，脑子嗡嗡作响，一片空白，脸上火辣的灼烧感像千万只蜜蜂紧紧叮在脸上。我快速坐到了座位上，仍止不住他们激烈的言辞："腿那么粗，你得有200斤吧！哈哈哈哈哈哈……"顿时，我的眼泪止不住地掉，自卑感涌出来，我没有那么好看的外表，又不聪明，不是父母的骄傲，也不是谁的青春，我谁也不是！可能我是这个世界上最差的人吧……
>
> 铃声响起，我被惊醒，飞速按停闹钟，快速洗漱完，抓了两块面包和一瓶牛奶，向教学楼跑去。在大学，我包裹住自己的内心，伪装得他人伤不了分毫，其实我知道它是残缺的，不完整的，生活虽不快活却也不算坏。
>
> 渐渐地，我尝试阶段性地改变。我加入了一些有趣的社团，让生活多了份乐趣；晚上坚持跑步和运动，运动时可以什么都不想；慢慢减轻体重，尝试走出阴霾，与兴趣相投的同学交朋友；在图书馆看书学习。照着镜子，我喜欢自己可爱的小圆脸、杏仁眼、乌黑的长发；父母尽自己最大的努力挣钱，他们很爱我；有着对曾经暗恋者悸动的心，便也是青春。
>
> 我就是我，一个全世界仅此一个的特别的我，我们何必在意外面的看法，我们应充实内心啊！内心说："答应我，在大学，活出自我！"
>
> 悦纳自己给了那块残缺的心一次和解的机会！
>
> （武汉生物工程学院 2021级药品生物技术专业　熊文慧）

第三节

超越自我

深窥自己的心，而后发觉一切的奇迹在你自己。

——培根

真正的人生，只有在经过艰苦卓绝的斗争之后才能实现。

——塞涅卡

心灵故事

2022 年北京冬奥会上，中国队选手齐广璞在获得北京冬奥会自由式滑雪男子空中技巧比赛金牌后说道："只要有梦想，只要肯坚持，相信年龄并不是问题。"而第三次参加冬奥会的武大靖，在结束短道速滑男子 5000 米接力决赛后说："只要国家需要，只要身体允许，我还会一直站在赛场上，坚持到最后。"……本届冬奥会，超越极限、超越自我是许多运动员向世界展示的优良品质。选择超越，无畏失败，享受过程，这或许就是在超越自我中不断追求、敢于突破的呈现，也是对奥林匹克精神最生动的解读。

超越心态中的萎靡与懈怠，超越心态中的郁闷与彷徨。卸掉沉重的负担，鼓励自己轻盈地飞翔在万类霜天竞自由的蓝天下，以心怀自由的梦想、不断超越自我的决心，解放心灵，才能飞得更高，看得更远，在浩瀚的长空书写高远的人生轨迹。超越改变你我，超越决定未来。超越自我，你能，我也能。

● **心海泛舟**

一、超越自我的含义

超越自我，也称为自我实现，指超越现实自我而成为理想自我的过程。"自我"是在超越自我的过程中不断发展完善的。因此，大学生不应满足于现在的"我"，而应充分认识到自己所处的时代，感受到肩负的历史重任，尽全力发挥自己的才华，发掘自己的潜能，使自我得以发展。

扫一扫

自卑与超越

29

二、自我实现者的特征

心理学家马斯洛提出了自我实现者的心理特征。

（1）全面和准确地知觉现实，不掺杂自己的主观愿望和成见。

（2）接纳、自己和他人的不足与缺陷。

（3）对人自然、坦率和真实。

（4）以问题为中心，而不是以自我为中心。

（5）具有超然于世和独处的需要。

（6）具有自主性，在环境和文化中能保持相对的独立性。

（7）具有永不衰退的欣赏力。

（8）具有难以形容的高峰体验。

（9）对人充满爱心。

（10）具有深厚的友情。

（11）具备民主的精神，善于倾听不同的意见。

（12）区分手段与目的。

（13）富于创造性，具有独创、发明和追求创新的特点。

（14）处事幽默、风趣。

（15）反对盲目遵从。

以上是自我实现者的 15 种积极的心理特征。

● **心路导航**

策略一：挖掘潜能

科学家发现，人类贮存在脑内的能力大得惊人，人平常只发挥了极小部分的大脑功能。要是人类能够发挥一大半的大脑功能，那么可以轻易地学会40种语言、背诵整本百科全书，拿12个博士学位。这种描述相当合理，一点也不夸张。

潜能是人类最大而又开发得最少的宝藏，每个人身上都有巨大的潜能还没有开发出来。学者詹姆斯根据其研究成果说："普通人只开发了他蕴藏能力的1/10，与应当取得的成就相比较，我们不过是半醒着的。"所以说，我们每个人都要挖掘这巨大的宝藏。潜能的发现可以从心态调整和了解优势着手。

（一）摆脱消极心态

消极心态限制人的潜能，消极心态主要有以下几种类型。

（1）愤世嫉俗，认为人性丑恶，时常与人为敌，因此缺乏人和。

（2）没有目标，缺乏动力，生活浑浑噩噩，有如大海漂舟。

（3）缺乏恒心，不晓自律，懒散不振，时时替自己制造借口来逃避责任。

（4）心存侥幸，幻想发财，不愿付出，只求不劳而获。

（5）固执己见，不能容人，没有信誉，社会关系不佳。

（6）自卑懦弱，自我退缩，不敢相信自己的潜能，不肯相信自己的智慧。

（7）或挥霍无度，或吝啬贪婪，对金钱没有中肯的看法。

（8）自大虚荣，清高傲慢，喜欢操纵别人，嗜好权力游戏，不能与人分享。

（9）虚伪奸诈，不守信用，以欺骗他人为能事，以蒙蔽别人为好。

这9种消极心态会限制我们的潜能，甚至会摧毁信心，使希望泯灭。

（二）识别优势

"积极心理学之父"马丁·塞利格曼认为："心理健康的另一面（即积极心理部分）关注的不是幸福，而是全面的蓬勃人生，它有5个支柱——积极情绪、投入、人际关系、意义和成就，而这些支柱的基石，则是品格优势和美德。"个人擅长的优势存在一定差异，当你运用这些优势时，会有兴奋、投入、富有激情的感觉；会想方设法地找到运用这些优点的新途径、新项目；会感到越来越兴致盎然，而不是越来越累。发现、了解及运用自身最强的优势，能帮助我们获得更多的积极情绪、意义、成就，以及发展更好的社会关系。

"天生其人必有才，天生其才必有用。"每个人都有自己的优势，我们可以通过优势检查表（见表2-3）发现自己的优势。

表2-3 优势检查表

情绪上的优势	智能上的优势	美感上的优势	体能上的优势	人格上的优势
□温暖 □体贴 □关心别人 □有同情心 □能针对别人的需要做出适当的反应 □能鼓舞别人 □能照顾别人 □考虑周到 □接纳别人 □支持别人 □能原谅别人 补充：	□善于分析 □知觉敏锐 □聪明 □智慧 □反应快 □善于掌握观念 □能深度思考 □有逻辑 □有理智 □领悟力强 □记忆力好 □有好奇心 □语言能力 □推理能力强 补充：	□对颜色敏感 □对设计敏感 □有想象力 □能发明 □能即兴而作 □懂得园艺 □能弹奏乐器 □能绘图 □能歌唱 □能演戏 □能做手工艺 □能跳舞 补充：	□平衡 □体力 □忍耐力 □协调 □动作敏捷 □速度 □竞赛的精神 □双手灵活 □体型良好 补充：	□热心 □勇气 □有决心 □诚实 □公平 □坦白 □幽默 □自然 □开放 □有口才 □说服力 □有号召力 □负责任 □活泼 □温和 □热情 补充：

请审视自己的优势，在你认为描述符合自己的形容词前的□内画"√"，当然，你还可以补充自己的优势。

实际上，每个人都有大量的优势，只是我们不曾察觉而已。

策略二：管理目标

高尔基说过："一个人追求的目标越高，他的才能就发展越快，对社会就越有益。"目标是激发人的积极性、产生自觉行为的动力。人一旦没有了目标，就会意志消沉、浑浑噩噩。所以我们要学会确立人生目标。目标的管理可从以下几个方面展开。

（一）设定目标

设定目标需要注意以下原则。

1. 分层统一

个人目标应是多层次的，既有短期目标，又有中期目标和长期目标；既有局部目标，又有整体目标。大学生不仅要有学期目标、学年目标，还要有大学4年的总体目标，不仅要有学习专业知识的目标，还要有实践的目标、体育锻炼的目标、交友的目标等。

2. 具体可行

目标不具体，就难以实现，对结果也不好判断，目标越具体，就越容易见到效果。同时，具体目标应该受最终目标的指引。目标也要有可行性，不能超出自己的能力范围，要符合自己当前的实际情况。例如，很多人想考研，设定了目标，学习了一段时间后，不能很好地坚持，发现自己的外语底子太薄弱，考研目标实现的可能性很小，这时就应该考虑为实现最终的考研目标，现实的问题是制订外语学习计划，包括单词量、词汇、语法的积累，也可能具体到期末英语考试、平时每天固定时间的强记忆等，这样的目标才可行。

3. 积极

目标应该符合自身发展需要，使自己不断进步、完善，让自己在专业、知识、技能、见识等方面不断发展。同时，根据实际，看自己设定的目标是否符合未来就业、创业需要，是否符合社会的需求。

4. 可以评估

目标无法评估，则不称其为目标，及时评估可以鼓励信心，让自己看到进步，发现不足，及时调整目标和措施。在设定目标的过程中，要自己与自己比，用自己的现在去比自己的过去，看看自己进步的幅度、未来发展的可能，再制订未来的发展计划。

31

做一做

我的人生目标

请你根据设定目标的原则，按实际情况填写长期、中期、短期目标（见表2-4）和生活领域目标（见表2-5），明确自己的目标是什么，把目标进行排序，同时思考怎样才能达到这些目标。

表2-4 长期、中期、短期目标

目标	你的目标	排序	怎样达到你的目标
长期目标			
中期目标			
短期目标			

表 2-5　生活领域目标

目标	你的目标	排序	怎样达到你的目标
健康目标			
工作目标			
财务目标			
人际关系目标			
学习成长目标			
娱乐目标			
公益目标			

（二）优化目标

（1）从结果入手，选择核心目标，删除次要目标（应该尽量多删）。直接从目标的作用、功能、价值、意义、主次关系等方面考虑。

（2）从条件入手，选择实际目标，删除虚幻目标（应该尽量少删）。直接从目标所需的时间（此处为大概时间）、金钱、性格、体力、智力、环境等方面考虑。

（3）从过程入手，选择实际目标，删除虚幻目标（应该尽量少删）。直接从目标实现的过程中可能出现的各种困难和意外等方面考虑。

（三）改进目标

（1）何时改进？随机时间，如产生灵感的时候。规定时间，如每天、每周、每年……（建议每天）。

（2）怎么改进？重复所有过程（更高的要求是不仅要改进你的目标，还要改进写在上面的目标法则）。

（3）改进重点。自悟：失败教训，成功经验，创新灵感，用笔记录在你最初的目标表上。受教：间接阅读，直接交流，了解重点，励志类故事，志同道合者的经验。

（四）实现目标

（1）从目标间的关系入手，选择最优的目标实现路径，做到事半功倍。先解决简单的目标，再解决困难的目标；先解决小的目标，再解决大的目标；先解决核心的目标，再解决不太核心的目标。

（2）设定目标起始时间（此处为相对精确时间）。注意要有一定弹性，尽量不超过截止时间。

策略三：磨砺意志，不轻言放弃

（一）自省自制

检讨自己一天的思想和行动，问问自己一天当中有什么事情值得自己开心和快乐，问问自己一天的学习中有没有方法的问题及如何改进。通过检讨，制订新的目标和计划，无论是生活计划还是学习计划，简明扼要地写下来，这有利于我们的执行。

写下令你深有感触的体会，可以针对当天发生的任何事情、人物。写下能激励自己上进的积极话语，如发生这件事情有哪些方面有利于自己、如何把不利化为有利等。

（二）自警自砺

自警就是自我提醒，自砺就是自我磨砺。宋代的司马光曾用石头做枕头，并取名"警枕"，其目的，一是为了提醒自己别消沉、怠惰；二是为了使自己睡在上面不舒服，改掉自己睡懒觉的习惯。

（三）克服惰性

克服惰性，最重要的是从小事做起，"不积跬步无以至千里，不积小流无以成江河"。如每天的晨跑，遇到刮风下雨、大雪纷飞的日子，就想"今天算了吧，明天再跑"；学习上碰到困难，就想"明天再说吧""明日复明日，明日何其多，我生待明日，万事成蹉跎。"结果就是这些一天天对自己的迁就，助长了自己的惰性。因此，我们可以从小事做起，如按时起床、坚持写日记等。完成这些小事的过程，也就是提高意志力的过程。意志力的大小还表现在办任何事情都要有始有终，不半途而废，三天打鱼、两天晒网难以做成大事。

（四）敢于"为难"自己

早在1915年，心理学家博伊德·巴雷特提出了一套锻炼意志的方法，包括：从椅子起身和坐下30次；把一盒火柴全部倒出然后一根一根地装回盒子里。他认为，这些练习可以增强意志力，以便日后去面对更严重更困难的挑战。巴雷特的具体建议似乎有些过时，但他的思路给人以启发。例如，我们可以事先安排星期天上午要干的事情，并下决心不办好就不吃午饭。

敢于"为难"自己要求我们努力去做一些虽不感兴趣但却必须做的富有意义的事情。生活中并非每一件事都是引人入胜的，有些事必须打起精神才能做好，如课堂听讲、坚持锻炼等。这些事正是磨炼意志的好机会，我们应该设定目标，强迫自己去做，做得不好就自我惩罚。

心情日记

战胜自我

早在2012年，苏炳添和博尔特同场竞技时，就感受到强烈差距。此后，他给自己立下目标：跑进百米9秒区！之后，他反复研究摸索，更换起跑脚——"重新学习跑步"。受伤后有人以为他再也跑不动了，但他相信，伤病痊愈后自己还可以继续奔跑！东京奥运会上，他超越伤痛，超越自己，成为首位闯入奥运会男子百米决赛的亚洲飞人。正如苏炳添所说："极限确实存在，我不突破极限，我只突破自己。"雄鹰只有经过无数次摔倒跌落，才得以练就强劲有力的羽翼；海燕只有经过无数次狂风暴雨的洗礼，才得以拥有披荆斩棘的力量；人亦是如此，只有经过无数次生活旋涡的搅拌，才得以实现超越自我的成就。有时候我们不是缺乏能力，缺少的是那突破自我的勇气。人最大的敌人其实是自己。

心理测试

自我和谐情况测试

表2-6有35道题目，作答时，请你理解清楚每道题的意思，然后选择一个分值（1分代表该题目所描述的完全不符合你的情况，2分代表比较不符合你的情况，3分代表不确定，4分代表比较符合你的情况，5分代表完全符合你的情况），以代表该题目所描述的与你现在对自己的看法相符合的程度，每个人对自己的看法都有其独特性，因此答案没有对错之分，只需你如实回答。

表2-6 自我和谐量表

题目	分值 / 分				
1. 我周围的人往往觉得我对自己的看法有些矛盾	1	2	3	4	5
2. 有时我会对自己在某方面的表现不满意	1	2	3	4	5
3. 每当遇到困难时，我总是首先分析造成困难的原因	1	2	3	4	5
4. 我很难恰当表达我对别人的情感反应	1	2	3	4	5
5. 我对很多事情都有自己的观点，但我并不要求别人也与我一样	1	2	3	4	5
6. 我一旦形成对事物的看法，就不会再改变	1	2	3	4	5
7. 我经常对自己的行为不满意	1	2	3	4	5
8. 尽管有时得做一些不愿意的事，但我基本上是按自己意愿办事的	1	2	3	4	5
9. 一件事好就是好，不好就是不好，没有什么可含糊的	1	2	3	4	5
10. 如果我在某件事上不顺利，我就往往会怀疑自己的能力	1	2	3	4	5
11. 我至少有几个知心朋友	1	2	3	4	5
12. 我觉得我所做的很多事情都是不该做的	1	2	3	4	5
13. 不论别人怎么说，我的观点决不改变	1	2	3	4	5
14. 别人常常会误解我对他们的好意	1	2	3	4	5
15. 很多情况下我不得不对自己的能力表示怀疑	1	2	3	4	5
16. 我朋友中有些是与我截然不同的人，这并不影响我们的关系	1	2	3	4	5
17. 与朋友交往过多容易暴露自己的隐私	1	2	3	4	5
18. 我很了解自己对周围人的情感	1	2	3	4	5
19. 我觉得自己目前的处境与我的要求相距太远	1	2	3	4	5
20. 我很少去想自己所做的事是否应该	1	2	3	4	5
21. 我所遇到的很多问题都无法自己解决	1	2	3	4	5
22. 我很清楚自己是什么样的人	1	2	3	4	5
23. 我很能自如地表达我所要表达的意思	1	2	3	4	5
24. 如果有足够的证据，我也可以改变自己的观点	1	2	3	4	5
25. 我很少考虑自己是一个什么样的人	1	2	3	4	5
26. 把心里话告诉别人不仅得不到帮助，还可能招致麻烦	1	2	3	4	5
27. 在遇到问题时，我总觉得别人都离我很远	1	2	3	4	5
28. 我觉得很难发挥出自己应有的水平	1	2	3	4	5
29. 我很担心自己的所作所为会引起别人的误解	1	2	3	4	5
30. 如果我发现自己某些方面表现不佳，总希望尽快弥补	1	2	3	4	5
31. 每个人都在忙自己的事，很难与他们沟通	1	2	3	4	5
32. 我认为能力再强的人也可能遇上难题	1	2	3	4	5
33. 我经常感到自己是孤独无援的	1	2	3	4	5
34. 一旦遇到麻烦，无论怎样做都无济于事	1	2	3	4	5
35. 我总能清楚地了解自己的感受	1	2	3	4	5

计分办法及结果解释： 各分量表的得分为其所包含题目的得分直接相加。3个分量表包含的题目如表2-7所示。

表2-7 分量表情况

	包含题目	大学生常模	自测分数
自我与经验的不和谐	1、4、7、10、12、14、15、17、19、21、23、27、28、29、31、33	46.13±10.01	
自我的灵活性	2、3、5、8、11、16、18、22、24、30、32、35	45.44±7.44	
自我的刻板性	6、9、13、20、25、26、34	18.12±5.09	

此外，还可以计算总分，方法是将"自我的灵活性"分量表所包含的题目反向计分，算出得分后再与其他两个分量表的得分相加。总分越高自我和谐程度越高，大学生中，低于74分为低分组，75～102分为中分组，103分以上为高分组。

（本测试结果仅供参考，若有需要，请咨询专业人员。）

// 本章习题 //

1. 简述自我意识的分类情况。
2. 影响大学生悦纳自我的认知偏差有哪些？
3. 如何做到悦纳自我？

第三章
自适其意，自遂其性
——人格塑造

　　歌德曾说："一棵树上很难找到两片完全一样的叶子，一千个人中也很难找到在思想情感上完全协调的两个人。"为什么在这么多人中，我们难以找到在思想情感上完全协调的人呢？人格在其中起着不可忽视的作用。人格是我们在生活中戴的"面具"，所谓"人心不同，各有其面"，社会是戴着各式各样"面具"的人们交织、结合形成的"英雄谱"；人格是一块坚硬的石头，性格、气质、理想、信念等如花纹般在它身上被雕刻，然后蔓延。自适其意，自遂其性，对自我人格的塑造，是一项个体从出生到死亡，毕其一生的浩瀚工程。

● **本章学习目标**

- 了解人格的含义、特征、结构及人格的影响因素。
- 了解大学生人格的特征及常见人格障碍，并进行人格的自我评估。
- 掌握健康人格塑造的策略和方法，挖掘个体性格优势和自我调节能力，不断完善自己的人格。

第一节
人格完善

天才形成于平静中，人格来自于生活的激流。

——歌德

"特殊的人格"的本质不是人的胡子、血液、抽象的肉体的本性，而是人的社会特质。

——马克思

心灵故事

心雨时节

我来自农村，父母都是农民。通过自己的努力考上大学后，我以为我的人生会开启新的一页，哪知道事情的发展却不是这样。进入大学不久，我就加入了学校的学生会，是一名普通的干事。因为工作认真勤快，部长很赏识我，可后来他却慢慢疏远我。我曾愤怒懊恼，怨天尤人。我也曾冷静想过，我身上到底缺少了什么东西，以致限制了我的发展。不久前我又竞选上了班级的学习委员，可没过多久，辅导员老师跟我说我不适合这项工作，因为我只是自己干自己的，很少和班上其他班委沟通工作，和班上同学也交流很少。我这才明白我身上少了什么，我总是独来独往，不与人交流，这是限制我发展的原因。

其实我也想与人交流，可我却总开不了口，有时候是不愿意，有时候是不敢，我总是有意无意地把自己封闭起来，我不愿别人接近我，又觉得别人帮不了我什么，可我有时又因孤独而痛苦。

来到大学后，学习压力没有高三那么大，我本来想在交流方面多花点工夫，改变目前这种状态。可我却发现，由于封闭自己太长时间，我无法也不会融入同学当中。我为此而苦恼过，可后来又想，无法融入就无法融入，我又为何要融入他们，就像高中一样，我独自一人也没什么不好。因此，我的孤僻之中又多了一份孤傲。我自欺欺人觉得自己很好很出色，别人不过尔尔。为此，我吃的苦头也不少，有人说我消沉，有人说我年纪轻轻却饱经沧桑，没有年轻人应有的活力与激情。

这些年我也成长了不少，我学会了承受生活中的各种压力，学会了怎样冷静思考问题。可我依然无法打开我心灵中的枷锁，这已成了我生命中最大的障碍。我该怎么办呢？怎样才能让我摆脱这枷锁？

人生命的舒展既需要长度的延伸，又需要深度的拓展，只有不断认识和完善自我人格，克服内心的冲突和摩擦，减少病态人格、缺陷人格带来的痛苦和伤害，达成自己与内心的和谐，才是人生幸福的基础。

● **心海泛舟**

一、什么是人格

"人格"一词起源于拉丁文 persona，原意是演员表演时戴的面具。在心理学上，人格是指"在遗传和环境的交互作用下，个人所具有的典型和独特的心理品质组合系统"。换句话说，人格即一个稳定的心理组织系统，是各种心理特征的总和，在不同的时间和地点，都影响一个人的思想、情感和行为，是使他区别于他人、独特的心理品质。人格是一个含义非常丰富的概念，包括气质、性格等稳定的心理特征。

二、常见人格障碍

人格障碍是指个体的人格特征明显偏离正常，形成了一贯的反映个人生活风格和人际关系的异常行为特征，突出地表现为个人在社会生活中的适应不良，因此会给个人及社会带来许多不良影响。人格障碍需要专业的精神科医生诊断和治疗。

（一）偏执型人格障碍

偏执型人格障碍以对他人不信任和猜疑为特点，始于成年早期，男性多于女性。主要表现为：极度感觉过敏，对侮辱和伤害耿耿于怀；思想行为固执死板，敏感多疑、心胸狭隘；爱嫉妒，对别人获得成就或荣誉感到紧张不安，妒火中烧；总是过多过高地要求别人，认为别人存心不良；如果建立家庭，常怀疑自己的配偶不忠等。持这种人格的人在家不能和睦，在外不能与朋友、同事融洽相处，别人只好对他敬而远之。

（二）反社会型人格障碍

具有反社会型人格障碍的人一般有以下表现：无所顾忌，与人敌对，爱挑起争端；对挫折耐受力极低，易被激怒；行为不符合社会规范，情绪具有爆发性，行为具有冲动性，对社会、对他人冷酷和仇视，缺乏好感和同情心，缺乏责任心和羞愧悔改之心。

（三）强迫型人格障碍

强迫型人格障碍以过分的谨小慎微、严格要求、完美主义及内心的不安全感为特征，行为表现得特别死板，处事缺乏灵活性、缺少弹性，有强烈的自制心和自我约束。

（四）依赖型人格障碍

依赖型人格障碍主要表现为：自己无法做决定，也无法进行工作或执行计划；不果断，缺乏判断力，因害怕被拒绝，即使坚信别人错了，仍同意对方的意见或建议；常恐惧自己会被抛弃，容易因为批评或拒绝而受到伤害。

（五）自恋型人格障碍

自恋型人格障碍主要表现为：过分地自我关心、自我中心和自尊自夸，常幻想自己了不起，有才学，有美貌；不能接受别人的意见和批评，需要经常受到注意或赞美；相信自己很独特，只能被特殊的或地位高的人所理解；专注于充满成功、权利、成就和理想化的幻想；注重权利的争取，缺乏同情心，不能谅解他人感受。

（六）回避型人格障碍

回避型人格障碍主要表现为：心理自卑，行为退缩，面对挑战采取逃避态度或无能应付；避开或不接触重大社交或职业活动，在社交场合因为害怕说话不适当，或表现较差，或保持沉默。

（七）表演型人格障碍

表演型人格障碍主要表现为：人格发展不成熟，情绪不稳定，常故意用过分做作、夸张和戏剧性的行为引起别人的注意。

● **心路导航**

人格障碍的治疗主要以心理治疗和心理咨询为主，同时患者也应该具有一定的自我治疗意识，只有这样，才能获得一定的纠正成效。

策略一：偏执型人格障碍纠正方法

王某，女，20岁，大学二年级学生，成绩优异。在一次班委竞选中，她非常自信地去竞选班长一职，结果出来后却发现班上只有一个人给她投了赞成票。得知结果的她非常气愤，认为班上的同学嫉妒自己的才能，所以联合起来针对她、排挤她。上课时，她总爱和老师抬杠，总是觉得老师的说法是错误的，可是老师却指出了她的错误，尽管如此，她心里还是很不服气。王某喜欢钻牛角尖，对很多事情只认自己的理，我行我素，认为自己比别人更聪明更有能力，从不在意别人的感受，不愿与人分享，班上几乎没有人和她走得很近。

王某多疑、偏执、刚愎自用、以自我为中心的性格特征，可能有偏执型人格障碍。偏执型人格障碍的纠正以克服多疑敏感、固执、不安全感和自我中心的人格缺陷为主，因此，王某要纠正自身人格障碍可以采取以下几种方法。

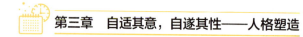

1. 认知提高法

如果确定进行心理治疗和心理咨询，那么在心理治疗前，王某应该与心理咨询师建立信任关系，在相互信任的基础上交流感情，了解自身人格障碍的特点、性质、危害性和纠正方法，对自己有一个客观、正确的认识，产生自觉改变自身人格障碍的愿望。这样一方面能更好地配合心理咨询师进行心理治疗，另一方面能提高自我纠正的主观能动性。

2. 自我疗法

偏执型人格障碍患者喜欢走极端，这与其头脑中存在非理性观念有关，王某头脑中也存在这些观念。例如，认为班上的同学是嫉妒她的才能，所以在竞选班长时才联合起来不选她；总是觉得老师的，说法是错误的，可是老师反而说她是错的，等等。因此，要改变偏执行为，王某首先必须分析自己的非理性观念，去除其中偏执成分。比如，"不可能所有同学都是嫉妒我的才能才不选我当班长，肯定是我自身存在一些不适合当班长的因素""老师的说法是有一定道理的，他说我错肯定有他的理由"。每当那些非理性极端想法出现时，就把改造过的合理化观念重复默念，以阻止自己的偏激想法和行为。

3. 交友训练法

王某应该积极主动地与同学沟通交流，通过交友，与人建立信任感，消除内心不安，并且遵守以下原则：交友的目的在于克服偏执，寻求友谊和帮助，交流思想感情，消除心理障碍，因此应该以诚相待，采取诚心诚意的态度与同学交往，相信大多数同学都是友善的，可以信赖的，而不能对周围存在偏见和不信任的态度。在与同学相处过程中，一方面可以经常分享自己的心情感悟，另一方面也要主动为同学提供帮助，理解他们的喜怒哀乐，这样有助于获得同学的信任，巩固和加深友谊。

4. 敌意训练法

偏执型人格障碍患者容易对周围环境和他人产生敌意，因此，王某在待人接物时要经常提醒自己不能陷入"敌对心理"的旋涡，以减轻敌意心理和强烈的情绪反应。要学会对那些帮助过自己的人说感谢的话，对所有认识的人微笑，在生活中学会忍让和有耐心。

策略二：强迫型人格障碍纠正方法

某大一女生小刘，总是觉得自己的手和身体无时无刻不在接触细菌，不自控地反复洗手。她用各种强性洗手液或消毒液反复洗，洗到手指发白变皱，甚至脱皮。每天洗手次数达到50多次，她从来不用手直接去接触东西，要用纸或衣服隔着，或者用手肘、脚去碰。这样的强制性重复洗手已经严重影响她的学习和生活，于是她只能休学回家，待在家反复洗手冲凉，有时甚至洗澡洗到晕倒，家人也束手无策。

小刘的行为是典型的强迫型人格障碍特征，强迫型人格障碍患者主要是过分压抑和控制自己。强迫型人格障碍纠正的主要方法如下。

1. 顺其自然法

任何事顺其自然，该怎么办就怎么办，做了以后就不再去想它，也不要对做过的事进行评价。比如担心课桌没有收拾干净，就让它不干净；字写得别扭，也由它去，与自己无关。开始时可能会因此而焦虑，但由于患者的强迫行为还远远没有达到强迫症无法自控的程度，所以经过一段时间的训练和自己的努力，症状是会消除的。

2. 当头棒喝法

当感到将要不能控制某些行为时，对自己大喝一声"停"或"不"，让自己"当断则断"，抛弃所有的考虑。

策略三：依赖型人格障碍纠正方法

李某是大学新生，因为不适应大学的生活，感到很痛苦，所以来咨询室求助。从小母亲对他关怀备至，几乎所有事情都由母亲包办，以致到二年级还不会系鞋带、穿衣服，连吃饭也得母亲喂。上初中了，他晚上睡觉还和妈妈一起睡。母亲过分的溺爱导致其胆小、懦弱。小学及中学过得还算顺利，可上了大学后离家太远，没有母亲陪伴在身边，这让他觉得恐惧。他对大学的生活很不适应，并且他还说同宿舍的人靠不住，不能成为他的支柱，他觉得上大学很痛苦。

依赖型人格障碍的主要特征是患者在自力、自主方面不成熟。李某的行为是依赖型人格障碍的典型表现，可以通过清除习惯和重建自信进行纠正。

1. 清除习惯

李某对母亲的依赖从小开始，并且已经成了一种习惯，他现在离家太远，觉得恐惧的原因是母亲不在身边。因此，李某首先要破除依赖这种不良习惯。李某可以仔细回想母亲平时为自己做了哪些事情，自己的哪些事是依赖母亲做的决定。然后将这些事件按自主意识强、中等、较差分为 3 等，每周一小结。对自己能做的事情，自主意识强的事件，以后遇到同类情况应坚持自己做；对自己可能会做的事情，自主意识中等的事件，应该尝试去做，并自己提出改进的方法，在以后的行动中逐步实施；对自主意识较差的事件，可以采取诡控制法逐步强化、提高自主意识。诡控制法是指在别人要求的行为之下增加自我创造的色彩。例如，母亲让李某坚持每天跑步，锻炼身体，李某天天跑步，似乎有完成任务之嫌。但是，除了跑步，打篮球等也是锻炼身体的好方法，因此，李某可以逐渐把每天跑步的习惯转变为打篮球等其他身体锻炼方法，这就证明他的自主意识已大为强化了。

2. 重建自信

如果只简单地清除依赖的习惯，而不从根本上找原因，那么依赖行为也可能复发。因此，李某应该重新建立自信，以便从根本上矫正依赖型人格。首先，他需要消除童年不良印迹。依赖型的人缺乏自信，自我意识低下，这与童年期的教育在心中留下的自卑痕迹有关。因此，李某可以回忆童年时母亲对自己说过的"瞧你笨手笨脚的，让我来帮你做"等这些具有不良影响的话，把这些话语整理出来，每条加以认知重构，并将其转告母亲，让她在他试着干一些事情时，不要用这些话语来指责他，而是鼓励他，并放手让他自己去做决定和做一些事情。在自主意识不断增强的前提下，重新建立自主、自立的自信心，增强勇气，改变事事依赖母亲的弱点。

策略四：自恋型人格障碍纠正方法

王某去年 9 月考上本地一所高校，她总认为周围的同学都不如自己，没有自己漂亮，也没有自己能力强，觉得自己应该享有别人没有的特权。例如，宿舍里的某个公共位置只能归她所用，不允许别人放东西。她还经常要求室友为自己服务，觉得这是理所当然的。当她休息时，室友发出一点响动，她就会怪室友影响她休息，但自己影响室友睡觉时她不以为然。王某还常常夸大自己的才华和能力，总想从别人那里获得注意与美慕。虽然家境一般，但她总喜欢夸耀自己如何有钱有势……慢慢地，大家开始逐渐疏远她。

自恋型人格障碍的典型特征是过分地自我关心、自我中心和自尊自夸，王某的行为表现是比较典型的自恋型人格障碍，可以通过解除自我中心和学会爱别人加以纠正。

1. 解除自我中心

自恋型人格障碍的最主要特征是自我中心，而人生中最为自我中心的阶段是婴儿期。由此可见，自恋型人格障碍患者的行为实际上退化到了婴儿期。因此，要纠正自恋型人格障碍，必须了解自己那些婴儿化的行为。王某可把自己认为不受人喜欢的人格特征和别人对自己的批评罗列出来，看看有多少婴儿期的成分。例如，宿舍里的某个公共位置只能归她所用，不允许别人放东西；经常指使室友为自己服务，觉得是理所当然的。通过回忆童年，可发现以上人格特征在童年就具有原型。例如，非常喜欢幼儿园的某个玩具，于是成天拿在手上，不准其他小朋友玩；父母为自己穿衣喂饭，是自己的仆人。明白了自己这些行为是童年幼稚行为的翻版，王某要经常告诫自己：宿舍是公共场所，别人在这个位置放东西也是理所当然的；室友只是同学，不是仆人，况且自己已经长大了，许多事情应该自己去做。这样不断地告诫自己，纠正自我中心，并且还可以请朋友或亲人经常提醒自己，督促自己及时改进。

2. 学会爱别人

对自恋型的人来说，光解除自我中心观念还不够，还必须学会爱别人。因此，王某应该及时、设身处地地关心周围的人。例如，晚归时，看到室友睡着了，应当放轻脚步和声调，避免吵醒室友；在同学生病、需要帮助时，及时给予关心和帮助，等等。只有这样，才会得到周围人的尊重和友谊，自恋才能缓解和减轻。

策略五：回避型人格障碍纠正方法

肖某，男，20岁，从小喜欢英语，且英语成绩一直很好。在一次英语演讲比赛中，英语老师鼓励他报名参加。虽然他的英语口语挺好，但在准备比赛期间，他表现得异常紧张、忧虑，常常担心自己拿不到好成绩。眼看第二天就要比赛了，肖某却说自己病了，要退赛。虽然老师苦苦劝说，但肖某最终还是放弃了参赛。肖某从小就有些胆小、自卑，很少有朋友，总是等待别的同学主动与他交往，家里来了陌生客人，尽量躲到自己房间里避而不见。一个学长与他聊天，讲到工作中需要和很多人打交道，他明白自己这方面能力很差，感到压力非常大，内心惴惴不安，整天沉默不语。

肖某行为表现的最大特点是面对挑战采取逃避态度和行为退缩，这种情况属于回避型人格障碍，可以通过建立自信和克服交往障碍来自我纠正。

1. 建立自信

自卑是回避型人格障碍患者表现出胆小、回避行为的主要原因，因此，回避型人格障碍患者首先要消除自卑，建立自信。建立自信就要正确地认识自身的优缺点。肖某可以静下心来在纸上罗列出自己的优点（也可以找了解自己的同学，询问他们自己有哪些优点），越多越好，以发现自己的长处，提高自我评价。在了解了自己的长处之后，肖某可以做一些能发挥自己优势的事情，通过获得成功来消除自卑，建立自信。比如，发挥他的英语优势，参加一些英语竞赛。另外，对于自己的缺点，也不要采取回避的态度，而是应该改变自己的认知，认识到人无完人，每个人都有自己的缺陷和弱点，其实有些小缺点可以忽略不计，有些只要改正就好，无须耿耿于怀。

2. 克服交往障碍

肖某可以按照由易到难的顺序来逐渐提高自己的交往能力，克服交往障碍。首先，肖某在家里来陌生客人的时候，一开始尽量让自己做到不回避，经过几次之后，当面对陌生客人内心感到比较自然时，可以开始跟客人简单交流，第一次可以只聊5分钟，第二次聊10分钟，第三次聊15分钟……以此类推，增强与人交流的胆量和程度。其次，肖某还可以通过主动找同学聊天来克服交往障碍。一开始，可以在聊天之前先做好充分准备，如从哪些话题入手、了解同学的兴趣爱好等。在主动与同学交流几次之后，可以尝试随机找同学较为随意地聊天。然后，还可以慢慢地开始参与集体活动，在班会上发言，进行思想交流，等等。最后，制订一个每天、每周与人交流多少时间的计划，还要注意保证完成计划的时间量，可以找个监督员，监督和评定自己的执行情况，督促自己坚持下去。

策略六：表演型人格障碍纠正方法

王某，某高校大一女生，18岁。学习成绩名列前茅，就是有一点令同学们很反感，她喜欢在同学们面前高谈阔论，有意无意地标榜自己，表现自己，吹嘘自己，说自己被某某男生"爱慕"，还描述那些男生是如何追求自己的，自己又是如何刁难他们的。有时为了引起同学们的注意，竟不顾个人形象，进行滑稽的戏剧化表演。王某平时生活十分活跃，情感变化十分频繁，富于幻想，自我中心，常用献殷勤、给小恩小惠等小手段与同学交往，与同学关系停留在表面的要好，可以交心的朋友几乎没有，有时同学的一句客观评语会使她立马痛哭流涕、萎靡不振，但她从不吸取教训。

王某明显具有表演型人格障碍。临床上应用最多的心理疗法是认知行为疗法，治疗集中在改善患者的人际交往上并且教会他们如何表达他们的渴望与需要，经较长时间的心理治疗，对改善紧张的人际关系，是有一定效果的。在患者出现异常应激、情绪反应及精神症状时，也需要药物治疗。

1. 反省法

表演型人格障碍患者的情绪表达常常让旁人无法接受，要学会经常反省自己的言行是否有失常，可以多听听亲人朋友对自身这种情绪表达的看法，分析这些情绪表达哪些是有意识的，哪些是无意识的；哪些是别人喜欢的，哪些是别人讨厌的。对别人讨厌的要尽量去改变，对无意识的表现，可将其写下来，放在醒目处，不时自我提醒。平时睡觉前冷静客观地回想一下自己一天来的各种表现，最好能站在他人的立场上想想自己的这些言行他人能否接受，通过冷静分析和思考这些问题，找出自己人格中的缺陷，并有意识地加以控制和调节。还可以借助心理医生和心理老师的帮助，反省自己的人格缺陷。

2. 自我暗示法

表演型人格障碍患者可以经常用暗示语来暗示自己，如"不要太激动""不要自我中心"等，来暂时控制自己的情绪；也可以根据自己的人格缺陷，编制有效的暗示语暗示自己，坚持经常暗示，会有一定效果。

3. 升华法

表演型人格障碍患者有一定的艺术表演才能，唱说哭笑，演技逼真，而且具有一定的吸引力和感染力，有人戏称她们为"伟大的模仿者""表演家"。如果把自己的这种演技转移到文艺表演中去，使自己的能量在表演中得到升华，那么，这种异常的人格特征就会在文艺表演中得到升华。事实上，许多艺术表演都有一定的夸张成分，为了使观众沉浸到剧情中去，演员必须用自己的表情、语言去打动他们。因此，对表演型人格障碍患者来说，投身于表演艺术是一种很有效的调节方法。

一位人格障碍患者的日记

　　一直以来我在大家眼里都是一个懂事、爱学习的好学生，学习成绩不错，性格开朗，老师和同学都很喜欢我。直到15岁生日过后，你开始在我的身体内滋生，利用我的躯体表现出"另一个我"——他孤僻、懒散，喜欢独来独往，寡言少语，对家人态度冷淡，也不爱学习，经常迟到、早退，还沉迷网络游戏，晚上经常夜不归宿，甚至对父母和老师恶语相向。

　　"另一个我"伤透了父母、老师的心，朋友、同学都远离他，学校勒令让"另一个我"退学，正式宣布放弃"另一个我"。

　　我曾经试图去控制"另一个我"，但没有成功，我原本的性格、生活已经被"另一个我"摧毁，我甚至发现自己也渐渐被他控制，当我又干了一件坏事、又引起大家的愤怒时，心里竟然有一种莫名的快感。

　　所有人都说我变了，其实我心里清楚，大家只是看到了"另一个我"，但是大家都不认可他的存在。父母开始带我四处求医，他们希望用医学手段来帮助我消灭你，然后我被诊断为"人格障碍"。

　　我的一切终于慢慢被理解了，经过药物、心理治疗，"另一个我"逐渐隐退，原来的我逐渐显现，那个开朗、阳光的我又回来了。

41

第二节

性格优化

才能自然形成，性格则涉人世之风波而塑成。

——歌德

每个人都有他的隐藏的精华，和任何别人的精华不同，他使人具有自己的气味。

——罗曼·罗兰

心灵故事

窗外的雨，淅淅沥沥地下着，下着。望着那一帘烟雨，心中之些许愁思，隐隐作痛。淋在窗外，湿了内心。不时地勾起遥远的愁，忆起往昔之忧伤。往事如烟，往事如梦，往事如久封的魔盒。开启了，如同打开了潘多拉的盒子……

我从小性格就很内向，从不主动与别人说话，一般是别人主动跟我讲话，我才会回应。小时候还好点，在学校还喜欢跟同学打打闹闹，上大学后我发现自己越来越自闭了，现实中只有两个从小一起玩到大的伙伴，就没有其他朋友了。我喜欢把自己一个人关在宿舍，学校和班级开展的各种活动我也不想参加，觉得没什么意思，主要是有很多人在场时，我就感觉很不自在。我不喜欢到外面去，一到外面我就会认为有人在注意我，我的一举一动都会被别人看在眼里。每次去食堂吃饭我都觉得很紧张，不知道怎么和打饭的阿姨交流，基本都是用手指想买的东西。打完饭之后就匆忙回到宿舍，我不想在食堂里吃饭，因为里面的人太多。平时做事我也很没有主见，都是别人怎么说我就怎么做，什么事都希望别人给我安排好，我只管去做，如果要我单独去做什么事，我就会感到很无力与无助。现在一个人感觉很孤单，心里空荡荡的，不知道该怎么办，不知道该怎样面对即将到来的日子。

雨，下着，淅淅沥沥地下着。雨点跌落在心湖里，荡起些许涟漪，那涟漪不断向外扩散着，一圈一圈……

亨利·詹姆斯说过："性格，既不坚固也不是一成不变的。"性格的形成是生物、家庭、社会等多种客观因素共同作用的结果。人生路上，风雨兼程，打造好自己的性格，自然能创造好的机会。人海茫茫，愿我们每个人都紧握命运的纸牌，开启心灵的探索之旅。

● 心海泛舟

一、什么是性格

人格包含性格。"性格"一词起源于希腊语，原是特征、属性之意。心理学上，性格是人对现实所持的稳定态度和与之相应的习惯化的行为方式。性格具有一定的稳定性，它在社会实践中一经形成便比较稳定，会在不同的时间和情况下表现出来。同时，性格也具有一定的可塑性，它在人们的日常生活中形成，生活环境的重大变化，也会使性格发生显著变化。

二、性格的类型

性格类型是人们身上共有的某些性格特征所组成的独特模式。由于性格特征复杂多样，所以人的性格类型也不一样，一般常见的性格分类如下。

（一）外向型与内向型

按人的个性倾向性，可把性格划分为外向型和内向型。外向型的人心理活动倾向于外部，活泼开朗，善于交际，感情易外露，喜怒哀乐都可以让人看得到或感受得到，独立性强；但同时，他们有时又会表现出自制力不足、粗心、善变等特征。内向型的人心理活动倾向于内部，他们情感细腻且不显露，处事谨慎，自制力强，不善于交际，有时会表现出沉郁、孤寂、拘谨等特征。

（二）独立型与顺从型

按个体独立性的程度不同，可把性格划分为独立型和顺从型。独立型的人分析、解决问题时不易被他人的见解所干扰，善于思考，坚持自己的意见，表现出自主、自立的性格特点，在紧急困难的情况下表现为沉着冷静。顺从型的人处事缺乏主见、易受暗示，容易不加分析地接受别人的意见，照别人的意见办事，人云亦云，在紧急困难情况下表现为惊慌失措。

（三）A、B、C、D 型

按人的行为方式，即人的言行和情感的表现方式，可把性格分为 A 型性格、B 型性格、C 型性格和 D 型性格。A 型性格的人主动、紧张、节奏快、有进取心、时间观念强、好胜心强，但易急躁，对人不信任，人际不融洽。B 型性格的人性格温和、容易相处、不易激动，社交适应性较好，遇事想得开，不耿耿于怀。C 型性格的人情绪压抑，表现为过分合作、过分忍耐、回避矛盾、自生闷气、过分焦虑。D 型性格的人是孤僻型，往往沉默寡言，待人冷淡，缺乏自信心，有不安全感；性格孤僻，爱独处，不合群；情感消极，忧伤，容易烦躁不安。

● 心路导航

策略一：认识自身性格

43

（一）自测性格

自测性格是指通过参与权威、信效度较高的性格问卷测试，经过对测试结果的分析和了解，来达到了解自我性格特征的目的。目前，心理学上适应范围广泛、信效度较高的性格自测问卷包括以下几种，在专业的心理学网站和相关书籍中，均可找到。

1. 性格内外向量表

性格内外向量表是一个通俗的、简便易做的性格测试，通过对内外性心理倾向的测试，让测试者了解自身的内外向性格倾向及特点，达到自我了解、自我完善的目的。

2. MBTI 职业性格测试

MBTI 职业性格测试是当今世界上应用极为广泛的一种性格测试工具，用于衡量和描述人们获取信息、做出决策、对待生活等方面的心理活动规律和性格类型。它把人的性格划分为"外向 E—内向 I""感觉 S—直觉 N""思考 T—情感 F""判断 J—感知 P"4 个维度，16 种类型。MBTI 测试可以帮助个体认识自我的行为风格，找到与自己性格特征相匹配的职业类型，主要应用于职业发展、职业咨询、团队建设等。

3. "大五"性格测试量表

"大五"性格测试量表是目前比较流行的一种性格测试工具，它描述了个体性格的 5 个维度。

（1）外倾性（extraversion）指个体对外部世界的积极投入程度。外倾性的人表现出热情、社交、果断、活跃、冒险、乐观等特点。

（2）神经质（neuroticism）指个体体验消极情绪的倾向。神经质的人具有焦虑、敌对、压抑、自我意识、冲动、脆弱等特质。

（3）开放性（openness）指个体想象力及好奇心。开放性的人具有想象、审美、情感丰富、求异、创造、智慧等特征。

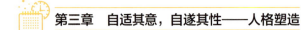

（4）随和性（agreeableness）指个体在合作与社会和谐性方面的差异。开放性的人包括信任、利他、直率、谦虚、移情等特点。

（5）尽责性（conscientiousness）指个体在目标导向行为上的组织、坚持和动机。尽责性的人具有胜任、公正、条理、尽职、成就、自律、谨慎、克制等特点。

4. 卡特尔16种人格因素测试

卡特尔16种人格因素测试用以测量人们16种基本的性格特质，这16种性格特质是影响人们学习与生活的基本因素，包括乐群性、聪慧性、稳定性、恃强性、兴奋性、有恒性、敢为性、敏感性、怀疑性、幻想性、世故性、忧虑性、实验性、独立性、自律性、紧张性。这16个方面，可以了解被试者在环境适应、专业成就和心理健康等方面的表现。

5. PDP性格测试

PDP性格测试是测试人们行为风格的工具。行为风格即一个人最擅长的做事风格，并且区分了天生的我、工作中的我及他人眼中的我。PDP性格测试通过问卷的形式把人的性格分为老虎型、孔雀型、考拉型、猫头鹰型、变色龙型。

（二）他人评价

认识自身性格是一个复杂的过程，人对自身性格的了解可以通过将自我评价和他人评价相结合，培养出一种中立的"客观者"的品质，这样才能把握真实的自我性格特点。

（1）邀请3～5个彼此熟悉了解的好友，确定一名领导者，共同认识自身性格。

（2）每人拿出一张白纸，在纸上写出至少10项自身性格特征，越多越好。其中，在纸的正面写下自己认为好的特征，在纸的反面写下自己认为不好的特征，越详细越好。

（3）领导者随机抽出写好的性格特征，然后读出纸上的内容，让其他人猜纸上说的究竟是谁。如果你能被顺利猜中，则说明你对自身性格有比较清晰、客观的评价和了解。

（4）领导者组织大家补充被猜测对象的其他性格特点，并针对那些自我评价和他人评价不一致的特征进行讨论，深入了解和探索真实的自身性格。

策略二：优化性格

（一）趋优避劣，扬长避短

成功心理学创始人之一唐纳德·克利夫顿认为，判断一个人是否成功，最主要看他是否最大限度地发挥了自己的优势。研究发现，人类有400多种优势，这些优势本身的数量并不重要，重要的是人应该知道自己的优势是什么，然后将学习、生活、工作事业建立在自己的优势之上。

"人海茫茫，风格各异"，不要总是用自己的劣势去和别人的优势比，这样只能迷失自己。每个人的性格特征中都有好的因素，也有不良的特征，要集中力量发扬优势。

（1）通过自我反思和他人评价相结合的方式发掘自己性格中的优势和长处，了解自身优势的特点和性质，确定这些优势在学习、生活中的哪些具体方面发挥作用。

（2）提醒自己要保持这些长处和优势，遇到能施展自己的机会时，结合自身优势，努力把握，把优点发挥到极致。

（3）将性格上的短板变成长板。如有人性格倔强、固执己见，但他同时颇有主见，不会随波逐流、轻易附和别人意见；有人办事缓慢、手里不出活，但他同时往往办事有条理、踏实细致；有人性格不合群，经常我行我素，但他同时可能有诸多发明创造，甚至硕果累累。我们要短中见长。

（二）取人之长，补己之短

卡耐基说："命运交给你一个酸柠檬，你得想法把它做成甜的柠檬汁。"了解自己性格特征之后，当遇到问题和困难时，转劣为优，将性格的不利因素转化为成功因子，就能更接近成功与快乐。将缺点转化为优点可以按照以下步骤进行。

（1）把自己的缺点清点出来，了解清楚之后，再制定详细的克服方案。

（2）列出自己希望达到的目标，并将目标具体化。

（3）在心里想象自己已经克服弱点，并将自身弱势转化为优势后的画面。

（4）时刻提醒自己要成为自己所希望的强人。

（5）在获得动力之后，采取强而有力的措施，针对需要改正的弱点予以改正。

（6）在转劣为优的过程中，如果需要别人的帮助和监督，记得一定要大声说出来，他人的帮助和关心，会让你得到意想不到的收获。

（三）丰富知识

培根在《论知识》中提到："读史使人明智，读诗使人聪慧，演算使人精密，哲理使人深刻，伦理学使人有修养，逻辑修辞使人善辩，总之，知识能塑造人的性格。"的确，通过提高自身的知识素养，可以达到优化性格的效果。因为，人在获取了丰富的知识之后，能够知情达理，明辨是非，心胸开阔，增强心理行为自控能力。

优化性格可以从丰富知识入手，通过阅读哲学、思想修养、名人传记、励志等类型的书籍，结合自身的性格特点，将理论联系实际，加以改正和优化。丰富知识除了读书学习，还可以通过培养各种兴趣爱好获得，如体育锻炼、弹琴绘画、旅游摄影等，这样一方面能够分散多余的精力和注意力，扩大视野，另一方面也起到了陶冶情操、开阔心胸、优化性格、豁达人生的作用。

（四）把握适度

凡事"过犹不及"，性格优化也是如此。坚定而不固执、勇敢而不鲁莽、豪放而不粗鲁、好强而不逞强、活泼而不轻浮、机敏而不多疑……任何事情过了头，会走向反面，得不偿失。

策略三：培养优良习惯

习惯是人的"第二天性"，性格中的很大一部分所表现的正是习惯化了的行为方式。俗话说，"积习难移""习惯成自然"，在对自己行为的支配中，习惯的力量比任何行为准则的力量都大。因此，培养好的行为习惯，比如守时、果断、诚信等，将有助于良好性格的培养。

（一）从小事着眼

一个人要想培养严谨有条不紊的性格，就要从每件小事上养成严谨有条理的习惯；一个人要想拥有乐观豁达的性格，就要对每件小事保持乐观豁达的态度。从小事做起，养成良好性格，也许会从此改变人的一生。例如，培养严谨有条理的性格，从平时做起，从小事开始：放置衣物的时候，归类整理，先后放置，井井有条；处理事情的时候，分清轻重缓急，制订行动计划，先做哪件，再做哪件，不随心所欲；安排时间，按照规律，不同时间任务有所不同。培养乐观豁达的性格，不应该为了小事而忧虑：生活中，对同学的玩笑多一些包容和理解；学习上，对待挫折和失败，要避免盲目悲观，进行正确归因。

（二）持之以恒

（1）提高纠正意识，内心时刻提醒自己要改变这些坏习惯，培养相应的良好习惯，可以用写小纸条的形式，内容如"拒绝拖拉，珍惜时间"等，粘贴在房间墙壁或书桌等显眼处。

（2）将要培养的习惯转变成明确的目标。例如，"拒绝拖拉，珍惜时间"虽然是一个目标，但是并不明确，可以将其细化为"每天晚上8点到9点背2单元英语词汇"等明确、可操作的具体目标。

（3）目标确定后，一方面可以每天用设置闹钟等方式督促自己执行；另一方面，也可以将自己所设定的目标告诉亲人和好友，让他们帮忙监督，提醒自己按时完成，这样能产生无形的压力，促使自己坚持完成每天的任务。

45

（三）善于总结

（1）坚持总结。每天、每周、每月总结一次目标的执行情况，认真客观地分析，不要找借口，将执行过程中的优缺点找出来，优点有助于提高自信心，缺点有助于加以改进。

（2）在目标执行的过程中注意给自己一定的奖励和惩罚，以巩固自己克服缺点、培养好习惯的决心和毅力。

乐观者和悲观者

　　乐观者和悲观者，虽只有一字之差，但他们对待世界的态度完全不一样，也会拥有两种不同的生活品质。

　　步星光下，抬头观望苍穹，悲观者说"星星愈亮，说明夜愈黑"，乐观者说"夜愈黑，星星就愈亮"。面对满园的玫瑰，悲观者说"真讨厌，这里的每朵花下面都有刺"，乐观者说"真好啊，这里的每丛刺上都有花"。在看似"山穷水尽"的时候，悲观者的眼前是"山重水复疑无路"，乐观者的眼前是"柳暗花明又一村"。

　　在悲观者的眼里，原来可能的事变成不可能，在乐观者眼里，原来不可能的事也变成可能。悲观者，先被心态打败，然后被生活打败；乐观的人，先战胜心态，然后战胜生活。

心理测试

46

PDP 性格测试

指导语：本次测试是测试你的性格，你是老虎、孔雀，还是考拉、猫头鹰、变色龙呢？每一种动物代表一种性格，在测试结束后有说明，请不要先看答案及评分标准，按照题号顺序答题，否则会影响测试结果。测试开始前请准备一张白纸记录题号和你的得分，以便测试后得到你的测试结果。每个问题有"非常同意""比较同意""差不多""有一点同意""不同意"5个选项供选择。其中，"非常同意"记5分；"比较同意"记4分；"差不多"记3分；"有一点同意"记2分；"不同意"记1分。（木测试结果仅供参考，若有需要，请咨询专业人员。）

注意：回答问题时不是依据别人眼中的你来判断，而是你认为你本质上是不是这样的。

测试开始

1. 你做事是一个值得信赖的人吗？
2. 你个性温和吗？
3. 你有活力吗？
4. 你善解人意吗？
5. 你独立吗？
6. 你受人爱戴吗？
7. 你做事认真且正直吗？
8. 你富有同情心吗？
9. 你有说服力吗？
10. 你大胆吗？
11. 你精确吗？

12. 你适应能力强吗？

13. 你组织能力好吗？

14. 你是否积极主动？

15. 你害羞吗？

16. 你强势吗？

17. 你镇定吗？

18. 你勇于学习吗？

19. 你反应快吗？

20. 你外向吗？

21. 你注意细节吗？

22. 你爱说话吗？

23. 你的协调能力好吗？

24. 你勤劳吗？

25. 你慷慨吗？

26. 你小心翼翼吗？

27. 你令人愉快吗？

28. 你传统吗？

29. 你亲切吗？

30. 你工作足够有效率吗？

评分与解释

把第 5、10、14、18、24、30 题的分加起来就是你的"老虎"分数。

把第 3、6、13、20、22、29 题的分加起来就是你的"孔雀"分数。

把第 2、8、15、17、25、28 题的分加起来就是你的"考拉"分数。

把第 1、7、11、16、21、26 题的分加起来就是你的"猫头鹰"分数。

把第 4、9、12、19、23、27 题的分加起来就是你的"变色龙"分数。

假如你有某一项分数远远高于其他 4 项，你就是典型的这种性格；假若你有某两项分数大大超过其他 3 项，你就是这两种性格的综合；假如你各项分数都比较接近，恭喜你，你是一个面面俱到近似完美性格的人；假如你有某一项分数特别低，想提高自己就需要在那一种性格的塑造上下功夫了。

5 种性格特征如下。

老虎：控制与任务导向特质。

真面目：自信、权威、决断力高、竞争性强。

特点：竞争力强、好胜心强、积极自信、胸怀大志、勇于冒险、分析敏锐，喜欢做"领袖"的感觉，说话常以命令式的语气，要求令出即行，不容置疑。

孔雀：社交与关系导向特质。

真面目：热心、乐观、善于言辞、交友广泛。

特点：具有高度的表达能力，社交能力极强，有流畅无碍的口才和热情幽默的风度，在公众场合喜欢侃侃而谈，在团体或社群中容易广结善缘、建立知名度。

考拉：稳健与关系导向特质。

真面目：稳定、敦厚、温和、规律。

特点：具有高度的耐心，敦厚随和，行事冷静自持，生活讲究规律但也随缘从容，面对困境，都能泰然自若，对事业的发展抱有谨慎和负责的态度，以耐力见长，但有时会勇气不足而惧怕压力。

猫头鹰：系统与任务导向特质。

真面目：传统、严谨、注重细节、条理分明、责任感强、重视纪律。

特点：早出晚归，兢兢业业，日程安排紧密，精确到"分"的刻度，具有高度精确的能力。其行事风格，重规则轻情感，事事以规则为准绳，性格内敛，善于以数字或规条为表达工具而不太擅长以语言来沟通情感，讲究条理分明，守纪律重承诺，是个完美主义者。

变色龙：弹性导向特质的整合型。

真面目：中庸、艺术气质、随和。

特点：是支配型、表达型、耐心型、精确型4种特质的综合体，没有突出的个性，擅长整合内外信息，兼容并蓄，以中庸之道处世，同时具有高度的应变能力，性格善变，处事圆融，弹性极强。

本章习题

1. 列举一个在生活中或影视剧中你见过的人格障碍患者，他有什么表现？
2. 学习本章后，你觉得可以从哪些方面对自己的性格进行优化？

第四章

自信挥笔，描绘人生
——生涯规划

　　人生是洁白的画纸，我们每个人是手握各色画笔的画师；人生也是一条看不到尽头的长路，我们每个人则是人生道路的远足者；人生还是一块神奇的土地，我们每个人都是手握农具的耕耘者；人生也如一本厚重的书，扉页是我们的梦想，目录是我们的脚印，内容是我们的精彩，后记是我们的回望。有些书没有主角，因为我们忽视了自我；有些书没有线索，因为我们迷失了自我；有些书没有内容，因为我们埋没了自我……唯有规划人生，把自己当成主角和主线，才能写出属于自己的绚丽人生。

● **本章学习目标**

- 了解生涯和生涯规划的含义。
- 了解大学生生涯规划的特点和问题，并对生涯规划状况进行自我评估。
- 掌握与生涯规划相关的策略与方法，发掘自身潜能，制订适合自己的生涯规划。

大学适应

　　最高明的处世术不是妥协，而是适应。

——吉姆梅尔

　　既然不能驾驭外界，我就驾驭自己；如果外界不适应我，那么我就去适应它们。

——蒙田

小丁是某大学一年级学生，出生并成长在北方某个城市。从小学到高中，小丁都比较顺利，一直担任学生干部，学习成绩优异，和同学关系融洽。一个月前他来到南方一座城市上大学，父母把他送到学校安顿好之后就离开了。自从父母离开后，小丁就感到非常寂寞，惶恐不安。习惯了高中快节奏生活的小丁不适应大学生活，饮食也不习惯，无法忍受潮湿闷热的宿舍环境。第一次住集体宿舍的小丁和舍友相处得也不是很愉快，室友们各忙各的事情，小丁的心里话无人倾诉，孤独使他越发地怀念高中生活。小丁也想要提高自己，找回过去那个积极的自己，但又不知道从何做起，感到无能为力、空虚迷茫。小丁和班级同学也没有什么共同话题，找不到志趣相投的朋友。

面对陌生的环境和未知的生活，之前的新奇、兴奋、愉快、荣耀逐渐消退，焦虑、受挫、担忧、混乱接踵而来，如何调整自己的行为方式、思维方式和做事方式？大一新生跳过"龙门"后，依然需要迎接新的挑战。

● 心海泛舟

一、新生适应不良综合征

新生适应不良综合征是指新生不能很好地适应学校新的环境，由此引起心理上的焦虑感、罪恶感、疲倦感、烦乱感、无聊感、无用感和行为上的不良症状。适应不良是每一个进入新环境的人或多或少都要经历的一种心理历程，特别是大学新生尤为突出。面对人生奋斗目标的不确定、人际交往的困惑、学习方法转型的不适应、感情寄托的茫然等种种压力，部分大学新生不能很快进行自我调节，对新的环境表现出了明显的不适应。比如，总是怀念原来的环境、习惯和生活方式；对理想与现实的落差感到失望，人生目标和理想出现真空，显得茫然、无所适从；面对生活的种种挑战，不是想方设法地去适应，而是逃避现实，迷失自我，进而自我封闭，缺乏重新振作的勇气和信心，更有甚者妄自菲薄，自暴自弃。

二、大学新生常见心理困扰

（一）理想与现实的心理冲突

进入大学之前，许多同学对大学生活不了解，只是凭着想象，把大学生活描绘得过于完美，对上大学抱有不切实际的幻想和过高期望。而一旦进入大学，就会发现现实生活中有许多不完善、不尽如人意的地方，与期望形成了强烈的反差，这使不少学生心理难以平衡，产生孤独感、寂寞感与强烈的不适应感。

（二）角色定位产生的心理偏差

一些大学生在高中时经常受到老师和家长夸奖，被同学羡慕，因而自我感觉良好，具有优越感。进入大学后，新环境中人才荟萃，群星灿烂，不少人学习上的优势会削弱或消失，从"鹤立鸡群"变成"平庸"之辈，这种地位的变化越强烈，心理落差越大，因而产生了自我评价失调。一些学生心灰意冷，产生强烈的自卑感，甚至怀疑自己的能力。

（三）学习适应不良的心理困扰

中学时代以基础知识的学习为主，目的是为今后继续深造做好准备；在大学时代学的是专业知识，目的是把学生塑造成建设祖国的高级专业人才。在中学时，天天有老师辅导，老师日日相随；在大学，课余时间较多。面对大量的课余时间，一些学生不知所措，不知道如何利用课余时间去充实和完善自己，感到空虚、无聊，产生莫名的烦恼。

50

（四）人际关系不适应产生的心理挫折

大学新生以往与人交往和相处的机会较少，相对缺乏经验，而进入大学后，面临重新结识新人，确定人际关系的过程。事实上，大学生对人际关系的适应远比对学习和生活环境的适应困难得多。特别是与周围同学的交往中，部分学生因缺乏经验、技巧而不善交往；部分学生因担心别人轻视自己而不愿交往；部分学生因性格内向孤僻而不会交往；部分学生因自负而不屑交往；部分学生因恐惧而不敢交往。由此造成这些学生与他人沟通困难，感到非常沉闷、抑郁，被孤独感困扰。

（五）自立要求与自理能力的矛盾

许多大学生第一次离开家到一个全新的环境，一时难以应对诸如水土不服、饮食不习惯、集体生活不适应等问题，难以承受理想中的大学环境和现实中的大学环境之间的反差等，致使他们产生孤独、苦闷、烦恼、忧愁等不良心理反应。

（六）目标失落导致茫然无措

中学阶段面临严峻的升学压力，每个学生的生活都是高效、专注、充实和快节奏的。进入大学，则迈进理想的重新建构期。有的新生入学之初新的人生目标尚未确立，出现目标丢失和理想真空。目标的迷乱往往使人缺乏方向感，无所适从，再加上高校管理不像中学那么直接和具体，学生的自由度较大，被禁锢惯了的学生在突如其来的自由面前，反而茫然不知所措。

● **知识链接** ●●●●●●●●●●●●●●●●●●●●●●●●●●●●●●●●●●●●●●●

研究发现，大学生能否适应成功在很大程度上取决于大学第一年的经历。假如第一年适应不良，可能导致学生学业兴趣减弱、学习参与度降低、学习成绩不佳、人际关系出现障碍、精神和健康状态不良，甚至中断学业。不少学生克服重重困难进入大学校门，却因为不适应高校生活而终结自己的大学梦。

● **心路导航**

策略一：适应环境

（一）熟悉校园"地形"

大学新生入校后应迅速了解和熟悉校园环境，如教室、图书馆、商店、餐厅、行政楼、校医院等在什么地方，学校的作息时间，如何邮寄物品，甚至学校有几个门等，都应在短时间内了解清楚。这样，在办理各种手续、解决各种问题时就会更顺利、更节省时间。大学新生还可以向高年级的同学请教，这是熟悉校园环境的一个最快捷的方法，高年级同学都比较愿意把他们的经验传授给新生，以帮助他们尽快适应校园生活，尽量少走弯路。

（二）融入集体

大学没有固定教室，同学来自全国各省市，不再像中学时大家都是同乡或近邻。在融入集体时，大一新生要努力做到以下几点。

1. 重视新生见面会

同学们的自我介绍要用心听，记住每位同学的模样和名字，这是一种礼貌和尊重。

2. 积极参加活动

班级旅行、野外郊游、节日聚餐、联谊晚会……班级活动意在让大家尽快熟悉，形成一个团结紧密的班集体。

3. 各司其职

如果有幸成为班委的一员，一定要联合其他班干部共同做好班级的建设工作。

4. 找准自己的位置

每个人都是班级的一分子，都有自己的位置与责任，要积极配合班委的工作，班委则要做老师、院系和同学之间的纽带，管理班级日常学习生活中的各项杂事，组织开展班级活动等。

5. 尽心尽力

当班级需要自己出力的时候，一定要挺身而出。如校运会、班级文艺演出等，千万不要因为怕苦怕累，甚至是不想"抛头露面"的原因而拒绝，作为班级的一员，对班级要有一种责任感。

（三）适应语言环境

新生小夏是江西吉安人，普通话不标准，经常把"程"说成"陈"，把"是"说成"四"，把"船"说成"床"，其他的字也发音不准，同学们经常听不懂或听错。小刘很尴尬，后来干脆就尽量不说话了。

我们应尽快适应语言环境，使自己消除地方语言的陌生感。在平时的生活和学习中，应多从字典学习，向普通话好的同学学习，尽量掌握标准的发音。此外，在发音准确的基础上，还要进行不懈的练习，发现错误及时纠正。还可以和其他同学结伴练习普通话，互相纠正，互相促进、提高，效果更好。此外，掌握一些必要的地方方言也有助于适应环境。比如出门办事或上街买东西都可能与讲方言的当地人打交道，如果会说当地的方言，则交流起来更方便。

策略二：适应生活

（一）生活自理

从高中进入大学，大学新生面临的是一个全新的世界，生活从原来的两点一线变得多维丰富，许多事情需要独自处理。

首先，学会日常生活的打理。准时起床、运动，学会自己整理床铺、收拾房间，学会自己洗衣服、缝补衣服，学会自己照料自己……

其次，学会开源节流。打理和规划自己的钱财，不妨从记账开始，每天记下自己的支出，过一段时间后看看哪些是不必要的支出，就能够把一些可花可不花的支出节省下来。大学新生还可以通过勤工俭学来赚取生活费，提前接触社会。

（二）养成良好的生活习惯

生活习惯代表我们的生活方式。良好的生活习惯不仅能促进个人的身心健康，而且有利于个人的未来发展。

（1）合理安排作息时间，形成良好的作息制度。因为有规律的生活能使大脑和神经系统的兴奋与抑制交替进行，天长日久，能在大脑皮层上形成动力定型，这对促进身心健康非常有利。我们的睡眠时间一般每天不得少于 7 小时。如果条件许可，午饭后可以小睡一会儿，但最好不要超过 40 分钟。大学生活作息示例如表 4-1 所示。

表 4-1　大学生活作息示例

时间	安排
6:30	起床
6:45—7:15	早锻炼、早读
7:15—7:45	早餐
7:50—11:40	上课、自主学习
11:40—13:00	午餐、整理内务
13:00—13:40	午休
14:00—17:50	上课、自主学习
17:50—19:20	晚餐及内务工作
19:20—21:30	晚自习、自主锻炼及其他实践活动

（2）进行适当的体育锻炼和文娱活动。"文武之道，一张一弛。"学习之余参加一些文体活动，不但可以缓解紧张的情绪，还可以增加生活乐趣，并且有助于提高学习效率。听音乐、跑步、做广播体操、踢足球等都有助于增强体质，提高对疾病的抵抗力，这是一种积极的休息。

（3）保证合理的营养供应，养成良好的饮食习惯。饮食不良主要表现在两个方面：一是饮食不规律，很多人早晨起床较晚，来不及吃早饭便去上课，有的人索性取消了早饭，有的人则在课间饿的时候随便吃些零食；二是暴饮暴食，有的人由于学习或其他原因错过了开饭时间，于是就吃点饼干、方便面来对付，等下一顿吃饭时再吃双份。营养学家们的研究证明：早餐吃饱、吃好，对维持血糖水平是很必要的；用餐时不能挑食偏食，要加强全面营养，还要多吃水果和蔬菜。

（4）要改正或防止吸烟、酗酒、沉溺于电子游戏等不良的生活习惯。

策略三：适应学习

（一）大学与中学学习的变化

变化1：内容多了。

中学阶段，学生一般只学习10门左右的课程，老师主要讲授一般性的基础知识。而大学需要学习的课程在40门以上，每一个学期学习的课程都不相同，内容多，学习任务远比中学重。一般要学习公共课程、专业基础课、专业课及选修课，毕业时还要进行毕业设计、写毕业论文。

变化2：自习时间多了。

大学里课堂讲授相对减少，自学时间大量增加。同时，大学为学生学习提供了非常好的环境，大学有藏书丰富的图书馆，有设备先进的实验室，有丰富多彩的课外科研活动。

变化3：老师管得"少"了

中学时老师教学生是"手拉手"领着教，而大学则是"老师在前，学生在后"引着走，提倡学生自主学习，课外时间学生自己安排，逐渐从"要我学"向"我要学"转变，不采用题海战术和死记硬背的方法，提倡生动活泼地学习，提倡勤于思考。

变化4：讲课快了。

大学教师讲课，一是介绍思路多，详细讲解少，主要讲授重点、难点内容，授课进度比较快，一节课可能要讲授一章或几章的内容；二是抽象理论多，直观内容少；三是课堂讨论多，课外答疑少；四是参考书目多，课外习题少。

变化5：没有固定的教室。

中学时有固定的教室、固定的座位，听课的是固定的同学，大学里没有固定的教室，有时一、二节课可能在这一栋楼的某个教室学习，但三、四节课会到另一栋楼去听课，与自己一起上课的可能会有不同专业和不同系别的同学，上自习也要自己找教室。

（二）课程学习建议

专业课：学习目标要明确。

对待专业课，不管自己喜欢与否，都要尽力学好。在学习专业课时，学习目标要明确具体，以不断提高学习动机和学习兴趣，主动克服各种学习困难。

公共课：认识到其实用价值。

很多学生对公共课的学习积极性普遍不如专业课，学习兴趣主要看老师的教学水平，如果老师讲得生动活泼，他们愿意听，有兴趣学，但只限于上课认真听讲，把听课当成一种享受或是对专业课的调剂。大学生要充分认识到公共课的实用价值及对自己的意义，部分实用性强的公共课（如外语）要当成专业课来学习。

选修课：杜绝"选而不修"。

选修课可以开眼界、长见识，扩大自己的知识面。大学生要杜绝为了"捞取学分"才选修某些课程，杜绝"选而不修"的不正常现象。

第二课堂：积极参加各种活动。

第二课堂是学生提高综合素质的重要途径，大学生可以通过参加社会实践、劳动实践、志愿服务、美育实践、创新创业实践等多种活动来获得第二课堂学分，这样不仅可以丰富大学生活，还能提升自己的综合素质与综合能力。

策略四：防范高危心理

（一）间歇心理

高中时期高度紧张的生活体验是学子们终生难忘的。经过3年的拼搏，部分同学滋生了对学习的厌倦情绪。由于心理紧张系统解除，学习上无动力，行为上提不起劲，喘口气、歇歇脚的心理比较普遍。

应对招数：高三紧张的学习之后，有一个休息阶段是很正常的，关键是要有意识地让自己早点调整过来。建议在国庆节长假之后，给自己列一张计划表，将自修、休息、社团活动都安排好，这能起到督促作用。

（二）茫然心理

中学阶段人们的奋斗目标非常明确与强烈，即一切围绕高考而拼搏。进入大学后，部分新生还没有找准目标，不知自己该干什么，不善于自主地安排自己的生活和学习，导致焦虑、茫然、百无聊赖的感觉比较强烈。

应对招数：遇到这种情况，最忌"憋在心里"。建议主动求助，找辅导员、师兄师姐或者同班同学好好聊一聊，或者找学校的心理咨询老师，谈谈自己的一些发展规划，尽快明确目标。

（三）自卑心理

产生这种心理有3种情况。一是部分同学高考成绩不理想，被录取到一般的学校，自尊心受挫；二是高校的某些价值标准与中学不同，在高校，衡量个体价值和能力的不仅仅是学业成绩，而部分来自偏远贫困地区或一心埋头苦读而很少注意全面素质发展的同学，深感自己在某些方面存在劣势而滋生自卑心理；三是角色地位变化诱发的自卑心理，大学生多是中学时期的学习尖子，自我感觉良好，进入高校后，却发现山外有山、天外有天，这种学习位置的重新洗牌造成巨大的心理落差，一遇挫折，往往导致他们自我评价失真，从而诱发自卑心理。

应对招数：有自卑心理的大学生容易出现"泛化"状况。也就是，一旦某个方面不如别人，就会觉得很多方面都不好，容易全盘否定自己，这种心态在新生中最容易出现。建议大学生给自己制订一份职业规划，看看自己以后要从事哪方面的工作，以确定需要发展哪方面的素质。

（四）失落心理

这种心理的产生与两种因素有关：一是没有被录取到理想的学校或专业，只是抱着权宜之计入学，入学后心理别扭和沮丧，退学或换专业的意念强烈，由于对学校、专业不接纳、不认同，心理上的抵触情绪和失落感比较严重；二是有的新生入学前把大学生活想象得过于浪漫、神秘和多姿多彩，过高的期望值与大学的现实生活反差较大，从而导致部分新生入学后出现情绪波动和失落。

应对招数：失落心理常见于较为理想主义或原本成绩比较优秀的学生。存在失落心理的学生应学会宣泄，可以先找到自己对目前生活不满意的方面在哪里，然后找老师谈谈，寻找解决的办法。但是如果不满意的状况无法改善，可在考虑清楚后再做选择。

（五）怀旧心理

由于生活方式、习惯、环境的变化，加上远离家乡、亲友和同伴，对缺乏生活自理能力和人际交往技能的学生来说，无疑是个不小的挑战。尤其是某些年龄小、以自我为中心、习惯依赖父母的学生，哭鼻子、人际关系紧张的事情时有发生，怀旧心理油然而生。

应对招数：怀旧心理其实是一种表象，背后反映的还是对大学生活的不满，觉得"现在不如从前"。对大一新生来讲，还是应该着眼现在，看看自己对新生活不满意的方面在哪里，对那些可改变的努力改善，而一些不可改变的方面，则要尽量去适应。

大学新生心理调节锦囊

锦囊1：要自信，忌自卑。

不管过去你的成绩如何，在班级里担任什么学生干部，获得过哪些荣誉，也不管高考的结果是否是你如意的，这些都已经过去了。大学是新的起点，大家都在同一起跑线上，多看到自己的强项，自信可以让你发挥自己的最大潜能，自卑只会让你缩手缩脚。如果别人确实比你强，没关系，多学别人的长处，让自己不断进步，自己和自己比就行了。

锦囊2：要独立，忌依赖。

也许你是第一次离开父母独立生活，很多事情要自己处理。要对自己说："我能，我行。"不要事事都等别人来帮你，尝试按照自己的想法去做，错了也没关系。掌握必要的生活技能，不仅是适应环境的需要，也是个人成长的必要条件。可以从点滴小事做起，反复实践、不断成长。

锦囊3：要主动，忌被动

与老师和同学交流、对于班里的事、参加各种活动，应该主动，不要凡事总让人推着你、总让别人带着你，反过来去想自己能为别人做什么、自己该出什么力，这样你会慢慢地成为集体中一个重要的人。

锦囊4：要和善，忌暴躁。

大家来自全国各地，性格、语言、兴趣、习惯、思维等多有不同，免不了有分歧和误解。这时，与人说话要和气，心平气和地协商解决问题，发脾气和发泄情绪对解决问题没有任何帮助。学会去沟通，取得相互理解、尊重和接纳。

锦囊5：要自律，忌懒散。

读高中很苦，进了大学适当放松一下可以理解，但要自制。通宵上网玩游戏、没完没了聚餐、逃课去旅游玩耍、觉得迟到早退无所谓等，是不可取的。大学里有很多有意义的事情可以去做，你的每一分投入，都会在将来某个时间回馈给你。

55

第二节

生涯规划

人生重要的事情是确立一个伟大的目标，并决心实现它。

——歌德

伟大的目标构成伟大的心。

——埃德蒙斯

一年前，我如愿以偿进入了这所著名学府，满眼都是期待和憧憬。然而，期待中全新的生活方式、一个崭新的自己迟迟没有出现。在最初的兴奋过去之后，突然觉得日子一下子空了。以前都是时间不够用，现在一抓一大把，可有了这种支配权好像不是享受，从而成了一种沉重的压力——连睡觉都有愧疚感。

早晨，一睁眼总是近10点，晃一晃就该吃午饭了；午饭基本是点外卖解决，穿着拖鞋下楼取一下就行；下午睡一觉，再打打游戏、和室友聊聊天；刚吃完晚饭没多久，一抬眼看表，就9点了。"这好像不是我啊！"内心深处总有一个声音软弱地对自己叫喊："明天一定要早起。""这个星期要看3本书。""今晚就去自习室。""每天要去操场跑3圈。"……闹钟定了一次又一次，计算机上的游戏一次次被删除……然而闹钟总是被狠狠按掉，游戏总会重新安装，不知道什么时候借的厚厚一摞书总是蒙着灰尘被送回图书馆。

说实在的，我们的课程并不难，如果能深入钻研，也会收获颇丰，可没有动力似乎根本无法勤奋。

有人称初入大学最大的感受是自由让人不知所措。一方面是花样的年华、美好的憧憬；另一方面是离家的忧伤、学业的困惑、爱情的迷茫、价值观的徘徊。大一新生迈进校门后，激动、好奇慢慢淡去，如何度过几年的大学生活，让它更有意义，更有利于将来自己就业，成为许多大学新生开始考虑、探讨的话题。

● **心海泛舟**

一、生涯及生涯规划

生涯一词在我国最早见于庄子所说的"吾生也有涯，而知也无涯"，这里"生"为生命的意思，"涯"为边际的意思。这句话的意思是"我的生命是有限的，但需要我学习、探索的却是无边无岸的"。生涯是我们从出生到年岁终止的一段过程，其中有我们的生活方式，有我们的就业形态，也有我们检视过去、策划未来的部分。这些点点滴滴就连缀成我们的生涯。

生涯规划是在考虑个人的智能、个性、价值观及阻力、助力的前提下，尽其可能地规划未来生涯发展历程，做好妥善安排，并借此调整、摆正自己在人生中的位置，以期自己能适得其所。

事实上，生涯规划就是一个人从生到死的规划。生涯规划不仅仅指工作和职业生涯规划，还包含人生在职业之外的更多方面的规划，如家庭生涯规划、社会生涯规划、生活生涯规划、休闲生涯规划等。但职业生涯规划是人生较为重要的规划，因为工作时间几乎占到人生的一半。进行职业生涯规划是为了实现职业上的成功，并以此来推动人生理想的实现。

二、生涯时期

根据生涯理论专家萨伯的生涯发展理论，生涯可分为成长（0～14岁）、探索（15～24岁）、建立（25～44岁）、维持（45～64岁）和衰退（65岁及以上）5个阶段，每个阶段具有不同的发展任务。大学生正处于职业生涯的探索期，需要在学校及社会实践活动中，进行自我探索和职业探索，但这样有意义的探索却着压力，对大学生来讲具有不小的挑战。从生涯发展的角度，可以把大学生涯分为生涯适应期、生涯探索期和生涯决定期3个阶段。

（一）生涯适应期

大学一年级，这个阶段的主要任务是"适应"，注重对大学的认识和对未来职业的设想。

1. 学习方面的任务

（1）了解专业发展（利用资源去查找有关自己专业的信息）。

（2）改变学习策略（制订学习计划和时间管理）。

（3）学习使用学校资源。

（4）参加社团工作（发展与人交往和团队合作的能力）。

2. 个人成长方面的任务

（1）探索个人兴趣和价值观。

56

（2）自我适应（包括适应现在的生活，克服自卑情绪，正确定位、培养自理自立能力）。

（二）生涯探索期

大学二、三年级，此阶段大学生对自己的专业和兴趣的了解增加，开始进行职业的探索。此阶段的主要任务是"尝试"，注重职业生涯的实践。

1．专业发展方面的业务

（1）专业学习（着重基本能力的培养）。

（2）对职业的了解（职业发展需要什么样的能力）。

（3）辅助 / 选修 / 转系（衡量自己的兴趣和能力，做出选择）。

（4）缩小与职业目标的差距（展开与职业发展相关的实践）。

（5）兼职（注重选择的质量与金钱管理）。

2．个人成长方面的任务

（1）进一步了解自我兴趣和价值观。

（2）发展与职业生涯相关的能力（注重在生活或兼职中自己能力的发展，特别是负责任、团队合作、实践等可迁移能力）。

（3）培养创新意识和同理心（在工作中发现自己的独特价值，关怀自己并能从他人的角度考虑问题，发展对他人的信任及亲密的关系）。

（三）生涯决定期

大学四年级，不管是工作、考研还是出国深造，大家都要在这一时期做出决定。经过前面二、三年级探索定位的阶段，这个阶段要走过从尝试到实战的历程，因此，这个阶段的发展任务就是"理性决定"。大学生要根据自己的需求及社会的形势做出最适合自己的生涯决定，同时理解这次生涯决定是人生中众多决定中的一次，重要但不唯一。

1．生涯决定方面的任务

（1）求职技巧（收集 / 使用信息，写简历，着装礼仪，面试准备，面试后行为）。

（2）了解相关信息（相关的职业信息和考研信息）。

（3）不同地方 / 行业 / 学校 / 专业可能的发展前景 / 利弊。

（4）职业选择（理性选择并对选择负责）。

（5）考研过程中的准备（包括知识、心理和考试的准备）。

2．个人成长方面的任务

（1）理解工作 / 深造对恋爱关系和生活的影响（学习处理事业与爱情的关系，考虑自己多种生涯角色的平衡）。

（2）适应工作（提高工作能力，适应工作时间）。

（3）规划以后的发展（分析此次生涯决定对下次规划的影响，再次进行自我探索、工作探索，为下一次生涯选择做准备）。

三、制订生涯规划应遵循的原则

清晰性原则：目标、措施应该清晰明确，实现目标的步骤直截了当，一针见血。

挑战性原则：生涯规划能对自己产生激励作用，目标的达成或计划的完成能使自己产生成就感。

可行性原则：规划应从实际出发，实事求是，考虑到个人、社会和企业环境的特点，各阶段的步骤具体可行，具有操作性。

长期性原则：生涯规划的制订要考虑到生涯发展的整个历程，从长远考虑，着眼于大方向。

适应性原则：目标、措施具有弹性，可以缓冲，能依据环境的变化而做出调整。

可评价原则：规划应有明确的时间限制或标准，便于评估，使自己随时掌握执行情况，并为规划的调整提供依据。

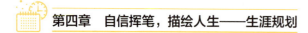

● 心路导航

策略一：自我剖析

自我剖析要求我们认识到自己的兴趣、特长、性格、价值观、能力等方方面面，大学生可以借助各种生涯规划测评工具（见表 4-2），来了解自己某方面的特点。

表 4-2　生涯规划测评工具

测评项目	测评工具	作用
职业能力倾向	明尼苏达空间关系测验	测量个体从事某种职业活动具有的潜在能力和特定素质，具有诊断和预测功能
	贝内特机械理解测验	
	明尼苏达文书测验	
	韦克斯勒成人智力量表	
气质类型	凯尔西气质类型测验	了解自己的气质类型
价值观	职业价值观测评量表	从众多的职业价值观中，找出你认为重要的价值标准
人格特征	明尼苏达多项人格测验	测量个体在一定条件下经常表现出来的、相对稳定的性格特征，如兴趣、态度、价值观等
	艾森克个性测验	
	卡特尔 16 种人格因素测验	
职业适应	职业兴趣测验	帮助个体了解自己的工作期望、生活目的、追求或者愿望
	霍兰德职业性向测验	

策略二：适当匹配

（一）性格和职业匹配

我们可以根据霍兰德职业性向测验结果，选择相应的职业。

1. 现实型

特点：（1）动手能力强，做事手脚灵活，动作协调；（2）喜欢使用工具从事操作性的工作；（3）不善言辞，不好交际。

适合职业：各类工程技术工作、农业工作。通常需要一定体力，需要运用工具或操作机器。主要职业有工程师，机械操作、维修、安装工人，矿工、木工、电工；司机；测绘员、描图员；牧民、渔民等。

2. 探索型

特点：（1）抽象思维能力强，求知欲强，肯动脑，善思考，不愿动手；（2）喜欢独立的和富有创造性的工作；（3）知识渊博，有学识才能，不善于领导他人。

适合职业：科学研究和科学实验工作。主要职业有自然科学和社会科学方面的研究人员、专家；化学、冶金、电子、无线电、电视、飞机等方面的工程师、技术人员；飞机驾驶员、计算机操作员等。

3. 艺术型

特点：（1）喜欢以各种艺术形式的创作来表现自己的才能，实现自身的价值；（2）具有特殊艺术才能和个性；（3）乐于创造新颖、与众不同的艺术成果，渴望表现自己的个性。

适合职业：各类艺术创作工作。主要职业有音乐、舞蹈、戏剧等方面的演员、编导、教师；文学、艺术方面的评论员；广播节目的主持人、编辑、作者；绘画、书法、摄影家；艺术、家具、珠宝、房屋装饰等行业的设计师等。

4. 社会型

特点：（1）喜欢从事为他人服务和教育他人的工作；（2）喜欢参与解决人们共同关心的社会问题，渴望发挥自己的社会作用；（3）比较看重社会义务和社会道德。

适合职业：各种直接为他人服务的工作，如医疗服务、教育服务、生活服务等。主要职业有教师、保育员、行政人员；医护人员；衣食住行服务行业的经理、管理人员和服务人员；福利人员等。

5. 企业型

特点：（1）精力充沛、自信、善交际，具有领导才能；（2）喜欢竞争，敢冒风险；（3）喜爱权力、地位和物质财富。

适合职业：那些组织与影响他人共同完成组织目标的工作。主要职业有企业家、商人、行业部门和单位的领导者、管理者等。

6. 传统型

特点：（1）喜欢按计划办事，习惯接受他人指挥和领导，自己不谋求领导职务；（2）不喜欢冒险和竞争；（3）工作踏实，忠诚可靠，遵守纪律。

适合职业：与文件档案、图书资料、统计报表等相关的各类科室工作。主要职业有会计、出纳、统计人员；打字员；办公室人员；秘书和文书；图书管理员；旅游、外贸职员、保管员、邮递员、审计人员、人事职员等。

（二）兴趣和职业匹配

1. 愿与事物打交道

喜欢与事物打交道，而不喜欢与人打交道，相应的职业如制图、勘测、工程技术、建筑、机器制造、出纳、会计等。

2. 愿与人接触

这类人喜欢与人交往，对销售、采访、传递信息一类的活动感兴趣。相应的职业如记者、推销员、服务员、教师、行政管理人员、外交联络等。

3. 愿干有规律的工作

这类人喜欢常规的、有规则的活动，习惯于在预先安排好的程序下工作。相应的职业如邮件分类、图书管理、档案管理、办公室工作、打字、统计等。

4. 喜欢从事社会福利和助人工作

乐意帮助人，他们试图改善他人的状况，帮助他人排忧解难。相应的职业如律师、咨询人员、科技推广人员、医生、护士等。

5. 愿做领导和组织工作

喜欢掌管一些事情，希望受到众人尊敬和获得声望，他们在企事业单位中起着重要作用。相应的职业如行政人员、企业管理干部、学校领导和辅导员等。

6. 喜欢研究人的行为

对人的行为举止和心理状态感兴趣，喜欢谈论人的问题。相应的职业大都是研究人、管理人的工作，如心理学、政治学、人类学、人事管理、思想政治教育等研究工作及教育、行为管理工作。

7. 喜欢从事科学技术事业

对分析、推理、测试的活动感兴趣，长于理论分析，喜欢独立地解决问题，也喜欢通过实验获得新发现。相应的职业如生物、化学、工程学、物理学、地质学等。

8. 喜欢抽象的和创造性的工作

对需要想象力和创造力的工作感兴趣，大都喜欢独立地工作，对自己的学识和才能颇为自信，乐于解决抽象的问题，而且急于了解周围的世界。相应的职业大都是科学研究工作和实验室工作。

9. 喜欢操作机器的技术工作

对运用一定技术，操作各种机械、制造新产品或完成其他任务感兴趣。他们喜欢使用工具，特别喜欢大型、马力强、先进的机器，且很具体的东西。相应的职业如飞行员、驾驶员、机械制造、建筑、石油、煤炭开采等。

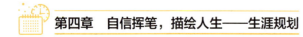

10. 喜欢具体的工作

希望能很快看到自己的劳动成果，愿从事制作能看得见、摸得着的产品的工作，并从完成的产品中得到满足。相应的职业如室内装饰、园林、美容、理发、手工制作、机械维修、厨师等。

（三）能力和职业匹配

1. 察觉细节的能力

对物体和图形的有关细节具有正确的知觉能力。适合职业有绘图员、工程师、艺术家、医生、护士等。

2. 运动协调能力

身体能够迅速而准确地做出动作反应。适合职业有舞蹈演员、健身教练、司机等。

3. 动手能力

手、手腕、手指能够迅速而准确地操作小的物体。适合职业有技术工人、检修人员、模型制造人员、手工艺者等。

4. 书写能力

对词、印刷物、账目、表格等的细微部分具有正确的知觉能力。适合职业有校对、录入人员等。

5. 社会交往能力

善于进行人与人之间的互相交往、互相联系、互相帮助，能够协同工作并建立良好的人际关系。适合职业有公共关系人员、对外联络人员、物业管理人员等。

6. 组织管理能力

擅长组织和安排各种活动，以及协调参加活动的人的关系。适合职业有管理人员，如企业经理、基金管理人等。

（四）价值观和职业匹配

一般来说，职业价值观分为 13 种类型，如表 4-3 所示。

表 4-3　职业价值观类型

职业价值观	工作目的和价值
利他主义	直接为大众的幸福和利益尽一份力
审美主义	不断追求美的东西，得到美感的享受
智力刺激	不断进行智力开发、动脑思考、学习和探索新事物，解决新问题
成就动机	不断创新、不断取得成就、不断得到领导和同事的赞扬或不断实现自己想要做的事
自主独立	充分发挥自己的独立性和主动性，按自己的方式、想法去做，不受他人干扰
社会地位	所从事的工作在人们的心目中有较高的社会地位，从而使自己得到他人的重视与尊敬
权力控制	获得对他人或某事的管理权，能指挥和调遣一定范围内的人或事物
经济报酬	获得优厚的报酬，使自己有足够的财力去获得自己想要的东西，使生活过得较为富足
社会交际	能和各种人交往，建立比较广泛的社会联系和关系，甚至能和知名人物结识
安全稳定	希望不管自己能力怎样，在工作中有一个安稳的局面，不会因为奖金、加薪、调动工作或领导训斥等而经常提心吊胆、心烦意乱
轻松舒适	希望将工作作为一种消遣、休息或享受的形式，追求比较舒适、轻松、自由、优裕的工作条件和环境
人际关系	希望一起工作的大多数同事和领导人品好，相处起来感到愉快、自然
追求新意	希望工作的内容经常变换，使工作和生活显得丰富多彩，不单调枯燥

在选择专业和职位时，我们要了解自己最看重哪 3 个职业价值观，然后按图索骥，有的放矢。

策略三：适时评估调整

实施生涯规划时，个人要为规划修改预留余地，调整的依据是每次成效评估后反馈的信息。对于调整规划，要注意以下几点。

（1）定期检测计划的达成进度。

（2）每一阶段计划达成之时，要依据实际效果调整未来阶段目标可采用的策略。

（3）客观环境改变影响到计划的执行。

（4）有效的生涯设计还要不断地反省修正生涯目标，反省策略、方案是否恰当，以适应环境的改变。

反馈与修正是生涯规划的重要环节，也是保障生涯规划能否实施的关键环节，只有通过不断反馈与修正，才能保证目标合理、措施有效，也才能保证生涯目标的最终实现。

做好规划，走上通往成功的赛道

"你今天站在哪里并不重要，但是你下一步迈向哪里却很重要。"成功的人生需要正确的规划，合理规划自己的生涯，是每一名大学生迈向成功人生的第一步。

（1）确立自己的人生目标。生涯规划的目的就是要实现人生目标，确立目标是进行人生规划的基础。目标可以分为远期目标（人生奋斗的终极方向）、中期目标（职业发展目标）、短期目标（近一两年想要取得的阶段性成绩）。

（2）充分认识自己。我是一个什么样的人？我的性格是什么样的？我的兴趣是什么？我的优势有哪些？我的短板又在哪里？我有哪些资源可以利用？我还缺少哪些条件？……静下心来审视自己，多听取别人的意见有助于更加全面地了解自己。认识自己的过程中要充分正视自己的不足。

（3）制订人生规划。明确自己每个阶段想要做什么，这时候要为你的目标找出实现路径，通往彼岸的路有很多条，根据你对自己的客观认识找出一条最适合你的，制定一个可行的完成它的方案。

（4）发挥自身优势。展现自己的优势，挖掘自身的能力，要体现在具体行动中，用你最擅长的技能把你的规划一步步变为现实。环境和条件是不断变化的，你的优势可能也会发生变化，注意及时调整。

（5）正确面对挫折。人的成长是在战胜一次又一次挑战中实现的，不要因为一时的困难就放弃，这恰恰是你最佳的成长锻炼机会，更好地磨炼自己，不断积累经验。

第三节

时间管理

如果有什么需要明天做的事，最好现在就开始。

——富兰克林

时钟随着指针的移动嘀嗒在响："秒"是雄赳赳气昂昂列队行进的兵士，"分"是士官，"小时"是带队冲锋陷阵的骁勇的军官。所以当你百无聊赖、胡思乱想的时候，请记住你掌上有千军万马，你是他们的统帅。检阅他们时，你不妨问问自己他们是否在战斗中发挥了最大的作用。

——约翰逊

有这样一个银行，它每天凌晨0点的时候，会给每个人的账户里打入86400元钱。但是这86400元钱，必须在当天花掉，如果没花完的话，就会清零。天下真有这样的好事吗？是的，我们真的有这样一个账户，那就是"时间"。每天每一个人都有新的86400秒进账。这86400秒的时间，不论你用来干什么，当天过完就没有了，不会累积到明天，也不会给你计利息。每个人在时间银行的"存款"是一样的，但使用它的情况却不一样：有的人精打细算、计划有序，每一笔"钱"都落到实处，生活自然过得有条不紊；有的人随意挥霍，过一天算一天，"有上顿没下顿"，生活狼狈不堪。正是因为每个人消费"时间存款"的方式不一样，所以每个人的人生自然也不同。

时间是双重性格的东西，最长也最短，最慢也最快，最小也最大。时间无限，生命有限。在有限的生命里懂得把时间拉长的人就拥有了更多做事情的本钱。

● **心海泛舟**

一、时间的特征及时间管理的界定

时间是一种重要资源，具有以下 3 个特征。

（1）矢量一维性。时间是个矢量，它的流逝和运动具有方向性，只能依照过去、现在、未来这一方向发展，不可逆转。

（2）不可储存性。时间是一种客观存在，无论你用还是不用，它都照样流逝，也不论你愿意不愿意，它都被迫按一定的速率消耗，无法储存。

（3）公平均等性。人人都是时间的消费者。时间对于每一个人都一视同仁、公平均等。

时间管理就是在同样的时间消耗情况下，为提高时间利用率和有效性而进行一系列的控制工作。时间管理包括：提高时间观念，自觉珍惜时间；选定目标，制订计划；利用多种方式方法，使时间消费合理，并千方百计节约时间；诊断时间利用情况，找出浪费时间的原因并克服；利用现代系统科学和定量方法来控制自己的时间。总之，时间管理就是要使人们对时间的使用从被动的自然经历与随意打发，转而系统、集中、有计划有目的地主动分配使用，进行高效能的富有创造性的活动。

二、时间管理理论的发展

时间管理的研究已有相当长的历史，时间管理理论可分为 4 代。

第一代理论着重利用便条与备忘录，在忙碌中调配时间与精力。这一代理论最大的缺点是没有"优先"观念。虽然每做完备忘录上的一件事，会带给人成就感，可是这种成就不一定符合人生的大目标。因此，所完成的只是必要而非重要的事。它是积极的，但却是被动的；它是一种良好的习惯，但未必是科学的方法。

第二代理论强调计划与日程表，反映出时间管理已注意到规划未来的重要性。这一代理论使人的自制力和效率都有所提高，能够未雨绸缪，不只是随波逐流，但是对事情仍没有轻重缓急之分。

第三代理论讲求优先顺序的观念，也就是依据轻重缓急设定短、中、长期目标，再逐一制订计划，将有限的时间、精力加以分配，争取最高的效率。这一代理论虽然有了很大的进步，讲究价值观与目标，但也有人提出异议，认为过分强调效率，把时间绷得死死的，反而会产生副作用，使人失去增进感情、满足个人需要及享受意外之喜的机会，视野不够广阔，纠缠于急务之中，难免因小失大，降低生活品质。

第四代理论兼收并蓄，推陈出新。把事情按紧急和重要的不同程度，分为 4 类。方向重于细节，策略胜于技巧。始终抓住"重要"的事，才是最佳的时间管理、最好的节约时间的方法。

三、大学生时间管理不当的表现

大学生在校期间的时间主要用于课堂学习、课后学习、日常生活和休闲娱乐，另有少部分时间用于兼职、社团活动等。大学生时间管理不当常有以下表现。

（1）具有一定的时间意识，但还不能够很好地利用时间，时间浪费现象普遍。

（2）时间计划性普遍偏弱，很大一部分学生对时间没有计划，或有计划但实施困难。

（3）时间安排不合理，时间分配存在问题。

（4）做事目标不明确。

（5）作风拖拉。

（6）缺乏优先顺序，抓不住重点。

（7）过于注重细节。

（8）做事有头无尾。

（9）没有条理，不简洁，简单的事情复杂化。

（10）不会拒绝他人不合理的请求，被迫浪费时间。

（11）消极思考。

知识链接

有研究表明，人们一般每 8 分钟就会受到 1 次打扰，每小时大约 7 次，每天 50～60 次，平均每次打扰用时大约是 5 分钟，每天总共大约 4 小时。每天自学 1 小时，一周 7 小时，一年 365 小时，这样一个人 3～5 年就可以成为某一领域的专业人士。一个人如果桌上乱七八糟，他平均每天会为找东西花 1.5 小时，每周要花 7.5 小时……我们不妨找出一些和自己有关的时间数字，珍惜时间，利用好每一分、每一秒。

● 心路导航

策略一：分清轻重缓急，恰当分配时间

我们可以把时间按其紧迫性和重要性分成 A、B、C、D 4 类，形成时间管理的优先矩阵，如表 4-4 所示。

表 4-4 时间管理的优先矩阵

A：重要、紧迫的事务	B：重要、不紧迫的事务
C：紧迫、不重要的事务	D：不紧迫、不重要的事务

时间管理应该采取分类处理、优先解决的办法。有效的时间管理，需要我们分清什么是石头型的事务、什么是碎石型的事务、什么是细纱型的事务、什么是水型的事务。

A（碎石型事务）：如危机、紧急情况、有期限压力的任务等，应该立即处理，不要拖延。

B（石头型事务）：如学习新知识、建立人际关系、保持身体健康等，应该分阶段处理，计划好什么时候开始做，要花费大量时间。

C（细纱型事务）：如某些来电、不速之客的来访、某些会议或活动等，应该马上做，但应在尽可能短的时间内完成。

D（水型事务）：如琐碎的事情、某些信件的处理、无聊的谈话、逛街、游玩等，应该灵活处理，尽量控制时间，在完成了所有重要的事情之后再酌情考虑。

策略二：有效运用时间

（一）大块时间

我们每天都要用大部分的时间来解决当天重要的事情——学习，大块的时间至少需要 2～3 小时，在消化当天课堂的内容、完成课业之余，大量阅读与自己专业有关的书籍并查阅相关资料，以开拓思维，丰富自己的知识面。大块时间也能灵活分散地安排，如把自习的时间分配到早上、下午和晚上，这样安排时间你便会觉得身心愉快，且会产生一种成就感。

（二）首要时间

首要时间与大块时间接近，它指每天早晨的那段时间。"一日之计在于晨"，清晨人的思维处于兴奋、清醒状态，所以把这段时间用来学习或用来做一些重要的思考十分适宜。

（三）过渡时间

大块时间之间的短间隙，可以用来做一些小事情。如在课间及时地复习一下听课笔记，巩固所学的内容，加深理解，理清线索；整理一下书包或笔记，回忆老师讲过的内容，弄清楚懂的地方或不懂的地方，与同学探讨有争议的问题或交流心得。

（四）零碎时间

零碎时间看起来好像不太重要，但是如果能够把那些小块时间充分利用起来，以很少的时间来做一些学习中的小事，如记忆英文单词，练习英语听力、口语等，坚持下来，效果也是非常可观的。

（五）固定时间

我们可以根据自己的学习习惯或生物钟制订时间计划，如果觉得在某个时段内进行学习的效果最好，就把它固定下来，长此以往形成规律。如清晨时读英语，晚上做练习题等。

（六）弹性时间

时间安排最好留有余地，即安排的预估时间应稍微宽裕些，能在任务解决之后，安排一个弹性时间，一方面能用来弥补以前还没有做完的事情，或是留作中途被干扰、打断以后的调节时间，另一方面能用来休息缓冲。弹性时间不能太长，10分钟至20分钟比较适当。

（七）个人时间

个人时间是用来修身养性、充实自我，完全属于个人独自享受的时间。每个人都需要拥有个人时间，利用这些时间来充实自己。

（八）思考时间

思考时间可着重用于计划自己未来的发展，也可用于反省以前自己所做的事情是否正确、是不是值得、如何再改进、如何再调整、如何让自己变得更好等，而不必特别为了什么目的思考，可以天马行空地想象，可以胡思乱想，如果发现了一些好的想法，或一些好的理念，就应该立刻记下来。

（九）交通时间

交通时间也可以有效利用，比如坐公交车、火车等，这部分时间可以用来看书、看报、听音乐，甚至写作等，以扩充自己的知识量，充实、提升自己。

（十）运动时间

以健身为主要目的的体育锻炼，应当以有氧运动形式为主，因此，运动强度不要过大，但要保证足够的锻炼时间。

一般来说，以一天为时间单位，运动时间宜选在清晨、下午和傍晚，每次运动持续时间不超过2小时。如果学习较忙，每天无法挤出连续的时间段进行锻炼，可以采取化整为零的办法，即每次锻炼10分钟，每天锻炼若干次，同样能取得较好的锻炼效果。

以一周为时间单位，每周运动次数因人而异，可每日坚持锻炼，也可隔日进行。大运动量的体育活动建议安排在周末、假日进行。

（十一）休闲时间

休闲时间是组成我们生命和生活的一部分。休闲的真谛是"自由、快乐、意义"，是"以欣然之态，做心爱之事"。我们要懂得放松，安排好自己的休息时间，才能把自己的身体状况调整到最佳状态。我们应在安排好学习之余，打理好自己的休闲时间，做一些自己喜欢的事情。

策略三：节约时间

（一）巧用生物钟

在不同时段学习和工作效率是不同的，当了解了人体生物钟在一天中的运行情况后，按照生物钟节律来安排每天的事务，按"点"行事，将事半功倍。

8 时：身体状况逐步进入兴奋。但是周一上午 8 时注意力难集中，学习效率也低，是最需要进行调节的。

9 时：精神活性提高，痛感降低。心脏开足马力工作。

10 时：精力充沛，处于最佳运动状态。注意力和记忆力达到高峰，效率很高，这是最好的学习时间。

11 时：肝脏照样努力地工作，人体不易感到疲劳。

12 时：到了全身总动员的时刻。

13 时：肝脏休息，有部分血糖进入血液。午饭后感到精神困倦，这是血液涌向消化系统及正常激素变化的结果。此时胃酸分泌最丰富。

14 时：这是一天 24 小时中第二个最低点，反应迟钝。

15 时：情况开始好转。人体器官此时最为敏感，特别是嗅觉和味觉。学习能力逐渐恢复，人的手指最灵巧，是动手制作时间。

16 时：一天中较重要的学习和工作及消耗精力的作业可在此时间完成，思路应该比较清晰。

17 时：学习效率提高，运动的训练量可以加倍。

18 时：痛感重新下降，神经活性降低。

19 时：血压升高，精神最不稳定，任何小事都会引起口角，需要注意情绪的调整。

20 时：体重最重，反应异常迅速。

21 时：记忆力增强，此时最适于背诵，可以记住不少白天没有记住的东西。

22 时：身体的多种功能均处于最低潮，激素分泌最少，学习效率最低，准备休息才是良策。

65

知识链接

根据生物钟节律，人一天之内有 4 个学习的高效期。

（1）清晨起床后，大脑经过一夜的休息，消除了前一天的疲劳，脑神经处于活动状态，没有新的记忆干扰，此时学习一些难记忆而必须记忆的东西，较为适宜，如语言、定律、事件等的记忆和储存。

（2）8 时至 10 时是第二个学习高效期，体内肾上腺等激素分泌旺盛，精力充沛，大脑具有严谨而周密的思考能力、认知能力和处理能力，此刻是攻克难题的大好时机。

（3）18 时至 20 时，这是用脑的最佳时间，可以利用这段时间来回顾、复习全天学过的东西，加深印象，分门别类，归纳整理。这段时间也是整理笔记的黄金时间。

（4）入睡前 1 小时是学习与记忆的第四个高效期，利用这段时间来加深印象，特别是对一些难以记忆的东西加以复习，将不易遗忘。

（二）秩序美学

秩序是一种美。均匀、对称、平衡和整齐的事物能给人以美感。简洁就是速度，条理就是效率。我们应当养成如下良好习惯：物以类聚，东西用毕物归原处；不乱放东西；把整理好的东西编上号，贴上标签，做好登记；好记性不如烂笔头，要勤于记录。

（三）莫法特休息法

莫法特休息法给我们的启示是：不要长时间做同一种工作，而是要经常做不同内容的工作，保持精神上的兴奋点，进行主动的调剂和放松。

（四）六点优先工作制法

六点优先工作制法要求我们：（1）写下第二天要做的全部事情；（2）按事情的重要顺序，分别从"1"到"6"标出6件最重要的事情；（3）每天先全力以赴做标号为"1"的事情，直到它被完成或被完全准备好，然后再全力以赴做标号为"2"的事情，以此类推。

（五）避免拖拉

做事拖拉，无异于浪费时间，而且常常会完成不了任务，同时搞得自己精神紧张。可以在每次开始一项新工作之前准备好所有需要用的资料和工具，真正动手时就不需要临时去找；每件事情设定明确的起止时间；隔断所有可能的干扰，如选择在安静的图书馆学习会比在宿舍学习好得多。

时间管理的 7 条法则

法则 1：设立明确的目标。

时间管理的目的是在最短时间内实现更多的目标，列出年度、季度、月度、一周的目标，并按照重要性从高到低依次排序，然后根据目标制订每天详细的计划。

法则 2：学会列清单。

将自己每天要做的事列出清单，当你看到自己长长的工作清单时，也会产生紧迫感。优先处理重要且紧急的事情，快速处理不重要但紧急的事情。重要但不紧急的事也要重视，如锻炼身体，长期坚持的人，都会有意想不到的收获。

法则 3：给自己"留白"。

每天至少要有半小时到一小时的"留白"时间，把自己关在自己的空间里思考或工作。

法则 4：利用好碎片化时间。

在网络时代的今天，我们大部分人都习惯于在零碎时间毫不犹豫地拿起手机看微信、看抖音，一看就忘了时间。利用好碎片化时间能完成许多碎片化事情，如坐公交或者排队买单时可以回复信息、阅读电子书等。

法则 5：给自己一句"唤醒咒语"。

找一句或者几句可以让你热血沸腾的话，打印出来，贴在床头、办公桌前，或者设置成计算机桌面、手机壁纸。通过反复提醒和视觉化的刺激，在脑海里建立一幅明确而具体的心理景象，从而调动潜意识的力量，让你根深蒂固地记住它。

法则 6：学会复盘。

每天晚上睡觉前，把你花了多少时间在做哪些事情复盘一遍，就会清晰地发现哪些时间其实是浪费了。这和记账是一个道理。当你找到浪费时间的根源时，你才有办法改变。

法则 7：一次只专心做一件事情。

有研究发现，当你进行多任务处理时，你所花的时间会多出 20% ～ 40%。一次完成一项任务，按照顺序完成，有利于更有效地利用时间。

心理测试

大学生心理适应能力测试

本测试用来帮助大学新生进行心理适应能力自我鉴别，由20个题目组成，每道题目有A、B、C（A表示"是"，B表示"无法肯定"，C表示"不是"）3个选项可供选择，如表4-5所示，请根据你的实际情况作答。

表4-5　大学生心理适应能力测试题

题目	A	B	C
1. 我最怕转学或转班级，每到一个新环境，我总要经过很长一段时间才能适应			
2. 每到一个新地方我很容易同别人接近			
3. 与陌生人见面，我总是无话可说，以致感到尴尬			
4. 我最喜欢学习新知识或新学科，能给我一种新鲜感并能调动我的积极性			
5. 每到一个新地方，总是睡不好，即使是在家里，只要换一张床，有时也会失眠			
6. 不管生活条件有多大的变化，我都能很快习惯			
7. 越是人多的地方我越感到紧张			
8. 我考试的成绩多半不会比平时练习的时候差			
9. 全班的同学都看着我，我的心都快跳出来了			
10. 对他（她）有看法我仍能同他（她）交往			
11. 我做事总有些不自在			
12. 我很少固执己见，常常乐于接受别人的意见			
13. 同别人讨论时常常感到语塞，事后才想起该怎样反驳对方，可惜已经太迟了			
14. 我对生活条件要求不高，即使条件很艰苦，我也能过得很愉快			
15. 有时自己明明把课文背得滚瓜烂熟，可在课堂上背的时候，还是会出错			
16. 在决定胜负的关键时刻，我虽然很紧张，但总能很快使自己镇定下来			
17. 我不喜欢的东西，不管怎么学也学不会			
18. 在嘈杂混乱的环境里，我仍能集中精力学习，并且效率很高			
19. 我不喜欢陌生人来家里做客，每逢这种情况，我就有意回避			
20. 我很喜欢参加社交活动，我感到这是交朋友的好机会			

评分规则

凡是奇数号的题，选A得 −2 分，选B得 0 分，选C得 2 分。

凡是偶数号的题，选A得 2 分，选B得 0 分，选C得 −2 分。

结果分析

35～40分：心理适应能力很强，能很快适应新的学习、生活环境，与人交往轻松大方。给人的印象极好，无论进入怎样的环境都能应付，左右逢源。

29～34分：心理适应能力良好。

17～28分：心理适应能力一般，进入一个新的环境后，经过一段时间的努力，基本上能适应。

6～16分：心理适应能力差，依赖于好的学习、生活环境，一旦遇到困难则易怨天尤人，甚至消沉。

5分以下：心理适应能力很差，在各种新环境中，即使经过一段时间的努力，也

不一定能够适应，常常困惑，因与周围事物格格不入而十分苦恼。在与他人的交往中，总是显得拘谨、羞涩、手足无措。

　　（本测试结果仅供参考，若有需要，请咨询专业人员。）

本章习题

1. 如何理解生涯及生涯规划的概念？
2. 大学生涯可分为哪几个阶段？每个阶段都有哪些具体任务？
3. 请你为自己设计一份大学生涯规划。

第五章

生也有涯，知也无涯
——快乐学习

"玉不琢，不成器；人不学，不知义。"学习贯穿生命始终，一个人从出生来到这个世界上，就开始了学习的漫长人生。一个正常的人与生俱来就拥有很多功能，比如呼吸、吮吸、运动、视觉、听觉、嗅觉等，这是人的本能，也是大自然在亿万年的生物进化过程中优化选择的结果。但是更多的能力需要通过后天的学习才能获得，学习是大学生活的主旋律。生命在于学习，一个人活在世间，就要不断地学习、学习、再学习，活到老、学到老。

- **本章学习目标**

- 了解学习的含义、学习的基本类型，科学地认识学习心理。
- 了解大学生学习的基本特征和常见学习问题，并对学习适应状况进行自我评估。
- 掌握有效学习的策略与方法，寻找学习的乐趣，进行高效率学习。

第一节
学习方法

未来的文盲不再是目不识丁的人，而是没有学会怎样学习的人。

——埃加·富尔

生而知之者上也；学而知之者次也；困而学之又其次也；困而不学，民斯为下矣。

——《论语》

桥是大二学生，家在农村，复读2年，现任副班长，诚恳踏实，为人忠厚，同学们都拥戴他。他学习非常刻苦，每次期末考试，专业成绩都在80分左右，可唯独英语只有50分上下。英语一直是他难以克服的障碍，两次高考的失利，其实就是英语分数太低而拖了后腿，现在上大学了，也是因为英语成绩不及格使他评不上奖学金。现在让他更头疼的事情也来了，这次全国大学生英语四级考试他只考了 380 分，而班上同学大部分都考过了 425 分。桥的英语听力差，英语听力部分他常因听不懂而放弃。他主要采用背诵单词的方法来学习英语，几乎每天都早起背单词，大家都觉得他刻苦勤奋，但是他的英语成绩始终难以提高。渐渐地，桥变得沉默了，他认为是自己太笨、太没用，对英语和毕业都丧失了信心，甚至想辞去副班长一职。

桥的英语成绩难以提高，与其智力的高低关系不大，主要与他的学习方法有关。关于英语的记忆方法有很多种，一味地死记硬背难以提高英语水平。掌握了学习方法，学习效果才会更好。

● 心海泛舟

一、什么是学习

一般认为，学习是个体通过练习获得经验及其行为产生持久变化的过程。学习有广义和狭义之分。广义的学习是指人和动物在生活过程中通过练习获得个体行为经验的过程。广义的学习既包括动物的习得行为，也包括儿童的习得行为，如学习走路、说话，同时还包括学生在学校学习知识、技能、道德、品质、习惯等。狭义的学习是指学生在教师的指导下，有目的、有计划、有系统地掌握知识，形成技能和行为规范的活动。简而言之，学生的学习活动是在教育情境中进行的学习活动。

二、大学生学习特点

（一）自主性

大学生的学习虽然是在老师的指导下进行的，但是有相当大的自主性。大学生在学习内容、学习时间、学习方式的选择上更具有自主性。首先，大学课程安排更加合理科学，既有公共必修课、专业基础课，又有辅修课程及大量选修课，大学生可以根据自己的特长、兴趣、爱好自由选择。其次，大学生自我支配的时间较多，为了能够合理安排自己的学习时间，要有较强的自学能力和学习计划能力。撰写论文、参与科研工作、实习实践等，这些大学生必须完成的任务都是在老师的指导下依靠自己的力量独立完成的。对大多数同学来说，从高中那种填鸭式的学习状态转到大学这种自主式的学习状态是比较具有挑战性的，所以大学生应该尽快适应大学的学习模式。

（二）合作性

俗话说"独学而无友，则孤陋而寡闻"，许多同学也认为"大学就是大家一起自学"，虽然这些话没有通过论证和研究，但是它们也是有一定道理的。如果说高中的学习更多的是一种竞争性学习，那么大学的学习可以说是一种合作性学习。大学涉及的学习内容非常广泛，一个人的视野毕竟是有限的，大家互相分享彼此的学习收获，可以使大家获得更多的知识和智慧。

（三）专业性

大学是为国家培养高级专业人才的摇篮，专业性是大学生学习与中学生学习明显的不同之处。大学生需要根据自己的兴趣、爱好及特长选择专业，而且各专业之间在教学安排、课程设置、教学内容及培养目标上存在较大的差异。大学生一旦选择了专业，确定了主攻方向，必须对该专业知识进行深入地了解和掌握，方能达到学校培养专门人才的目标。这也是大学生为将来走上工作岗位、适应社会需要所进行的学习活动。

另外，由于学科之间是有联系的、是相互交叉渗透的，所以专业性不等同于单一性。因此，大学生必须在侧重本专业知识学习的同时，广泛涉猎各学科领域，以扩大自己的知识面，这样才能实现"一专多能"，以便更好地满足社会对人才的需求。

（四）创造性

在知识经济时代，发展知识经济和建立创新体系对我国的发展具有重大意义。在校大学生要及时掌握学科发展的前沿知识，对书本之外的新观点、新理论进行深入的钻研和探索，进一步创新和发展知识，可以通过大学期间创造性地学习培养创新精神和创新能力。

● **心路导航**

策略一：学会记忆

（一）加强复习，防止遗忘

当我们对于曾经记忆过的东西不能再认出来，也不能回忆起来，或者是错误地再认和错误地回忆，这些都是遗忘。19 世纪末，德国心理学家艾宾浩斯把自己作为测试对象，运用无意义材料对记忆进行了实验研究，通过对自己的测试，得到了一些数据（见表 5-1）。

表 5-1　艾宾浩斯遗忘规律

时间间隔	记忆保留量
刚刚记忆完毕	100%
20 分钟之后	58.2%
1 小时之后	44.2%
9 小时后	35.8%
1 天后	33.7%
2 天后	27.8%
6 天后	25.4%
1 个月后	21.1%

数据表明：在识记的最初时间遗忘快，后来逐渐缓慢，而一段时间之后，几乎不再遗忘了，即遗忘的发展趋势是"先快后慢"。学习过程中我们可根据遗忘规律，结合自己的实际经验，学会与遗忘做斗争的方法。下面几点建议可供参考。

1. 及时复习与经常复习

学习结束后，要及时复习，复习时间的分配应该是先密后稀，即开始复习时，间隔时间要短，次数要多，以后时间间隔可逐渐拉长。

2. 复习方法多样化

复习时，不应该总是按固定顺序从头到尾复习，还可从中间开始复习或者从结尾开始复习。另外，还可以重点复习那些难于记忆、易于遗忘的知识，而且每次复习，在内容上必须有所开拓，最重要的知识要在新的水平上和新的联系中加以复习。

3. 多种感觉通道同时活动

单靠听觉每分钟仅能传达 100 个单词，而视觉传达的速度比听觉高出 1 倍。如果视觉和听觉同时起作用，则传达速度是听觉的 10 倍。所以，多种感觉通道同时活动，有利于提高记忆的效果。如记忆外语单词，边念边写，就更容易记住。

4. 交替复习

实验证明，前后学习材料的性质越相似，记忆效果越差。复习也要避免连续学习相类似的材料，注意将性质相似的材料交替进行复习。在学习某一种材料以后，应当做适当休息，再去学习另一种材料，以免相互影响和相互干扰。

（二）记忆有方

1. 联想记忆法

联想，就是当人脑接受某一刺激时，浮现出与该刺激有关的事物形象的心理过程。利用联想来增强记忆效果的方法就叫作联想记忆法。联想造成的印象愈强烈，则记忆愈深刻难忘。联想有接近联想、类似联想和对比联想等。如背诵一首诗，就是由于词与词、句与句相接近而联想起来的；学习外语，把同义词、近义词、反义词、形近词放在一起学，通过类似联想和对比联想，容易把这些词记住。

2. 组织记忆法

布鲁纳认为"人类记忆的首要问题在于组织"。按照一个人自己的兴趣和目的与原有的认知结构组织起来的材料，最有希望保持在记忆中。对材料进行加工整理的前提是分析和综合与加深理解。如提炼观点、编写提纲、绘制图表等都有助于巩固记忆，提高学习质量。

3. 多通道记忆

由视觉、听觉、动觉、触觉等多种感觉通道参与的记忆叫作"多通道"记忆。宋代学者朱熹曾说："读书有三到，谓心到、眼到、口到。心不在此，则眼看不仔细。心眼既不专一，决不能记，记亦不能久也。三到之中，心到最急。心既到矣，眼口岂不到乎？"研究表明，只听不看的记忆能力是 60%，只看不听的记忆能力是 70%，既看又听的记忆能力是 86%。这仅仅是两种感觉器官并用，记忆效果就比只用其中一种好得多。如果把所有的感觉器官一齐调动起来，记忆效果就更好了。锻炼多种感觉器官协同记忆的练习有很多。例如，记忆一些重要的复杂信息时，可以通过视觉观察，用笔写下来，反复朗读，直至能背诵。过后，再抽时间不断背诵或默写。

记忆方法数不胜数，我们可根据自身特点，查阅一些专门书籍，找到适合自己的记忆方法，以便在学习中助自己一臂之力。

策略二：学会阅读

在浩如烟海的书籍中，我们需要学会选取自己所读的书，也需要学会读书的技巧。有了好的读书方法和技巧，就能够事半功倍地吸取我们所要的知识。首先是确定读什么书，其次是对确定要读的书进行分类。一般来讲可分为 3 类：浏览性质、通读性质和精读性质的书。正如培根所说："有些书可供一赏，有些书可以吞下，不多的几部书应当咀嚼消化。"浏览可粗，通读要快，精读要精。说到精读，我们怎么样去精读呢？下面介绍一种精读的方法，也就是 SQ3R 阅读法。

SQ3R 阅读法是英、美等国流行的一种阅读方法，它包括浏览（Survey）、提问（Question）、阅读（Read）、复述（Recite）、复习（Review）5 个步骤。

浏览，如果是阅读书籍，要先看书的序言、内容提要、目录、书中的大小标题、图表、注释及参考文献等。如果是阅读文章，应着重看它的大小标题、文章的开头、结尾部分及注释（或提示）。这一步是对读物有一个总的、直觉的印象，知道哪些是自己已经掌握的旧知识，哪些是需要自己理解和掌握的新知识，以便确定阅读重点。

提问，是略读，但比第一步浏览要深入一些。这一步，应着重读大小标题、黑体或用其他形式标示出来的主要内容，并在此基础上提出自己应该重点关注的问题。

阅读，这是带着问题进行深入的阅读。对于书中的专业知识，弄清关键性词语的准确意义，思考并理解重点段落，可对关键性词或重点句子做批注或做笔记，以加强理解、增强记忆。

复述，是回忆阶段。在重新阅读时，能对书中的各部分问题进行解答，做阅读效果的自我检查，发现尚未理解和掌握的问题，要及时弥补。

复习，是进一步巩固和运用知识的阶段。这一步要在复述的基础上，进行重点复习或全面复习，在复述中进行某些练习、解答问题，以加深理解、巩固学习效果。复习应在学习后一天内及时进行，隔一段时间还要进行适当的巩固。

策略三：有效学习

（一）集中与分散学习法

集中学习法是指较长时间地进行某项学习活动，学习的次数相对较少一些。一次学习的时间的长短取决于所学习材料的性质及其他因素。分散学习法与集中学习法不同，它是指将学习时间分成几个时间段，每学习一段时间就稍作休息。至于每次分散学习的时间多久为宜，则要视学习材料的性质及个人的具体情况而定。已有研究证明，如果分散学习的时间不短，那么分散学习达到的效果是很有效的。

一般来说，比较复杂难懂的材料，用集中法较为合适，这样可以保证我们在一定的时间内集中注意力，对我们有效地理解和掌握那些抽象难懂的材料比较有利。但是，集中学习的时间也不宜过长，否则容易引起学习者的疲劳，反而使学习效率下降。至于多长时间比较合适，这要视个人的体力与脑力情况而定。如果学习的材料比较简单易懂，或者我们能够学习的时间段比较分散，这个时候采用分散学习的方法比较好，这样既能够学习好材料又能够充分利用零碎的时间。

（二）部分与整体学习法

部分学习法是指将学习材料分成几个部分或几个具体的概念，每次集中学习其中一部分或一个具体概念。另外，可以根据每个部分或概念难易程度的不同，而具体安排学习时间或次数。整体学习法是指将学习材料作为一个整体来学习。在学习的过程中，将材料从头至尾反复学习，以获得对材料的总体印象和记忆，进而了解一些较为具体的内容。

部分与整体学习法，这两种方法使用起来各有利弊。整体法使人比较容易把握学习材料的全貌，但对学习材料的具体内容就掌握得不好；而部分学习法则能使学习者较好地掌握学习材料的每一个具体部分，但难以对学习材料形成一个总体印象，从而使具体学习的各部分内容不能很好地融会贯通起来。要使这两种学习方法最大限度地发挥作用，可以将二者结合起来使用，采取整体－部分－整体的方法。具体方法：第一，采用整体法，对所学材料有一个大概的了解，在头脑中对所学材料形成一个较为清晰的轮廓；第二，采用部分法，对学习材料实行"各个击破"，并重点学习那些较难或较重要部分的材料；第三，再采用整体法，将已仔细学习过的材料作为一个整体重新复习一遍，让各部分的具体内容前后联系起来，在头脑中对所学材料形成一个更为清晰全面的印象。实践已经证明，两种学习方法相结合比单独采用某一种学习方法更有效。

（三）迁移学习法

迁移学习是指先前的学习或训练的内容对后来的类似学习或训练内容的影响。关于迁移学习，也有正迁移和负迁移之分。在应用迁移学习法时，要尽可能地促进正迁移，而避开负迁移。已有研究表明，对学习内容的迁移量取决于学习内容和反应的类似程度。另外，学习时间的间隔也会影响迁移的效果。

在日常的学习中，要想成功地获得迁移学习的效果，我们在学习中就要注意掌握最基本的知识，这样就可以形成基本知识对一些具体知识与应用的正迁移。此外，新学习的材料先尽可能接近原有的知识，然后逐渐扩展到新知识的范围，这样有助于形成正迁移，以便更好地学习新的知识。

（四）自学法

在老师的指导下或者完全靠自己探索的学习都属于自学。大学的学习主要以自学为主，自学可以是吸收老师课堂上的内容，也可以学习老师没有讲到的专业知识或者其他自己感兴趣的相关学科知识。

自学首先要确定学习目标。我们可以问自己："我为什么要自学？是为了跟上专业的发展，还是为了进一步拓宽自己的知识面，以为自己将来步入社会打下坚实的基础？"自学的目标有许多，只有明确了目标之后，才能根据既定的目标选择自学的内容和具体方法。在确定了自学目标之后，下一步该做的就是制订较为详细的自学计划，进一步明确自学的内容、进程以及具体的学习时间安排等，这对我们来说也是非常重要的。在自学过程中，我们也要注意自学方法的选择。科学的学习方法将使自学达到事半功倍的效果。自学并不排除寻求他人的帮助，在老师或者有相关知识背景的人的指导下，我们可以少走一些弯路。

此外，自学还要注意两点：一是注重坚持，自学有一定的难度，也不是那么轻松自由，这需要我们经受住各种干扰，为了达到预定的目标坚持自学；二是可以寻求学习伙伴，这样，彼此就可以互相帮助、互相促进，提高自学的效果。

我的学习方法

今天，很荣幸能够在这里与大家分享我的学习方法。学习方法是一种意识活动，它具有不固定性，因人而异。对我们每个人来说，掌握了一种适合自己的学习方法比什么都重要。好的学习方法不仅可以在一定程度上促进学习成绩的提升，还会对人的成长产生积极的影响。我的学习方法可以简单地用3个短语来概括，分别是"转变态度""自学能力""博采众长"。

首先，转变态度。由被动学习转变为主动学习，也就是说要将高中与大学的本质区分开来。在高中一般是被动地去接受老师传授的知识，而在大学里，老师只会指引我们学习的方向，后面的学习过程只能靠自己主动去探索。在大学里，没有人比自己更在乎自己的工作、学习、生活与未来，自己必须成为自己将来的主人，必须恰当地管理好自己的学业，并且为了将来的事业而奋斗。积极主动表现为对自己的一切负责，不要把不确定的或者困难的事情一味搁置起来。比如，有些同学认为学校不硬性要求考英语四、六级，就不学英语；有些同学觉得自己需要参加社团或协会来锻炼人际交往技能，但因为害羞，而不积极主动报名；还有的同学看到别人逃课，自己也跟着不去。这种消极的态度，其实是对自己的大学生活不负责任的表现，必须以积极主动的态度来对待大学生活。

其次，自学能力。我曾经在中学的时候听到老师引用一位教育家的名言："如果我们将学过的东西忘得一干二净时，最后留下来的东西就是教育的本质了。"这话很有道理。"留下来的东西"听起来仿佛有点模糊，但实际上就是自学的能力。上高中时，老师会一次又一次地重复每一课里的关键内容，但进入大学以后，老师基本上充当了引路人的角色，我们必须自主地学习、探索与实践。因为在这个知识更新越来越快的社会，学会如何学习有时候比知识本身更加重要。自学还可以引申为自我追求。开学时，我就已经开始规划我的未来。后来，我实在不知道自己的志向和兴趣，我就通过听学校的一些重要讲座、上网或者与辅导员交流，以此来明确我的目标。我还思考过毕业后想进入哪一类公司工作，然后再根据我与它们的差距来制订合适的规划并且及时调整学习方法。

最后，博采众长。我喜欢充分利用学校里的人才资源，从各个渠道吸收知识与方法。例如，有一次在大礼堂听讲座时，我恰巧遇到一位大四学长，通过与他交流，我了解到他已经通过了英语四、六级考试，目前正在备战考研。我特意向他请教了学英语的一些方法，其中最让我印象深刻的是他所说的"词本无意，意从句中来"。他的意思是说，一个单词原本是没有意思的，把它放到具体的语境中去理解，就有它真正的内涵。因而，想要牢记单词，就要将单词放入句中去理解。我们每个人对问题的理解和认识都不尽相同，我们可以与身边的同学、朋友多交流，以此形成一种思维上的互补，大家互帮互学，终会成就双赢。

以上就是我的学习方法。李开复教授说："经过大学四年，我们会从思考中确立自我，从学习中寻求真理，从独立中体验自主，从实践中赢得价值。"同学们，让我们一起加油吧！让自己的大学不留遗憾，让自己的青春绽放光芒！

（武汉生物工程学院　梁甜）

第二节

学习问题调适

学会学习的人，是非常幸福的人。

——米南德

一个深广的心灵总是把感兴趣的领域推广到无数事物上去。

——黑格尔

心灵故事

小杰今年大三，表现优秀，对自己的要求一向很高，这当然也与他家庭的期望有关。小杰的父母都是具有高级职称的知识分子，在他们的言传身教下，他从小就知道努力与奋斗。

刚进大学，小杰就对自己的大学生涯做了认真细致的规划，并且一步一个脚印去实现自己的计划。大学一年级，他刻苦学习各科知识，同时还当选班长并参加一些社团活动，他要求自己不仅要成绩拔尖，还要积极锻炼各方面的能力；二年级，他通过大学英语四、六级考试和托福考试，为将来出国留学做好准备；三年级，他顺利入党。在大学里，他像一只陀螺飞速运转，他珍惜大学的分分秒秒，因为他一直相信：付出总有回报。

可是，随着事情越来越多，慢慢地小杰发现有些力不从心，自己离有些目标越来越远，他忽然怀疑自己的学习能力，他感到自己在学习上的优势逐渐消退，甚至多年积累的自信也受到挑战，对未来，他也越来越没底。优秀的他，变得越来越失落了。

小杰之所以会这样是由于学习动机过强引起的，他给自己定的目标高，对自己的要求也高，他爱追求完美，一旦没有达到目标，他就会感到失落甚至绝望。

● **心海泛舟**

一、学习动机不当

学习动机不当包括学习动机不足和学习动机过强，这二者都会影响学生的学业，甚至会影响学生的心理健康水平。

（一）学习动机不足

1. 学习松弛

学生进入大学校门后，从心理上摆脱了高中时代的沉重压力，思想上逐渐松懈。另外，高中时的学习目标是考个好大学，而进入大学后新的目标还没有明确形成，所以学习的动力不如中学时强。

2. 无明确学习目标

少数大学生，因为没有明确的学习目标，从而缺少学习的积极性、主动性，对学习没有热情，逃避学习，不愿上课，注意力分散，兴趣转移。但他们对学习以外的事兴致勃勃，如看电影、上网、打游戏、谈恋爱等，不惜花费时间，常常主次颠倒。

3. 学习肤浅

少数大学生跟不上大学的上课速度，通常是一知半解，但他们满足于这种状态，也不注意摸索学习规律，学习能力较弱，成绩不好，等等。

（二）学习动机过强

1. 成就动机过强

成就动机过强除了总是追求高目标，还有过于争强好胜，过于追求完美，过于敏感紧张，不能正确对待挫折，更不能接受失败。

2. 奖励动机过强

在某些情况下，过分追求外在的物质刺激往往容易导致学习上的功利主义，奖励一旦得到，深入学习的愿望随即就会消失。

• **知识链接** ·····················

1908年，耶基斯和多德森通过研究发现：在一般情况下，学习任务难度小的时候，学习动机越强，学习效果越好；学习任务难度中等的时候，学习动机适中，学习效果最好；学习任务难度大的时候，学习动机越小，学习效果越好。这也就是著名的耶基斯-多德森定律。

二、考试焦虑

考试焦虑是指考生因担心自己考试失败而忧虑的一种负性情绪反应。考试焦虑的具体表现：头痛、食欲下降、恶心、心慌、睡眠不好；在临考时心慌气短、呼吸急促、手足出汗、发抖、频频上厕所、腹泻等；在考场上出现视觉障碍，如看不清题目、看错题目、漏题丢题、动作僵硬、手不听使唤、出现笔误等；注意力不集中，不能专注于学习和应试，而是专注于各种各样的担忧；记忆力下降、担忧、焦虑、烦躁不安；思维肤浅、思维僵化、判断力下降；坐立不安，手足无措。

三、注意力不集中

注意力不集中表现为上课不能专心听讲，大脑常常开小差，头脑中会冒出许多与学习无关的东西，盯着黑板却心猿意马，一副专心致志的样子，心却早已海阔天空，身心分离，可谓"管得住身，管不住心"。易受外界环境的干扰，一点儿小动静就会引起注意力的转移，而且长时间不能静心，甚至久久沉浸在情节的回忆之中。

四、学习厌倦

学习厌倦的表现为：失去对学习的兴趣，没有明确的学习目标；不守纪律，经常旷课、逃课；上课吃零食、睡觉、玩手机；学习肤浅，满足于一知半解，不注意摸索学习规律、积累学习经验与方法，考试前从不复习，学习能力较弱。

• **心路导航**

策略一：激发学习动机

（一）明确学习目标

学习动机对学习的推动作用主要表现在学习目标上。一个没有学习目标的人，在学习上是缺乏进取性、主动性、自觉性的，即使获得好成绩，其成功感也不强。不过，不同的学习目标定向，学习动机的推动作用也是有差别的，从而在学业成绩上也会有一定的差异。如果我们以获得知识、能力为学习目标，那么在乎的是自己在学习中学会了多少知识，获得了哪些能力。当我们遇到困难时，会不断地尝试以求解决。如果我们以获得赞许、良好声誉等为学习目标，则会更多地选择回避挑战性的学习情境，以避免失败。那么当遇到困难或遭遇失败时，对于学习会更加消极。因此，明确而合适的学习目标定向，有助于激发我们的学习动机，获得强烈的成功体验。

（一）让学习成为一种乐趣

当学习让我们有一种快乐的积极体验时，那么学习的动力自然也就变强了，所以怎样让学习成为一种乐趣是我们激发学习动机的源泉。在这里，介绍几种体验学习乐趣的方法。

首先，我们要善于发现学科的美。比如，哲学赋予我们智慧，为我们提供认识世界的方法，它也具有一种美，哪怕是形而上学的海市蜃楼，也有引人入胜的魅力。生物学也有美的元素，动物的眼、耳等都遵循了美学的对称法则，植物的颜色给人以振奋和醒目的感觉。每门学科都有美的元素，我们要善于发现它们的美，以此来增强学习的乐趣。

其次，可进行"自我竞赛"。即同自己的过去比，从自身进步、变化中认识且发现自己的能力，体验进步的乐趣。

另外，为自己创设更多的成功机会，发挥自己的专长与潜能，增强胜任感，体验成功的乐趣。比如语文、数学成绩都较差，但擅长美术，就可从发扬美术特长入手，增强自信，体验成功。

策略二：考试焦虑需调节

（一）积极的自我暗示

法国作家大仲马说过："人生是一串由无数的烦恼组成的念珠，达观的人总是笑着数完这串念珠的。"在我们的生活中到处存在自我暗示，时隐时现、潜移默化地起着作用。例如，清晨你对着镜子梳洗打扮，如果看到自己的脸色很好，往往心情舒畅，这就是一种自我暗示。尤其是学习上自卑的人，应导入一种积极的自我暗示。如对自己说："这次考试并没有反映出我的真实水平，成绩不佳是暂时的，下次我会考好的。""我的成绩是不好，但是这种情况正在慢慢改善。"如果考试中出现怯场现象，可转移注意力，暂停回忆，并用自我暗示的方法进行自我心理调整。不断提醒自己，调节和控制自己的情绪，使之朝着正确的方向发展，如暗示自己一定会成功，缓解紧张。

（二）精心准备，劳逸结合

要处理好学习和休息的关系。避免考前加班加点，拼命复习，造成睡眠不足、疲劳过度。这样长时间不休息，必然造成大脑劳累过度，以致考试时头昏脑涨，无法集中注意力，使知识暂时遗忘，临场思维混乱，造成考试失误。劳逸结合是防止紧张疲劳、提高活动效率的一个重要条件。休息的方法有两种：一种是安静休息，即闭目养神或睡眠；另一种是活动休息，如散步、做操、打球等。另外，变换脑力劳动的方式，也是一种很好的休息方式。

（三）掌握技巧，学会放松

放松有许多方法，这里主要介绍想象放松法。首先以舒服的姿势坐好，保持身体两边的平衡；然后用鼻子深沉而缓慢地吸气，再用嘴巴慢慢地吐气。同时想象身体各部位的放松，放松的顺序：脚、双腿、背部、手心、颈、头皮。也可以放一些比较轻松的音乐，想象自己在轻柔的海滩上，暖暖的阳光照在身上，赤着脚在沙滩上漫步，海风轻轻吹拂，听海浪拍打海岸，将头脑放空，达到放松的目的。

（四）顺其自然，为所当为

一个人在重大的事情面前，产生紧张、焦虑是一种正常的心理现象，它可以促使一个人，调动全身心的潜能去积极应对当前的问题。许多学生在考试中体验到了紧张、焦虑带来的心跳、出汗、面热等正常的生理反应，往往都给以过度的关注，企图去控制这些生理反应，逃脱考试中的紧张、焦虑，结果往往适得其反。一位心理学家指出，焦虑本身毫无可怕之处，可怕的是我们对它的态度。因此，我们对考试的紧张、焦虑应顺其自然，不应过多关注自己的紧张和焦虑，而是做自己该做的事。

策略三：集中注意力

（一）信息的选择与阻断

如今，每天都有各种各样的信息从四面八方传向我们，但是我们却只能注意到部分的信息，而对不需要的信息，我们照样可以做到"充耳不闻"。但是，我们的注意力也时常会被一些无关信息所干扰。

因此，有心理学家建议：要想提高注意力，我们必须对信息有所挑选，选择性地注意对我们有用的信息，同时要阻断多余的信息。具体来说，如果一天之中有10件事都是想做的，但实际上精力只能顾及一半，那么就选择重要的几件事情来处理。我们不要想着不能做的遗憾，而只去想必做的事的重要性。

77

（二）把握注意力的黄金时间

"黄金时间做黄金事"是时间管理的重要原则，所谓黄金时间就是人体能量的高峰期。虽然黄金时间也存在个体差异，但总体来说，在黄金时间段，个体的反应力、注意力、思维敏捷性都处于相对的最佳状态。

当我们面对一堆事务时，可以把要处理的事务按轻重缓急进行排序，然后把最重要的事放在黄金时间来做，这样就更容易提高效率。

因此，我们要摸清自己的"黄金时间"是什么时候，有的人是早晨，有的人是晚上。将注意力的黄金时间用于"重要事务"，而非疲于应对，也能提高注意力。

（三）学会暂停

有时候，虽然我们愿望很好，却无法将注意力集中起来，这时我们就要学会暂时放弃。也许适当的运动是不错的选择——爬楼梯、户外散步等。通常来说，运动会帮助你放松情绪，补充脑部供氧，提高注意力。

（四）了解弱点，自我节制

注意力分散的原因有很多，比如：容易对各类新鲜信息产生好奇；受他人打扰；无法从厌倦和焦虑等负性情绪中抽离，也无法将注意力投入眼前的事……

认真找到自己最突出的弱点，才能实施具体的对策。如果总是让一些新鲜信息吸引了注意力，而无法将注意力专注于当前的学习，那么在学习的时候，最好找一个比较安静适合学习的地方，比如图书馆等。

如果注意力分散、做事拖延的原因是情绪问题，就要先克服情绪问题。可以用积极想象法：先确定一个目前要完成的学习任务，然后想象该任务完成的各个环节，越具体越好，乃至最后成功。这种学习任务的"可视化处理"会帮助你将注意力转移到当时所做的事情上，这样可有效地摆脱情绪的干扰。

（五）训练注意力

我国数学家杨乐、张广厚，小时候都曾采用快速做习题的办法来集中自己的注意力。在这里给大家介绍一种在心理学中用来锻炼注意力的小游戏。在一张有25个小方格的表中（见表5-2），将1～25的数字打乱顺序，填写在里面，然后以最快的速度从1数到25，要边读边指数字，同时计时。

表5-2　训练注意力游戏方格

21	12	7	1	20
6	15	17	3	18
19	4	8	25	13
24	2	22	10	5
9	14	11	23	16

可以自己多制作几张这样的表格，每天训练一遍，相信你的注意力水平一定会逐步提高。

策略四：好学乐学，培养兴趣

子曰："知之者不如好之者，好之者不如乐之者。"快乐和兴趣是一个人成功的关键。一个人如果对某件事情感兴趣，那么他就会深入持久地去做这件事，力争达到预期目的。所以，大学生在大学期间要发现自己的兴趣所在，充分挖掘自己的潜力，这样不仅能够充实自己的生活，更能为将来的职业生涯打下基础。

（一）兴趣暗示法

少数同学对学习没有兴趣，一拿起书就会产生不愉快的情绪，甚至厌烦、恐惧，从而导致学习效率低下甚至无效。但是，作为一名大学生，学习是我们的天职，在我们不可以改变课程的情况下，那么只好改变自己，改变自己对学习的态度。痛苦地学习是学习，快乐地学习也是学习，我们为何不选择快乐地学习呢？

我们在学习的过程中，可以对那些不感兴趣的学习内容采用兴趣暗示法。具体来说，就是在学习之前，进行一些热身运动，摩拳擦掌，面带笑容。进行自我暗示时，可以产生一种愉悦感，使厌烦、恐惧的情绪都被冲散。心灵之门被渐渐打开后，我们要学的知识就更容易吸收了。

（二）体验成功的乐趣

我们都会有这样一种感受：不论做什么事情，只要自己取得了成功，便感受到了自己在这方面的才能，那么我们就会得到鼓励，从而增加自己对这件事的兴趣。学习又何尝不是如此呢？在学习的过程中，只要我们不断进步，不断取得好成绩，就会体验到成功的乐趣，学习兴趣就会不断地得到巩固和发展。

1. 先从最喜欢的科目学起

学习的时候，我们可以先学习自己最喜欢的科目，这样干劲大、效率高，能很快完成学习任务。自己也会感到心情愉快，体验到成功的喜悦。这时，带着良好的心境去学习其他学科，自然也会比较顺利。

2. 对不喜欢的科目从简单的题目做起

当我们要学习自己不喜欢的科目时，拿起书就有不良的情绪，如果刚开始就碰到难题，那就更加厌倦。所以，对于自己不喜欢的科目，我们可以从简单的会做的题目开始，这样学习就能够顺利进行，慢慢地也就消除了心理上的反感，从而我们就会渐渐喜欢上这些科目。

3. 经常唤起成功的回忆

在学习的过程中，我们每个人都会有成功和失败。我们不能总是想着自己失败时的烦恼，而是要自觉地回想自己成功时的欢乐。经常唤起成功的回忆，会让我们增强信心、振奋精神，激发学习的兴趣。

（三）多与热爱学习的同学交往

古人云："近朱者赤，近墨者黑。"的确，人的思想、感情、行为和态度都会互相影响。

我国音乐家聂耳，他从小对音乐就有强烈的兴趣，其中一个原因是：住他家隔壁的一个木匠师傅，常在工余之暇吹笛子，笛声悠扬悦耳，时而像高山流水，时而像百鸟争鸣，时而高亢激昂，时而委婉低沉。这优美的旋律深深打动了聂耳的心灵，使他爱上音乐。所以，从 10 岁起，他就学拉二胡、弹三弦和月琴，13 岁就登台演出。后来，在抗日战争的烽火中，他创作了代表中华民族心声的不朽乐章——《义勇军进行曲》。

与热爱学习的同学交往，有利于培养我们的学习兴趣；与厌倦学习的同学交往，会削弱我们的学习兴趣。

心情日记

岁月如梭，学海无涯

时光荏苒，岁月如梭。素么锦年，稍纵即逝。这一年的夏天，我们已然从一个高中生变成了大学生，而怎样去成为一个真正大学生呢？这是最值得我们思考的，我不解过，也迷惑过。学习虽然不是大学生的全部，但是，大学，大学，学字为重，学习是学生的天职，也是大学生的主旋律。接下来，我将从学习计划、学习态度、学习技巧、学习资源 4 个方面分享我的学习方法。

在我看来，学习计划是学好的基础。无规矩，不成方圆。同样的，如果你想一切学习动态都能在你的掌握当中，能井井有条、循序渐进地进行的话，那么你需要好好地规划下你的学习思路，做到心中有张"学图"。这个学习规划应该围绕你未来的目标展开，比如，我是园林系的学生，未来想从事设计行业，因为设计行业与造价预算关系密切，现在已报名了初级会计师考试。设计师除了实力以外，口才也是十分重要的，首先让别人听懂很重要，所以，我准备大一下学期去考普通话证。而英语可能也会拓宽设计领域的人脉与平台，所以我准备在大一下学期或大二下学期通过四级英语考试。除此之外，园林设计行业与建筑行业关系紧密，所以我会适当地了解一些建筑专业方面的知识。总之，要做到心中有框架，才能不慌不忙，才能保证学习卫星能在轨道上安全、正常地运行。

学习态度是学好的先决条件。不是有句俗话说态度决定高度吗？在我看来，人们的智力都是差不多的，在学习上不是拼天赋而是拼态度。在天黑蒙蒙的时候，起床早读，这是一种态度。写在笔记本上密密麻麻的笔记，也是一种态度。一笔一笔勾勒出来的一幅画，这也是一种态度。无论现实与梦想的差距有多大，你仍然保持初心，这也是一种态度。如果有一颗不破楼兰终不还的决心，那么你也许就会高了一度。从小的方面来说，学习态度可以是完成自己每天的、每周的学习量、每个星期学习的内容，比如，每天背15个单词，每周读3篇晨读美文，每周读完一本书等，努力去完成，就是一种态度。

学习技巧是学好的关键之处。每个人的精力都是有限的，不可能面面俱到。因此主次之分，就十分重要了。对专业科目来说，比如植物学，我会全神贯注地听讲，做好相应的笔记，课后会及时去图书馆，回想一下这堂课的大致框架，然后再想复习每一个小的知识点，最后，串起来构成一个知识面。

学习资源是学习的润滑剂。学习资源包括图书馆资源、学术论坛资源、网络资源等。在我看来，网络资源具有开放性、互动性和虚拟性。我们可以利用网络了解更多的，比如四六级英语考试、会计师考试等，也可以了解你以后想从事行业所要求的能力，成为更好的自己。除了查询资料，你还可以利用社交软件结识各种各样的人，开阔自己的视野，甚至可以与外国人交流以提高英语水平，或了解更多新鲜的事情，不断充实自己。

世界上最快而又最慢，最长而又最短，最平凡而又最珍贵，最容易忽视而又最令人后悔的就是时间。啊，我们要紧紧抓住时间的尾巴，用我们最初的心、最真诚的态度、最强的毅力，完成我们的生涯。

（武汉生物工程学院　黄淡萍）

心理测试

考试焦虑自测量表

该测验共有33道题，每道题有4个备选答案：A——很符合自己的情况；B——比较符合自己的情况；C——较不符合自己的情况；D——很不符合自己的情况。根据自己的实际情况，在题后的括号内填上相应字母（每题只能填一个字母）。

1. 在重要考试的前几天，我就坐立不安了。（　　　）
2. 临近考试时，我就拉肚子。（　　　）
3. 一想到考试即将来临，身体就会发僵。（　　　）
4. 考试前，我总感到苦恼。（　　　）
5. 考试前，我感到烦躁，脾气变坏。（　　　）
6. 紧张的温课期间，我常会想："这次考试要是考得不好怎么办？"（　　　）
7. 越临近考试，我的注意力越难集中。（　　　）

8. 想到马上就要考试了，参加任何文娱活动都感到没劲。（　　　）

9. 在考试前，我总预感到这次考试将要考坏。（　　　）

10. 在考试前，我常做关于考试的梦。（　　　）

11. 到了考试那天，我就不安起来。（　　　）

12. 听到开始考试的铃声响了，我的心马上紧张地急跳起来。（　　　）

13. 一到重要的考试，我的脑子就变得比平时迟钝。（　　　）

14. 考试题目越多、越难，我越感到不安。（　　　）

15. 考试中，我的手会变得冰凉。（　　　）

16. 考试时，我感到十分紧张。（　　　）

17. 遇到很难的考试，我就担心自己会不及格。（　　　）

18. 紧张的考试中，我却会想些与考试无关的事情，注意力集中不起来。（　　　）

19. 在考试时，我会紧张得连平时记得滚瓜烂熟的知识一点也回忆不起来。（　　　）

20. 在考试中，我会沉浸在空想之中，一时忘了自己是在考试。（　　　）

21. 考试中，我想上厕所的次数比平时多些。（　　　）

22. 考试时，即使不热，我也会浑身出汗。（　　　）

23. 在考试时，我紧张得手发僵，写字不流畅。（　　　）

24. 考试时，我经常会看错题目。（　　　）

25. 在进行重要的考试时，我的头就会痛起来。（　　　）

26. 发现剩下的时间来不及做完全部考题，我就急得手足无措、浑身大汗。（　　　）

27. 在重要的考试之后，我腹泻了。（　　　）

28. 如果考试得了个坏分数，家长或教师会严厉地指责我。（　　　）

29. 在考试后，发现自己懂得的题没有答对时，就十分生自己的气。（　　　）

30. 我对考试十分厌烦。（　　　）

31. 只要考试不记成绩，我将会学到更多的知识。（　　　）

32. 考试不应当在这样的紧张状态下进行。（　　　）

33. 不进行考试，我能学到更多的知识。（　　　）

计分方法

统计你所填的各个字母的个数，每填一个 A 得 3 分，每填一个 B 得 2 分，每填一个 C 得 1 分，每填一个 D 得 0 分。

总分 =3×A 的个数 +2×B 的个数 +1×C 的个数。

结果解释

总分	焦虑水平
0～24	镇　定
25～49	轻度焦虑
50～74	中度焦虑
75～99	重度焦虑

（本测验结果仅供参考，若有需要，请咨询专业人员。）

本章习题

1. 和高中相比，大学的学习有哪些特点与不同？
2. 大学生普遍存在哪些常见的学习问题？
3. 简述考试焦虑的调节方法。

第六章

嘤其鸣矣，求其友声
——学会交往

人是社会的动物，不能离开群体而单独生存，亚里士多德曾说："能独自生活的人，不是野兽，就是上帝。"人们几乎每天都要和他人打交道，有人估算，一个人每天除 8 小时睡眠以外，其余 16 小时中有近 70% 的时间都需要用在人际交往中。无疑，人际交往构成了人生的主要内容。

● **本章学习目标**

- 了解大学生人际交往的特点、心理效应及常见心理困扰。
- 掌握人际交往的策略与技巧，提高人际交往能力，学会建立良好的人际关系。

第 一 节

交往有方

多一个真正的朋友，就多一块陶冶情操的砺石，多一分战胜困难的力量，多一个锐意进取的伴侣。

——培根

你希望别人怎样对待自己，你就应该怎样对待别人。

——马克思

 心灵故事

刚从高中毕业的李杨对大学生活非常期待，想象着一群朋友每天一起学习一起打篮球。但入校后发现自己被分到了两人宿舍，舍友还与自己不同班。李杨上了一段时间的课后，发现班里的同学大都以宿舍为单位聚在一起，自己很难融入。平时上课就一个人去，去食堂也是一个人，去图书馆同样是一个人。李杨感到很孤独，现实中的大学生活和自己想象中的完全不同。

大学是一个小型社会，来自五湖四海的青年相聚在一起，本是一种难得的缘分，每个人都想珍惜这缘分，也都想在"象牙塔"里提升自我，创建和谐的人际关系。但因为个人生活习惯相异、个性千差万别、语言表达方式不同等诸多原因，并不是每个人都能如愿以偿。如何把握人际交往技巧，提升人际交往能力呢？这是我们终身要探索的艰巨课题。

● **心海泛舟**

一、大学生人际交往及功能

哈佛大学曾经做了项长达 75 年的跟踪研究，发现生活幸福的人有一个共同的特点，就是他们拥有良好的人际关系。高质量的人际关系，让人更加健康和快乐。

大学生人际交往是指大学生之间及大学生与他人之间沟通信息、交流思想、表达情感、协调行为的互动过程。

大学生的人际交往有助于大学生获得心理慰藉、自我完善，促进身心健康发展；有助于大学生丰富自身知识，启迪思想，促进潜能的开发。大学生人际关系的好坏对大学生自身成才与发展有十分重要的影响。人际关系专家戴尔·卡耐基说："一个人的成功只有 15% 靠他自己的能力，而 85% 取决于人际关系。"

二、大学生人际交往类型

同学关系：同学之间人际关系是大学生人际交往的主要对象和主要内容。校园的同学关系总的来说是和谐的，而同学们也会常常根据各自兴趣、爱好、性格等的不同，结成一个个或松散或紧密的交际圈。

宿舍关系：宿舍人际关系是大学生人际交往中一个最基本的环节。同宿舍的同学关系可能亲密如同手足，也可能发生"同室操戈"的情况。宿舍中，大学生常常因为距离过分接近，一起共同生活，随着时间的延续，彼此优缺点展露无遗。这样，极容易因为来自不同的地域和家庭，个体的性格、生活习惯、思想观念、价值标准等存在差异，而造成不和谐的宿舍关系。宿舍关系是大学生交往最频繁的人际关系，也是最难相处的人际关系。

师生关系：师生关系是人际关系的重要内容。学校中的师生关系应该是民主、平等的，学生应该尊重老师，而老师应该用自身的人格魅力来赢得学生的尊重，而非一味地强调所谓的"师道尊严"。师生间应彼此尊重理解，缩短心理距离。

网络关系：网络人际交往是信息时代人们在网络空间里进行的一种新型的人际互动方式。网络是一把"双刃剑"，网络人际交往对大学生的健康成长既有正面效应，也有负面效应。

其他关系：随着市场经济的发展和身心日趋成熟，大学生渴求了解社会、接触社会，为将来走向社会做前期见习的尝试，从而把交往的范围进一步扩大到社会，如参加志愿者活动、勤工俭学、当家教、当服务员、到娱乐场所演唱弹奏等。这有利于大学生形成和发展健康的个性，但大学生也要理智地把握好学习与交往的"度"。

三、人际交往中的心理效应

首因效应：人与人第一次交往中给人留下的印象，在对方的头脑中形成并占据主导地位，这种效应即为首因效应。我们常说"给人留下一个好印象"，一般指的就是第一印象。在交友、招聘、求职等社交活动中，我们可以利用这种效应，给他人展示一种极好的形象，为以后的交流打下良好的基础。

近因效应：交往中最后一次见面给人留下的印象，这个印象在对方的脑海中也会存留很长时间。多年不见的朋友，在自己的脑海中的印象最深的，其实就是临别时的情景；一个朋友总

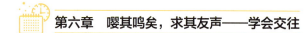

是让你生气，可是谈起生气的原因，大概只能说上两三条，这也是一种近因效应的体现。利用近因效应，在与朋友分别时，给予他良好的祝福，他会对你有更好的印象。

光环效应：当你对某个人有好感后，就会很难感觉到他的缺点存在，就像有一种光环在围绕他，你的这种心理就是光环效应。"情人眼里出西施"，就是光环效应的体现。光环效应有一定的负面影响，在这种心理作用下，你很难分辨出好与坏、真与伪，容易被人利用。所以，我们在社交过程中，"害人之心不可有，防人之心不可无"。

刻板效应：有些人习惯于机械地将交往对象归于某一类人，不管他是否表现出这类人的特征，都认为他是这类人的代表，而总是将对这类人的评价强加于他，从而影响正确认知，特别是当这类评价带有偏见时，会损害人际关系。如有的大学生认为南方人小气、自私，家庭社会地位高的人有傲气、不好相处等。

定势效应：人们头脑中存在的某种固定化的意识，以前的心理活动会对以后的心理活动形成一种准备状态或心理倾向，从而影响以后心理的活动。在对陌生人形成最初印象时，这种作用特别明显。如成语"邻人偷斧"就是定势效应的例子。

投射效应：与人交往时把自己具有的某些不讨人喜欢、不为人接受的观念、性格、态度或欲望转移到别人身上，认为别人也是如此，以掩盖自己不受人欢迎的特征，即"以小人之心，度君子之腹"，如自私的人总认为别人也很自私，而那些慷慨大方的人认为别人对自己也应不小气。由于投射作用的影响，人际交往中很容易产生误解。

● **心路导航**

策略一：把握交往原则

（一）真诚信任

1. 真诚不欺，信守诺言

对事、对人实事求是，对朋友的不足和缺陷诚恳批评，对不同的观点能直陈己见而不是口是心非；既不当面奉承人，也不在背后诽谤人，做到肝胆相照、赤诚待人、襟怀坦白。只有以诚相待，才能使交往双方建立信任感，并结成深厚的友谊。

2. 相互帮助，委以"重任"

当别人委托你办事时，应尽力完成，如果确实力不从心，也要尽己所能，并说明不能完成的理由，向对方表示歉意。

（二）平等尊重

尊重能够引发人的信任、坦诚等情感，缩短交往的心理距离。坚持尊重的原则，应注意在态度上和人格上尊重他人，平等待人，讲究语言文明、礼貌待人，不开恶作剧式的玩笑，不乱给同学取绰号，尊重同学的生活习惯等。平等，主要指交往双方态度上的平等。要正确评价自己，不要只看自己的优点而盛气凌人，也不要只看自身弱点而盲目自卑，要尊重他人的自尊心和感情。

（三）理解互利

理解互利原则指交往双方设身处地、相互谅解，关系的双方都相互满足各自的需要，同时获得一定的利益和好处，达到双赢。

理解互利要求我们在交往中相互体谅、关爱，想人之所想，急人之所急，关心朋友的困难和需要，分担朋友的痛苦，在实践中要善于"心理换位"，移情交流，即感人之所感，知人之所感；既能分享他人的情感，对他人的处境感同身受，又能客观地站在对方的立场上理解他人。

策略二：注重交往礼仪

（一）礼貌用语

第一要注意语言禁忌。不说粗话脏话；避免使用他人忌讳的语言；注意回避容易引起误解和不快的语言，不用指责的语言，多用谅解的语言。

第二要有分寸。这是语言得体、有礼貌的首要要求。要做到语言有分寸，必须配合非语言要素，要在背景知识方面知己知彼，要明确交际的目的，要选择好交际的体式，同时，要注意如何用言辞行动去恰当表现。当然，分寸也包括具体的言辞的分寸。

第三要有礼节。语言的礼节就是寒暄。有 5 个常见的礼节语言的惯用形式，它们表达了人际交往中问候、致谢、致歉、告别、回敬这 5 种礼貌。问候是"您好"，告别是"再见"，致谢是"谢谢"，致歉是"对不起"。回敬是对致谢、致歉的回答，如"没关系""不要紧""不碍事"之类。

第四要有教养。说话内容要富于学识，词语雅致。尊重别人符合道德和法规的私生活、衣着、摆设、爱好，在别人的确有缺点时委婉而善意地指出。谅解别人就是在别人不讲礼貌时要视情况加以处理。

第五要有学识。在高度文明的社会里，人们必然十分重视知识，十分尊重人才。富有学识的人会受到社会和他人的敬重。

（二）距离产生美

相互交往时空间距离的远近，是交往双方之间是否亲近、是否喜欢、是否友好的重要标志。因此，人们在交往时，选择正确的距离是至关重要的。人类学家爱德华·霍尔博士提出了 4 种距离，每种距离都与双方的关系相称。

1. 亲密距离（约 46 厘米之内）

这是人际交往中的最小间隔，即我们常说的"亲密无间"，彼此间可能肌肤相触，以至相互能感受到对方的体温、气味和气息。

2. 个人距离（46 厘米～1.2 米）

这是人际间隔上稍有分寸感的距离，以较少有直接的身体接触。正好能相互亲切握手，友好交谈。

3. 社交距离（1.2～3.7 米）

这已超出了亲密或熟人的人际关系，而是体现出一种社交性或礼节上的较正式关系。在社交距离范围内，没有直接的身体接触，说话要适当提高声音，需要更充分的目光接触。如果谈话者得不到对方目光的支持，对方会有强烈的被忽视、被拒绝的感受。这时，相互间的目光接触是交谈中不可缺少的感情交流形式。

4. 公众距离（3.7～7.6 米）

这是一个几乎能容纳一切人的"门户开放"的空间，人们完全可以对处于空间的其他人"视而不见"，不予交往，因为相互之间未必发生一定联系。

策略三：巧用交往艺术

（一）满足他人自尊

1. 记住别人的名字和一些私人信息

人际关系学家戴尔·卡耐基发现，人对自己的名字看得很重，所以他曾说："记住人们的名字，而且很轻易就能叫出来，等于给予别人一个很巧妙而又有效的赞美。"反过来，如果你把别人的名字忘掉或者记错，会引起他人反感，在交往中就会处于非常不利的地位。

2. 谈论对方感兴趣的话题

谈话是否能够起到增进感情、密切关系的作用，就要看谈话过程是否令人愉快。我们要抛开"自我中心"意识，谈论对方感兴趣的话题，并积极参与话题里面去。如果你对话题并不解，也没关系，你可以直接就你不懂的地方请教对方，这一定能让你的聊天对象谈得眉飞色舞，感觉与你很投机，而你也不吃亏，因为你从谈话中获得了许多以前所没有的知识。

3. 对别人真诚地感兴趣，做一个好的听众

西方有一句俗语："上帝给人两只耳朵一张嘴，很明显，就是有意要我们多听少说。"耐心而专注地听对方说话，会让对方感到自己受到重视，从而获得自尊的极大满足，而他也会对给予他这种满足的倾听者报以特别的好感。一个善于倾听的人会给人善解人意的印象，而想以伶牙俐齿让人青睐的人则容易给人咄咄逼人的感觉，从而让人敬而远之。

（二）密切与他人的关系

1. 给对方特殊对待

受到惯例对待会让人认为自己的地位和价值受到贬低，从而也将对方的好意贬值；而受到特殊对待则让人感到自己受到重视，于是对对方也会抱有特殊的好感和态度。

给对方特殊对待，让你想深交的人感觉到他在你心中独一无二的地位，这是密切关系的很好的技巧。

2. 适度的自我表露

除少数城府极深的人出于防范意识不易透露自己的内心世界外，绝大多数人其实都有较强的倾诉欲望，而女性好合群，不喜孤独，又有丰富的情感，使其更难藏住心事。女大学生常常会与同性密友说说悄悄话，彼此袒露自己的小秘密，这便是自我暴露，这种极私密的交流往往会巩固友谊，使双方关系更"铁"。

3. 请对方帮小忙

请人帮这样的忙，对别人而言并没有什么压力，还能给对方一种成就感，让对方感到自己的长处得到了承认，是件令人愉快的事情。受人之托的一方往往在帮助别人的过程中找到了自己的价值，不但不会厌烦，还会很满足。在这种心理氛围中，两人关系容易很快亲密起来。

（三）学会赞美

赞美别人，仿佛用一支火把照亮别人的生活，也照亮自己的心田，有助于发扬被赞美者的美德和推动彼此友谊健康地发展，还可以消除人际的龃龉和怨恨。赞美要注意以下 7 种情况。

（1）具体化。空泛化的赞美虚幻生硬，使人怀疑动机，而具体化的赞美则显示真诚。夸人长得漂亮，不如夸其眼睛漂亮。

（2）从否定到肯定的评价。这种用法一般是这样的："我很少佩服别人，你是个例外。""我一生只佩服两个人，一个是××，一个是你。"等。

（3）及时。见到、听到别人得意的事，一定要停下所有的事情，去赞美。如一个人给你看了他女（男）朋友的相片，那么一定要夸，你无声地放回去，他会很不高兴。

（4）适度指出别人的变化。这种做法表达的是"你在我心目中很重要，我很在乎你的变化"。

（5）与自己做对比。通常情况下，一般人是很难贬低自己的，因此，如果你压低自己同他做比较，那么就会显得格外真诚，这一招特别适合于职务较高的人使用，会给职务低的人一种莫大的鼓舞。

（6）信任刺激。经典之语为"只有你……能帮我……能做成……"，如"谁敢横刀立马，唯我彭大将军"。

（7）记住对方特别的日子，或是特别的事情，在关键的时候提出来，给对方以惊喜。这就需要你平时的积累，用一个电话本，在对方联系方式的旁边记上他的生日、他的喜好等。

（四）用心倾听

1. 面带微笑

微笑会使两个陌生人成为朋友。当你微笑着面对他人时，发自内心的微笑和眼中流露出的热情就是一种无声的语言："我喜欢你，很高兴见到你"。

2. 专注有礼

当别人与你谈话时，应该正视对方以示专注倾听，听者可以通过直视的两眼、赞许的点头或手势，表示在认真地倾听，从而鼓励谈话者说下去。一个出色的听者，具有一种强大的感染力，他能使说话人感到自己说话的重要性。

3. 认真听取，适时赞同

赞成对方所说的话，可以轻轻地点一点头，表示赞许。对别人所说的话感兴趣时，要展露一下你的笑容。利用身体语言，如头部、臂部的摆动，来表达你的意思，这样可以使对方感到心情愉快，增加谈话的效果。

4. 运用肢体语言

每个人谈话时身体都要稍稍前倾，当对对方所说的话产生兴趣时，都会很自然地倾身向前，以表示仔细聆听。倾听的最好姿态是在椅子上坐着，稍微向他那边倾身，不要像在家里看电视那样坐在椅子上。好的姿势是倾听的必要条件。

5. 控制思绪，不要插话

自己的思维不要超过他人的讲话速度。一般情况下，思维速度要比讲话快 5 倍。如果对方讲话不连贯，找不到合适的词，千万不要插嘴，这种帮助一点也不会让人高兴。他会感到很难为情，因为这反映出他的思维反应不够快。

6. 不要争辩

专心倾听交谈过程中，不要感情用事地和对方争辩，或有心理上的抵触情绪，这是专心倾听别人讲话的障碍。

7. 视觉干扰，尽量排除

注意倾听他人讲话，不要摆弄眼镜、钢笔或其他任何可能与倾听无关的东西。如有必要可以做些记录，不要漫不经心地乱画，更不要去研究周边的环境或屋内的设施等。

8. 不打断对方谈话，适时插问

每个人都喜欢别人从头到尾安静地听自己把话说完，而且更喜欢被引出话题，以便借此展示自己的价值。在倾听的过程中，适当地恰如其分地加一句："再重复一下刚才你所说的好吗？"或者用鼓励对方继续谈下去的话语，如"你说得对""请你继续说下去""然后呢"等。这样便使对方感到你对他的谈话很感兴趣，因而会很高兴地将谈话继续下去。

9. 提出意见

对方说完话时，你可以再重复一下他说的某一个部分，这证明你在注意听他所讲的话。而且你可以用下列答话陈述你的意见："正像你所说的，我也以为……""我完全赞同你的意见……"等。

心情日记

感谢一路有你

进入大学马上 3 个月了，有太多的感动和回忆——

从进入校门的那一刻起，我因校园内肆意的青春而感动；

在军训时，我因大家的团结坚持而感动；

在竞选班长时，被同学们在我紧张到忘词时鼓掌激励而感动；

在第一次组织活动时，被大家的帮助和热情而感动；

在我生日时，被舍友们偷偷准备的惊喜感动。

还有许多数不完的感动瞬间：在排练节目而疲惫不堪时大家互相打气、和志同道合的小伙伴们组队去参加辩论赛时准备到深夜、与社团小伙伴浩浩荡荡地去看电影占满了电影院……

这些无数的感动瞬间构成了我的大学时光，很开心与你们相聚，谢谢你们，我的室友，接下来我们继续携手相伴！

第二节
宿舍人际

益者三友，损者三友。友直，友谅，友多闻，益矣；友便辟，友善柔，友便佞，损矣。

——《论语·季氏》

爱人者，人恒爱之；敬人者，人恒敬之。

——《孟子·离娄下》

心灵故事

马上要开学了，大二的蔡蔡在家里却开始焦虑，对他而言，处理宿舍关系是个老大难——舍友A喜欢在深夜学习，他说晚上安静适合学习，但他不知道蔡蔡因为他的台灯而失眠许久；舍友B喜欢开着外响打游戏，他说游戏音乐会让他打得更快乐，但他不知道蔡蔡因为他的游戏声音即使在白天也戴着耳塞；舍友C不爱讲卫生，他说自己的位置也没多不干净，但他不知道蔡蔡总是默默地帮他打扫卫生。蔡蔡一想到即将要回到学校回到宿舍，就焦虑不已。

宿舍作为大学生活的基本单元，不仅是大学生住宿的场所，也是学习、娱乐、交流交往的重要场所。由于成员相对固定，朝夕相处，相互之间频繁接触，很多私密袒露其间，舍友之间产生不愉快甚至冲突是在所难免的，这些鸡毛蒜皮的小矛盾如果得不到及时化解，日积月累，就会导致舍友间的误会和不和睦，直至爆发"战争"，严重的还会诱发心理疾病。

● **心海泛舟**

一、宿舍人际关系的类型

宿舍人际关系是宿舍成员在共同的学习和生活中结成的以精神关系为主要内容，以语言、思想、知识、情感为媒介的交往中相互结成的关系。它是学生在校期间与舍友通过交往互动而形成的一种直接的心理联系。大学生宿舍人际关系类型可以从宏观和微观两方面分别加以分析。

（一）从宏观上看

从宏观上来看，宿舍整体关系类型可以分为和谐型、弱和谐型、松散型、小群体型、失控分裂型5种。

（1）和谐型是指宿舍内部全体成员之间关系融洽，经常相互沟通、相互合作。这种类型宿舍成员之间在认识和情感方面没有明显对立和冲突，宿舍气氛是轻松的、愉快的。

（2）弱和谐型是指宿舍中大多数成员之间关系融洽，能经常相互沟通、相互合作。但是其中有少数成员之间只有间接沟通与合作，没有直接沟通与合作，还有极个别成员间存在意见分歧，有对立情绪和很多不一致的兴趣和生活习惯，互相不能合作。

（3）松散型是指宿舍成员中绝大多数人之间缺少直接沟通与合作，但也谈不上情绪对立。

这种宿舍中人际关系淡薄，缺乏集体观念。

（4）小群体型是指宿舍内存在一个或一个以上的小群体，小群体成员之间的关系与和谐型相同，小群体成员与宿舍内其他成员的关系与弱和谐型或松散型相同。

（5）失控分裂型是指宿舍中既无被接纳的核心人物，也无被排斥的主要对象，大多数人处于对立、冲突的关系中，宿舍气氛紧张、压抑和烦躁。

（二）从微观上看

从微观上来看，宿舍单个成员关系可以分为友好关系型、思想封闭型、孤立与孤独型、对立关系型4种。

（1）友好关系型是指宿舍成员之间彼此都有把宿舍整体和成员之间的关系搞好的愿望，珍视友谊，同甘共苦，气氛融洽。如果某位同学有缺点，宿舍里其他成员能善意指出或通过适当手段以求统一思想，或耐心等待，或相互谅解。

（2）思想封闭型是指宿舍成员之间彼此交往只局限在生活、学习等一些表面问题上，而不去触及思想和灵魂的深处，表面上尚能和睦相处，实际上却热衷于搞"自我设计"。大家在一起不交流思想，担心别人发现自己的秘密。这样的交往是不牢固的、经不起考验的。一旦碰到重大问题，这种关系就要瓦解。

（3）孤立与孤独型是指宿舍中的少数成员由于自己独特的经历、生活背景和较差的心理素质，不愿意、不喜欢或害怕与同学交往，显得不合群，还表现出很孤独与孤立的样子。

（4）对立关系型是指同宿舍个别同学之间，特别是与有影响力的"核心人物"之间处于对立状态。相互之间筑起感情的"壁垒"，同学间彼此缺少温暖，神情沮丧，紧张沉闷，谨小慎微。

二、宿舍人际关系矛盾产生的原因

（1）缺乏沟通：当学生们因为或大或小的事情产生分歧时，往往不能够很好地疏导沟通、及时解决，当问题积少成多时，便以大矛盾的形式出现。

（2）以自我为中心：当代大学生独生子女居多，习惯于站在自我的立场看待和处理问题，不能正确处理个人利益和他人利益、集体利益的关系。

（3）自卑与退缩：经济基础、文化基础甚至身体素质的差别很容易在学生心理上形成层次感，这些原因使他们对人际交往特别敏感，对交往中的负面因素考虑太多，总是极力回避，久而久之，逐渐形成自卑与退缩的性格，陷入焦虑、痛苦之中。

（4）情绪化倾向：有些大学生在人际交往中过于情绪化，习惯于感情用事，随自己心情的好坏决定对待他人的态度，不顾及他人感受。这就很容易伤害到人与人之间的感情，使人感到不快，在心理上产生隔阂。

（5）缺乏交往技巧：人际关系本身的复杂性、多面性对部分大学生的人际交往形成了一种心理上的障碍，大学生的学习与生活环境相对中学时代来说较为宽松和富有弹性。生活和环境的巨大变化，使这些交往需求迫切但交往技巧相对不足的大学生很容易受到挫折而导致情感的损伤，这在大学新生身上表现尤为突出。

（6）"理想化"状态：部分大学生把人际关系想象得过于美好，对别人期望过高，但在现实生活中常常遇到的"人际暗礁"容易给自己带来心理上的挫折感。

89

● **心路导航**

策略一：珍惜缘分，规范规章

五湖四海，齐聚一校，同居一室，实乃有缘。理应，珍惜缘分，团结和谐，共求进步，图谋未来。然人各有志，皆有积习，求同存异，须有规矩。故应立条文，寓法于情，保护个性，尊重别人，互谅互让，相互挚诚，促进成长。最基本的规章应该包含如下内容。

总的基本原则：宽容、礼让、自律、真诚、互助、开放。

具体内容如下。

（一）顾家篇

（1）不管心情如何，进门前与舍友主动打招呼，舍友回宿舍，如带有重物，应主动积极帮忙。

（2）出门时向舍友说明去向和回来的时间，出门期间保持电话畅通，以免舍友担心；不能按时回宿舍，要主动给舍友打电话报平安，并告诉舍友何时回宿舍。

（3）舍友晚归，要关心，要主动联系，如无法联系，要及时向老师报告，确保舍友安全。

（4）注意安全，防患于未然。不在宿舍内抽烟，不使用明火，不私拉电线，不使用违规电器，及时关窗锁门；不在寝室留宿外人，放假期间按时回家，不在宿舍逗留。

（5）节约能源，养成随手关水关电的好习惯。

（6）建立宿舍共同经费管理制度，对于公共消耗，在得到宿舍成员一致同意的情况下从宿舍经费中进行支出，如水电费、饮水费用及购买驱蚊物品、清洁用品等费用。

（7）室内环境做到整洁、清新、雅致。鞋子、被子、毛巾、杯子、热水瓶、箱子等物品摆放整齐，各成一条直线，内务整理规范统一。

（二）尊重篇

（1）尊重舍友的信仰、饮食习惯、地方风俗，不得取笑他人口音，不得因外貌、经济条件、身体缺陷等对他人有所区别看待。

（2）开玩笑适度，不伤害他人感情。

（3）尊重他人隐私。未经他人允许，不随意翻看他人物品，不打听舍友私事，不向他人随意透露舍友私人情况。

（4）做任何可能影响到舍友情绪的事情前，如开窗、关灯等，先礼貌地征得舍友的同意。

（5）遵守作息制度，尊重舍友的作息时间，最好能和大家保持一致；早起晚寝做到快、齐、静。早上按时起床，整理好个人内务；晚上按时休息，就寝后不聊电话、不发手机短信、不聊手机 QQ。特殊情况，如在舍友休息的情况下，应轻手轻脚做事，尽量不打扰舍友休息，共同创造宁静和谐的休息环境。

（6）保持安静。进出门时轻推轻关，物品轻拿轻放，音响声音调小，不在室内高歌、弹唱、打球等。

（7）保持良好的个人卫生习惯，同时保持良好的公共卫生习惯。

（三）沟通篇

（1）信赖舍友，有事大家一起商量，征询意见。

（2）语言文明，谈吐文雅，不说脏话，不翻旧账，不辱人格。

（3）如果做了不恰当的事情，主动道歉。

（4）虚心接受舍友的批评与建议。

（5）批评舍友时应注意时间、注意态度、注意语言技巧，真诚、善良，不做人身攻击。

（6）善于协调寝室成员关系，维护寝室和谐氛围。

（7）寝室长定期召开寝室会议，研讨寝室存在的问题，促进成员间的交流。

（四）友爱篇

（1）舍友生病时，积极主动耐心细致照顾，帮忙记录课堂笔记。

（2）共同打扫寝室卫生。每日上午上课前打扫一次卫生，其他时间根据地面清洁程度适时打扫卫生，保持地面墙面清洁，窗明几净。

（3）学习、生活中要互相帮助，团结友爱。

（4）学会分享。不管是吃的、用的、看的、读的、想的、实物、信息、想法、体会等，均应与舍友一起分享与交流。

（5）与舍友一起过节、过生日。

策略二：调整自我，促进寝室和谐

（一）正视问题，反省自我

多找自己身上存在的问题及对宿舍人际关系造成的影响。"远亲不如近邻"，但"近邻"往往不一定能"和睦"，反而因为交往的频繁、个性和阅历的差异，造成各种摩擦和冲突。寝室矛盾通常是由各种各样的零碎小事引起的：乱扔垃圾、制造噪声、计较小钱、随便吸烟、作息紊乱、言论霸权和亲密过分等。若自己有不妥的地方，可以适当调整自己的生活习性，改变自己的说话方式，以他人可以接受和理解的方式进行。

（二）主动沟通，善于交流

主动与大家沟通，参与大家的讨论与活动，只有这样才能更好地了解自己和他人，消除彼此之间的误会，加强相互的理解和信任。

（三）心胸宽广，理解包容

我们应海纳百川，多吸收别人的优点；对于他人的缺点，应多加理解和包容。平时对于生活中出现的鸡毛蒜皮的纠纷，不要太耿耿于怀，该忘的忘，该原谅的原谅，该和解的和解，不要太放在心上。所谓"大事聪明，小事糊涂"，把有限的精力用在做主要的事情上。

（四）真诚待人，人际互惠

俗话说："种瓜得瓜，种豆得豆。"只有播种真诚，展现真实的自我，才会收获别人的真诚。因为人们无意识中在遵守"人际关系互惠"原则，你坦露真诚的程度，会得到相应的回报。有的人害怕自己的缺点被别人看到后会影响自己在别人心中的形象。心理学研究表明：人们并不喜欢一个各方面都十分完美的人，而恰恰是一个各方面都表现优秀而又有一些小缺点的人最受欢迎，所以你不用太在意自己的缺点。

（五）尊重差异，容纳不同

要有容纳意识。容纳意识要求我们尊重差异、容纳个性、容纳对方的缺点，谅解对方的一般过错。"水至清则无鱼，人至察则无徒"，清澈见底的水里面不会有鱼，过分挑剔的人也不会有朋友，没有容纳意识，迟早会将人际关系推向崩溃的边缘。

策略三：营造和谐寝室关系的小技巧

（一）端正心态

珍惜同学之间的友情，正视并学会处理自己周围的人际关系。当宿舍生活出现不和谐音符时，不要互相埋怨、指责和烦恼不安，要尝试把问题处理好，而不是让它变得更糟糕，所以没必要情绪不好。此时，大学生可以站在另一角度想：这是独立处理自己事情的时候了，是自己成长的一部分，我要勇敢、平和地去面对，让这个不和谐的音符早日消失。

（二）设身处地

同一宿舍，在漫长的学习生活中，同学之间意见相斥、发生口角、产生摩擦都是可能发生的事情，此时，要冷静下来，等怨气或怒气平息后再去处理，尤其要学会从多角度看待问题，使冲突得到解决。

（三）不触犯舍友的隐私

每个人都有自己的秘密，也有足够的好奇心，对于舍友的隐私，不要想方设法去探求。尤其需要注意的是，未经得舍友同意，切不可擅自乱翻其衣物，不要以为是熟人就可以忽略细节。另外，同住一个宿舍，有时难免知道舍友的某些隐私，也要守口如瓶，告诉他人不仅是对舍友的不尊重，也是不道德的。

（四）不搞"小团体"

在宿舍，应当以平等的态度对待每一个人。有些人喜欢同宿舍中的某一个人十分亲近，这样就容易引起宿舍其他成员的不悦，认为你是不屑与其交往。结果，你俩的关系也许搞好了，但却疏远了其他人。这就不利于建立和谐的宿舍关系。

（五）不逞一时口快

"卧谈会"是宿舍的一个重要活动项目。舍友们互说见闻，发表意见，本来是件很愉快的事，但也往往因小事而发生争执，"卧谈会"变成了"口舌大战"。

有些人喜欢说别人的笑话，占别人便宜，哪怕开玩笑，也不肯以自己吃亏而告终。有些人喜欢争辩，试图通过说服对方显示自己的能耐，让舍友"尊重"自己。有些人害怕被人看不起，就故意在"卧谈会"中唱反调，甚至揭人之短，对他人进行人身攻击。

这种喜欢逞一时口快，在嘴巴上占便宜的人实际上非常愚蠢，给人感觉太好胜，难以合作。你不尊重别人，别人也不会尊重你。你夸夸其谈，想处处表现得比别人聪明，最后也只会引起别人反感，没人说你好。

（六）完成自己该做的事情

宿舍每位成员该做的事情，不仅仅指做好自己一个人的事，也包括搞好集体的事。有些同学将在家中的不良习惯带入宿舍，引起舍友的不满，影响宿舍的团结。因此，大学生必须尽力做好自己的事情，凡事要养成亲力亲为的好习惯。对于集体的事，要积极参与。

（七）别人有难要帮，自己有事也要求

良好的人际关系是以互相帮助为前提的。当舍友遇到困难时，我们应当主动伸出援助之手，这自不必说。而当我们有事时，也应该向舍友求助。因为有时求助能表明你对别人的信任，能够融洽关系，加深感情。但求助舍友，需要讲究分寸，不使人家为难。

（八）积极参加集体活动

宿舍的活动不单纯是一个活动，更是舍友之间联络感情的重要形式，应该积极参与配合。舍友们决定一起去干什么，要尊重他们的选择。确实不能参加时，可以把自己的想法和意见提出来。倘若集体活动你总不参加，多多少少显得你不合群。

我们一起成长

雯雯在日记里写道：刚开始进入大学与室友相处时，我以为跟高中是差不多的，但实际上却又是那么不同。首先，我们互相介绍自己的名字，然后陷入一段时间的尴尬，毕竟大家都还不熟，开个话题也怕人家不接话。等到吃饭的时候，才勉强有了开口的欲望。"一起去吃饭吗？"我问得小心翼翼，又装出一副就算你拒绝也没关系的模样。终于，大家都说"好"，这才有了第一次的4人"聚餐"。"酒逢知己千杯少，话不投机半句多"，可见吃饭这件事对人际关系是有多么重要。我们围绕从各方面得到的关于哪个食堂好吃、哪个菜好吃展开了讨论。就这样，我们发现彼此都还挺能说的。

又过去了一个星期，4人联系得更紧密了，上课一起，下课一起，吃饭一起，买东西一起，俨然"四连体"。不过因为大学模式的问题，班里同学并不一定都相熟，大家一天都见不了几面，能叫出名字的几乎都是同一个寝室里的。不过这种"联体"在一个月后彻底打断了，4人加入了不同的社团，开始有了兴趣更加相投的朋友。

"走啊，一起吃饭。""不，我要去社团了。"4人不再形影不离，但好像都过得更充足了，独立性也更强了。高中的时候，生怕自己落单了，好像那样会遭到别人非

议似的。到了大学才发现，见过一面的人可能连第二次见面都不知道什么时候。越来越多的时候我们都是一个人，一个人参加活动，一个人参加比赛。如果说初中高中还在集体的保护下，不懂孤独的苦，那么大学才是真正的"小社会缩影"，我们要乐于去接受它。

（武汉生物工程学院 2021 级工商管理专业　苏雯雯）

第三节
处理冲突

和以处众，宽以接下，恕以待人，君子人也。

——《省心录》

礼之用，和为贵。

——《论语·学而》

心灵故事

这天刘某和寝室同学一起值日，下课后到教室打扫卫生，刘某看到地上乱丢的垃圾，不满地嘟囔了几声，说丢垃圾的人太没素质。此时，在教室里自习的学生付某听到了，正巧付某边自习边在吃零食，听到刘某的话，付某认为刘某在骂自己，于是站起来和刘某理论，言辞激烈。刘某同寝室同学也站在刘某这一边讲付某的不对，付某激动之下，推了刘某一下，刘某不甘示弱，两人在教室里厮打起来。因刘某一方人多，付某打不过，付某认为自己被欺负了，就打电话约人帮忙，称一定要找刘某讨个公道。双方约好晚上在距校门外百米左右的废气工厂解决问题。事态发展到此时，刘某同寝室同学小王感觉到事态严重，及时向辅导员老师报告了此事，辅导员经调查，找到了付某的辅导员，两位老师及时就此事进行了沟通，并努力做自己本班学生工作，终于将一场冲突解决在"萌芽"之中。

大学生血气方刚，充满正义，但也容易被激惹，常因小小的误会而陷入争执，甚至发生恶性的斗殴事件。在日常生活中，人际冲突难以避免，很多同学就是因为不知道如何正确处理人际冲突，才使人际关系状况恶化。其实，发生人际冲突并不可怕，如果处理得当，人际冲突也可以成为双方增进了解的切入点。

● **心海泛舟**

一、人际冲突的含义

冲突是一种对立的状态，表现为两个或两个以上的相互关联的主体之间的紧张、不和谐、敌视，甚至争斗关系。人际冲突是指由于利益关系、观点不一、个性差异等引发的人际交往对象之间的紧张状态和对抗过程。冲突发生的原因是多种多样的，可能是各方的需要、利益不同，或者对问题的认识、看法不同，或者是价值观、宗教信仰不同，或者是行为方式、做事的风格不同，等等。总之，当相互关联的两个个体或者多个个体之间的态度、动机、价值观、期望或实际行动不兼容时，并且这些个体同时也意识到他们之间的矛盾时，个体间的冲突就发生了。

二、冲突的发展阶段

（一）潜伏期

当事人从内心知觉到有冲突发生，虽然尚未到爆发的那一刻，其实就已进入人际冲突的潜

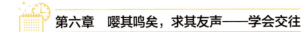

伏期。此阶段如果加强对冲突的侦测，就能预知或控制冲突的方向及程度，使其朝向建设性解决冲突的方向前进，进而减缓冲突的程度，使大家以较平和、理性的态度解决冲突。此阶段可使用温和、坚定与诚恳的态度处理事件，谈话中多用"我"字开头，少用"你"字开头等。

（二）爆发期

冲突爆发时，无论是口头还是肢体的冲突，都会对双方造成伤害。在此时，无效地处理冲突不如暂时不去处理，若能设法控制愤怒的情绪，让自己冷静下来，其实暂时"不处理冲突"就是最好的处理。学习接受无法接受的事情，不代表永远无法解决问题，我们需要一些时间来思考人生的难题。

（三）扩散期

人际冲突一旦"爆发"后，不要责备它、阻断它或否认它，要静观它的变化，思考对策，也许双方都有悔意，也许后面还有余震不断。留一些时间、空间，让彼此有个缓冲也很好，也许当初无法替对方保留颜面，现在或许可以慢慢释出诚意，看看对方的反应再做打算。

（四）解决期

这包括双方均满意的"双赢"结果，也包括"不解决的解决"，甚至结束一段令人伤痛的关系。总之，这是一个做抉择的时机，好让事情暂时告一个段落或有一个结束。所谓的"双赢"是"你好，我也好"，没有人吃亏。这是最理想的结局，但一般人很难放下身段，寻求对双方有利的解决之道。"不解决的解决"，其实就是学习接受无法接受的事情，要做到接纳不容易，但它往往是解决问题的一个不错的方法。所谓"无欲则刚""百炼钢化为绕指柔"，指的就是顽石点头，用一颗柔软的心，去接纳以前无法接受的事实。

94　三、人际冲突处理模式

第一种：（1）面临问题时有拖延及避免立刻处理的倾向；（2）倾向于不和他人眼神接触，即使自己知道这样做不对；（3）不和其他人讨论问题，因为害怕打扰他们；（4）避免批评任何人，因为不愿意伤害他人的感情。

此为逃避型：以退缩与压抑的形式呈现。常显现对冲突之人、事皆不开心的态度，无助于冲突的解决，只是避开冲突，逃避冲突，结果是我输/你输。

第二种：（1）试图实现一个目标，即使这会使他人付出代价；（2）有打断任何人讲话的倾向；（3）在其他人或者团队的目标之上，首先建立个人目标；（4）当觉得一件事情可能损害到自己的权威时，倾向于阻挡它。

此为竞争型：高度开心自己，低度开心别人，打倒对手求得胜利，此种冲突处理策略，结果是我赢/你输。

第三种：（1）倾向于避免探究利益方面的分歧；（2）情愿放弃自己的观点而不去辩护它，即使相信自己是对的；（3）确信上级的决定经常都是对的；（4）当与多数人观点矛盾时，倾向于放弃自己的立场。

此为让步型：低度开心自己，高度开心别人。将自我利益置于对方利益之下，是一种自我牺牲，结果是你赢/我输。

第四种：（1）当询问我的观点时，我愿给予一个可让每个人都满意的模糊答复；（2）我试图讨每个人的欢喜；（3）试图避免做出不受欢迎的决定；（4）认为与他人争执会产生不良后果。

此为妥协型：是一种折中方式，中度开心自己与别人，即双方各有让步，结果是半赢/半输。

第五种：合作型，即达成共识，高度开心自己与别人。借由面对面讨论的方式，共同思考解决问题的方法并达成共识，这是一种双赢的冲突处理模式，结果是你赢/我赢。

5种模式中，合作型最具建设性。逃避型或竞争型的人很可能损害与对方的人际关系；让步型的人，放弃自己的目标以顺应他人的要求；妥协型模式仍属于较具建设性的处理方式，虽有所退让，但也有获得，因此其人际关系较能维持。

心路导航

策略一：避免冲突

（一）确立正确的交往动机

亲和动机、亲社会动机和侵犯动机是 3 类主要的交往动机。前二者是积极的。亲和动机是指每一个学生都希望能够通过交往而归属到学校的一定群体里去，能够与其他同学和谐相处。如果缺乏亲和动机，就有可能使自己远离他人，产生严重的孤独感，经常与他人格格不入。亲社会动机是在交往中希望自己有益于他人的动机。而侵犯动机是在交往中有意害他人利益的动机，这种交往动机必将引起他人的反感，从而导致人际冲突。因此，在交往中必须消除此类动机，建立亲和动机和亲社会动机。

（二）相互理解，沟通顺畅

人与人之间相处主要是信息交流过程。无论是学生之间的冲突，还是学生与老师、领导之间的冲突，都需要沟通，要有"三颗心"——爱心、诚心和耐心。一是要有爱心，同学之间要相互关心，相互爱护。二是要有诚心，有意见分歧，要真诚地与对方交换看法，耐心地向对方了解详情并向对方解释事情的原委，即使自己认为错在对方，也要豁达大度，心怀坦荡。三是要有耐心，要耐心听取别人的意见，与别人平等交往，在沟通中也要坚持"己所不欲，勿施于人"的原则。不能将自己的意见和欲望强加于人，也不能企望通过损害他人的利益来满足自己的欲望。

（三）特点相似或互补

社会经历和态度的相似是人际吸引的重要因素。要努力寻找与他人在经历、居住地域、知识经验、价值观念、兴趣爱好、性格特长等方面的相似之处，使彼此有共同的感兴趣的活动，待在一起时有共同的话题。而在双方负有共同使命的稳定关系中，互补能使双方更具吸引力。如工作上的搭档、项目中的伙伴，都需要在性格上、角色分配和作用上取长补短，这样才能建立心理的和谐，相得益彰。

（四）注意分寸，把握好度

朋友之间的交往，有时难免"随便"，可是过于随便的交往，有时反而可能带来麻烦，甚至冲突。有的同学因为是朋友，就随便越位，如随便占有朋友的物品，未经许可就吃朋友的东西。对于这种越位，首先要尊重友谊，不要因为偶尔的不尊重越位而与朋友绝交。尽量避免正面冲突，可以以迂回曲折的方式婉拒朋友无意中的不尊重。同时，对于连朋友也不能越位的东西可以仔细考虑收藏好，以免发生不必要的冲突。另外，朋友之间的请客要求，要量力而行，不能打肿脸充胖子。可以向朋友直言自己的家庭情况，朋友通常不会强求满足，更不会视你为小气。而且一次婉拒后，以后不可能再发生类似的情况。

策略二：解决冲突应遵循的原则

（一）对事不对人

在发生冲突或争执时，将焦点只限于事情本身，客观分析冲突的起因与双方对错，不将冲突扩大化。人际冲突的起因大部分是一些生活琐事，而且双方都要承担一定的责任，也很难分清谁对谁错，所以如果将冲突的起因归于某人，双方只会相互攻击从而激化冲突，但这种错误的做法很容易被本能性地使用，我们一定要注意。

（二）给情绪降温，合理让步

在发生人际冲突时，双方都处于一种应激状态下，在这种状态下，双方很容易说出彼此中伤的话而造成无法挽回的局面。此时，做适度的让步不失为一种明智的选择，让步并不代表忍气吞声，把握好度也是一种智慧。

（三）当时当地解决冲突

发生人际冲突时，直面问题，坦诚以待，立即处理，而不要暗自较劲，更没有必要记仇。前面提到过，人际冲突的起因多半是小事，在当时如果双方直面冲突，彼此说出自己的真实感受，一般可顺利地解决冲突。但事实上，很多人当时都会选择逃避，几次逃避之后，小问题会积攒成大问题，到那时发生人际冲突就是算总账了，陈年旧事都有可能会翻出来，此时再处理就是难上加难，这是同学们务必要注意的一点。

策略三：解决冲突的步骤

（一）澄清、界定问题：了解双方冲突的焦点

有时人际冲突的发生，并非因为双方真正的差异，而是因为彼此对问题的认知有所差异而产生误解。因误解而产生的冲突，可以经由下列 3 个方法而降至最低。

（1）焦点集中。

（2）个人必须尝试理解对方的谈话。

（3）双方都有责任将讨论的焦点集中于问题本身。

（二）找出彼此的需求或愿望

双方将引发冲突的问题，予以澄清之后，必须进一步讨论每个人的需求或愿望，如果忽略此程序，双方将无法获得真正满意的结果，彼此的争执也不会就此终止。真诚地表达自己的需求或愿望，同时也必须要求对方表达他的需求和愿望。

（三）寻找可能的解决方法

当冲突的双方各自把自己的需求或愿望表达出来后，双方就必须一起努力来寻找各种可能的解决方法。

（四）达成共识

（1）当把所有能想到的解决方法都列出之后，双方就要仔细评估各个方法的优劣。

（2）找出当前两人最能接受的方法，达成共识之后，进一步确认双方所同意的协议，以及确定双方具有执行的诚意。

（3）开始执行。

（五）回顾与重新磋商

双方建立解决问题的共识之后，很容易假定从此"天下太平"。事实上并非如此，许多的协议因一方或双方无意或无法维持下去，而宣告破裂。此时，双方必须重新回顾他们的协议，并依上述步骤，再一次进行磋商。

策略四：处理冲突时要特别注意的事项

（1）以成年人的理性进行磋商。

（2）避免下最后通牒，阻碍沟通的继续。冲突双方沟通过程中，某一方为了迅速解决冲突，往往会给对方限制一个期限，限定对方在某个时间内一定要做出什么样的行为来弥补错误等。这种做法一般给对方一种居高临下的感觉，引起对方反感，不利于冲突的解决。

（3）有"如果一方输了，则双方都输了"的认识。产生冲突时，多数情况下，并不是单方面的过失或错误，而是冲突双方均有不可推卸的责任，只不过在于责任谁多谁少的问题。在解决冲突的过程中，要避免"自己绝对正确"或"错误全在对方"的想法，即使冲突确实以单方面的"完全无责任"形式而"解决"，所谓"过错"的一方也不是完全心服口服，而这也不

是真正意义上冲突的解决。

（4）表达自己真正的意思。产生冲突时，双方情绪都会有波动，也可能互相对对方产生不满情绪。这时，要尽可能用平静、客观、冷静的语气表达自己的想法，并且清楚地表达自己希望怎样解决问题，清晰地表达自己的愿望。避免情绪化，避免欲言又止让对方猜测。

（5）将焦点集中于问题本身及此时此地，避免责备或攻击对方，不要因为情绪而混淆了问题，也不要翻陈年旧账。解决冲突过程中，要着眼于当前的事情本身，要就事论事，站在双方立场进行客观分析。避免推卸责任、指责对方，甚至用言语、肢体语言攻击对方，这不利于冲突的解决。

（6）表达自己的情感，多以"我"或"我们"为开头来陈述事情，尽量避免以"你"作为开头。解决冲突时，要尽可能站在解决问题的高度来看待问题本身，切忌怀有私心。在表达个人意愿时，为避免称呼"你"时带给双方的距离感，可多用"我"或"我们"来表达自己的意愿，对方会感受到你非常愿意站在他的立场来考虑问题，同时也有解决问题的诚意。

（7）复述你所接收到的信息。当你不清楚对方所表达的意思或不是非常赞同对方的意见时，不要急于反驳或反问，尝试复述对方的话语或语言，并询问对方："你刚才表达的是这个意思吗？"一方面，复述可让你确认自己接收到的信息是否属实，自己是否误会了对方的意图；另一方面，通过复述可以让对方重新思量他所表达的观点是否客观、是否合理、是否不具备情绪性等，给对方一个自我反思的过程，同时也避免进一步的冲突发生。

（8）当冲突过于激烈时，可以喊"暂停"；或者当一方违反协商的规则时，另一方可喊"犯规"，暂时中断彼此的协商。解决冲突过程中，难免会遇到"卡壳"、难以沟通的情况，这时双方要冷静处理，避免进一步争执引发更大的冲突。

（9）适度使用幽默感或笑话，以缓解紧张的气氛。

（10）当双方试图使用沟通解决冲突时，必须先进行一些准备工作，确定双方都已准备妥当时，才能够进行讨论。如果某一方时间紧迫或相当疲倦或状态不佳，或双方讨论的时间太短，都可能阻碍沟通的顺利进行。

DESC 剧本

鲍尔兄弟在《坚持你自己》一书中介绍了一种处理人际冲突的独特方法，叫作"DESC 剧本"。DESC 指的是描述（describe）、表达（express）、细化（specify）和结果（consequences）。

1. 描述

在沟通的开始尽可能详细且客观地描述令你烦恼的行为。

"上次我帮你开门的时候，你说过你下次不会再忘记带钥匙了。"（当室友忘记带钥匙让你从图书馆回来帮他开门。）

"之前在班上和别的同学在一起时，你就直接在他们面前指责我。"（好朋友在不熟的朋友面前取笑你。）

2. 表达

说出你对这种行为的感觉和看法。

"你这样做让我很生气，感觉我老是因为你而打乱计划。"（对室友。）

"你这样做让我很丢脸很受伤。"（对好朋友。）

3. 细化

要求对方有一个不同的特定行为。

"我希望你下次能够记得带钥匙，如果你还是忘了，你最好再准备一个与我无关的 B 计划。"（对室友。）

"我希望你停止指责我，每次你想指责我时，我会提醒你。"（对好朋友。）

扫一扫

DESC

4. 结果

具体且简单地讲清楚你对于他们行为改变后的回报。有时候你也必须详细说明对方坚持不改变行为的负面结果。

"如果你这么做，我真的会很开心，其实我一直都觉得你是个很好的人，我愿意帮助你，但是不要总犯同一个错误。"（对室友。）

"如果你不再指责我的话我会感觉好很多，我也会注意自己的言行。"（对好朋友。）

有效使用这些方式的最佳办法是提前写好这些话并且在镜子前练习。练习几次之后你就能当场编出话来并顺利地表述。

现在就开始为你想解决和改变的一个冲突情境写出剧本：练习、表达、总结，努力提升你的自信心。

心理测试

大学生人际关系行为困扰测试

指导语：请根据自己的实际情况，逐一对每个问题做"是"或"否"的回答。为了保证测试结果的准确性，请认真作答。（本测试结果仅供参考，若有需要，请咨询专业人员。）

1. 关于自己的烦恼有口难开。（　　　）
2. 和不熟悉的人见面感觉不自然。（　　　）
3. 过分地羡慕和忌妒别人。（　　　）
4. 与异性交往太少。（　　　）
5. 对连续不断的会谈感到困难。（　　　）
6. 在社交场合感到紧张。（　　　）
7. 时常伤害别人。（　　　）
8. 与异性来往感觉不自然。（　　　）
9. 与一大群朋友在一起，常感到孤寂或失落。（　　　）
10. 极易受窘。（　　　）
11. 与别人不能和睦相处。（　　　）
12. 不知道与异性如何适可而止。（　　　）
13. 当不熟悉的人对自己倾诉他（她）的生平遭遇以求同情时，自己常感到不自在。（　　　）
14. 担心别人对自己有什么坏印象。（　　　）
15. 总是尽力使别人赏识自己。（　　　）
16. 暗自思慕异性。（　　　）
17. 时常避免表达自己的感受。（　　　）
18. 对自己的仪表（容貌）缺乏信心。（　　　）
19. 讨厌某人或被某人所讨厌。（　　　）
20. 瞧不起异性。（　　　）
21. 不能专注地倾听。（　　　）
22. 自己的烦恼无人可倾诉。（　　　）
23. 受别人排斥，感到冷漠。（　　　）
24. 被异性瞧不起。（　　　）
25. 不能广泛地听取各种意见和看法。（　　　）

26. 自己常因受伤害而暗自伤心。（　　）
27. 常被别人谈论、愚弄。（　　）
28. 与异性交往不知如何更好地相处。（　　）

计分标准

选择"是"的得 1 分，选择"否"的得 0 分。

结果解释

总分在 0～8 分之间，说明你与朋友相处困扰较少。你善于交谈，性格比较开朗，主动，关心别人。你对周围的朋友都比较好，愿意和他们在一起，他们也都喜欢你，你们相处得不错。而且，你能从与朋友的相处中得到许多乐趣。你的生活是比较充实而且丰富多彩的，你与异性朋友也相处得很好。一句话，你不存在或较少存在交友方面的困扰，你善于与朋友相处，人缘很好，能获得许多人的好感与赞同。

总分在 9～14 分之间，说明你与朋友相处存在一定程度的困扰。你的人缘一般，换句话说，你和朋友的关系并不牢固，时好时坏，经常处在一种起伏之中。

总分在 15～28 分之间，表明你与朋友相处困扰比较严重；如果总分超过 20 分，则表明你的人际关系行为困扰程度很严重，而且在心理上出现较为明显的障碍。你可能不善于交谈，也可能是一个性格孤僻的人，不开朗，或者有明显的自高自大、讨人嫌的行为。

本章习题

1. 什么是首因效应，在人际交往中如何运用首因效应？
2. 什么是投射效应？

99

第七章

调动心弦，聆听心音
——情绪管理

　　生活中，我们随时随地都会发生喜、怒、哀、乐等情绪的起伏变化，人的一切活动无不打上情绪的烙印。情绪像染色剂，使人的生活染上各种各样的色彩；情绪又恰似催化剂，使人的活动加速或减速进行。我们需要积极、快乐的情绪，它是获得幸福与成功的动力，使人充满生机；我们也会体验焦虑、痛苦等消极情绪，它使人心灰意冷，沮丧消沉，若不妥善管理，还可能严重危害身心。人的一生，就是这样游弋在情绪海洋中，在色彩斑斓的情绪世界里领略人生百味。古往今来，人们为此感叹，亦为此迷惑，不断提出一个古老又常新的问题：情绪究竟是什么？

● **本章学习目标**

- 了解情绪的基本含义、情绪的构成和情绪的功能。
- 了解大学生常见的情绪困扰，并对情绪状况进行自我评估。
- 掌握情绪管理和应对的策略与方法，学会排解消极情绪，做情绪的主人。

情绪表达

　　唯有恰如其分的感情，才最容易为人们所接受、所珍惜。

——蒙田

　　情绪和情感的作用以各种有趣的层次、形式和顾虑，生动地充斥生命的背景、节奏和味道之中，情绪使平凡、通常平淡无味而无人问津的生命产生个性。

——迈克尔·斯托克

心灵故事

进入大学后，想象中象牙塔的生活并没有到来，没有了高中时期明确的目标，渐渐地我开始迷茫……有段时间我变得非常沮丧，整个人陷入一种盲目的自我怀疑中，感觉体内有两个我，一个是充满力量、想要积极向上的我——白色的我，一个是特别"丧"、特别无力又非常消极的我——黑色的我。此时"白色的我"被藏在了一个黑洞里，睡着了，只有"黑色的我"在释放自己所有的坏情绪。

我无力改变，原本勤奋努力的我变得懒惰，我开始怀疑18岁以前那个乐观自信的我到底是不是真实存在的。我羡慕我的室友，她的生活真美好啊，社团的工作也做得好，还是老师信任的班干部，课余时间还去养老院做志愿者，她上学期还拿了奖学金……她的生活充满了阳光和鲜花，而我的好像只有阴霾和荆棘。

我羡慕自律的人生，但是我的桌子上堆满了书、日用品、吃剩的食物，我的衣服被胡乱地扔在床上、椅子上，鞋子、垃圾、杂物乱七八糟的，看起来就像一个杂货铺。这个凌乱的桌子仿佛就是我的人生。强烈的无力感湮没了我，我清楚我必须去做些事情，得去改变，不管什么先行动起来就行，但是我就是做不到，一种厌世的悲伤在心底像血一样铺满心脏，像火烤着心肝一样蔓延肆虐。我试着去控制这些悲伤的情绪，可是我发现好难。我想找人交谈，但是周围的人都很忙，于是我只好把自己封闭起来，尽量降低存在感，不去打扰别人。我不明白为什么会这样，也不知道该怎么办。

如果把情绪的能量比作水库，表达便是闸门。打开闸门，情绪将流淌出来，缓解水情，使情绪水位下降。当我们快乐时，如何表达？向谁表达？当我们生气时，如何表达？向谁表达？当我们痛苦时，如何表达？向谁表达？认真思考这些问题，是对自己情绪表达的一种整理和审视。

101

心海泛舟

一、什么是情绪

情绪是指人们对环境中某种客观事物和对象所持态度的身心体验。情绪有正面和负面之分。积极肯定的情绪是爱与温情、感恩、好奇心、振奋、热情、毅力、信心、快乐、活力、奉献、服务等；消极否定的情绪是嫉妒、愤怒、抑郁、紧张、狂躁、怀疑、自卑、内疚等。正面情绪对人生的成功发挥积极作用，负面情绪对人生的成功起消极作用。

一般而言，研究者比较认同人类具有4种基本情绪，即快乐、愤怒、恐惧和悲哀。

快乐是一个人期望和追求的目的达到后产生的情绪体验。由于需要得到满足，愿望得以实现，心理的急迫感和紧张感解除，快乐随之而生。

愤怒是需求受到抑制或阻碍，愿望无法实现时产生的情绪体验。愤怒时紧张感增加，有时不能自我控制，甚至出现攻击行为。

恐惧是当危险状况出现时，人们企图摆脱和逃避，而又无力应付时产生的情绪体验。所以，恐惧的产生不仅仅由于危机情境的存在，还与个人应对危机的能力有关。

悲哀是心爱的事物失去时，或者梦想破灭时产生的情绪体验。悲哀的强度取决于失去事物的价值，失去的东西价值越大，引起的悲哀也越强烈。一般把悲哀的程度分为遗憾、失望、难过、悲伤、悲痛。

二、大学生的情绪特点

丰富性和复杂性：大学生正处于青春期，面临学习、交友、恋爱等重大人生选择，情绪体验丰富、复杂，时而兴高采烈、踌躇满志，时而悲观沮丧、斗志全无，时而心静如水、无欲无求，时而热血沸腾、心高气盛。

稳定性和波动性：大学生的情绪年龄正处于未成年人向成年人转变的阶段，情绪日趋稳定，但与成年人相比，大学生的情绪带有明显的起伏波动性，有时会表现为大起大落、大喜大怒的两极性。

阶段性和层次性：新生面临的问题主要是环境适应、学习方法的改变、新目标的确立等问题，自豪感和自卑感混杂，放松感和压力感并存，新鲜感和恋旧感交替，情绪波动大。二、三年级的学生能够融于校园生活，情绪较为稳定。毕业班学生面临毕业论文（毕业设计）及择业等多方面的重大问题，压力大、情绪波动大，消极情绪多。

外显性和内隐性：大学生对外界刺激反应迅速、敏感，喜、怒、哀、乐常形于色，比起成年人较外露和直接。但由于自制力的逐渐增强，以及思维的独立性和自尊心的发展，他们情绪的外在表现和内心体验并不总是一致的，在某些场合和特定问题上，有些大学生会文饰、隐藏或抑制自己的真实情感，表现出内隐、含蓄的特点。如对于学习、交友、恋爱和择业等具体问题，他们往往深藏不露，具有很大的内隐性。

冲动性和爆发性：大学生正处于精力、体力旺盛的时期，血气方刚、激情四射，常因一件小事振奋不已、豪情万丈。同时，也会因为一个微小的刺激怒发冲冠、言行过激，语言、行动极富攻击性。

三、情绪表达

情绪表达是指在不同情境下通过恰当方式准确表达适当情绪，包括生理表达和心理表达两个方面。生理表达主要体现在呼吸系统、循环系统、消化系统和腺体活动的变化上，如愤怒时血压上升，焦虑时心跳加速、注意力涣散、肌肉紧张，郁闷时食欲不振等。心理表达是通过认知、表情、言语、行为等方式表达的，这是一种有意识的行为，可以进行主观调节和控制。

102

● 心路导航

策略一：觉察自己的真实感受

任何情境下都要保持清醒，了解自己的真实感受，并让别人也意识到我们的感受，而不能放纵情绪随意发泄或情绪失控伤害他人，这样才能进行有效的交流和沟通。

（一）制作心情谱

首先，用铅笔在白纸上画一条直线，像我们小时候画过的"数轴"，然后从左到右在直线上平均画出 10 个刻度，分别写上 1～10 的数字。

接着，把你认为的坏心情用熟悉的词汇描述一下：痛苦、忧伤、悲哀、愤懑、沮丧、烦躁或郁闷。再用同样的方法表达心情一般的时候：麻木、索然无味、平淡或宁静。最后，让我们满怀憧憬，想象一下你所期待的好心情：欣慰、满足、愉悦、感恩、激动、兴奋，乃至幸福。

从这些词汇或你认为更合适的词汇中挑选 10 个，以你的理解，按照不同程度的心情由低向高排列，并标注在相应的数字刻度下。

例如，1 痛苦、2 沮丧、3 郁闷、4 索然、5 平淡、6 宁静、7 欣慰、8 愉悦、9 兴奋、10 幸福。

评价一下你现在的心情，请在"心情谱"上选择与你心情相对应的词。如刚遭遇不幸，非常痛苦，你的心情指数就是 1；若是觉得"没劲"，情趣索然，你的心情指数就是 4；假如衣食无忧、家庭和睦，心情介于宁静与欣慰之间，你的心情指数就是 6.5；要是受到表彰，比较兴奋，你的心情指数就是 9。

除了可以测量心情指数，你还可以通过这个"心情谱"来了解自己的心情特点。

如果你的心情指数波动不大，比如从平淡、宁静到欣慰，或在郁闷、索然、平淡之间徘徊，心情指数维持在连续的 3 个数内，则说明你的情绪相当稳定。如果你的心情指数经常在连续的 4 到 6 个数之间波动，则说明你的心情感受较为丰富。

如果你的心情指数在更大范围间波动，跳跃幅度较大，如可以感受到深深的痛苦，也能够体验到莫大的幸福，或者忽而沮丧，忽而兴奋，那就表明你比较敏感，情绪不够稳定。

通过"心情谱"还能了解人的心情背景：如果心情指数经常在 5 以上，则表明你的心情背景较为明朗；如果心情指数经常低于 5，那就表明你的心情背景比较阴郁。

（二）撰写情绪日记

记录整理每天的情绪，增加对情绪的认识和觉察，每天清晨醒来，在情绪词汇表（见表 7-1）中勾选出自己的情绪状态；晚上睡前再记录一次，并将当天较为明显的情绪事件记录下来。这个方式可以让我们定时觉察自己当时的情绪。若能进一步辨识当时情绪的内涵，记录情绪产生的原因，不仅能增强情绪的觉察能力，也能洞悉情绪与事件、想法之间的因果关系。

表 7-1　情绪词汇表

喜爱	开心	信任	恐惧	惊讶	悲伤
畏惧	屈从	快乐	期待	愤怒	厌恶
失望	懊悔	蔑视	攻击	乐观	爱
分心	忧虑	接受	宁静	兴趣	屈从
忧伤	厌烦	生气	警觉	狂喜	赞赏
恐怖	惊愕	悲痛	憎恶	狂怒	安心
焦虑	失望	容忍	同情	赞同	幸福
抱怨	自信	忧愁	难受	勃然大怒	恐慌
伤心	痛苦	忧郁	舒服	精力充沛	仇视
别扭	窝火	压制	无能感	自卑	反感
丢脸	内疚	可疑	佩服	激动	顺心

我们还可以根据每日情绪记录，编制每周的情绪温度表（见表 7-2）。

表 7-2　一周情绪温度

	上午	下午	晚上
星期一	欣喜	甜蜜	舒心
星期二	黯然伤神	勃然大怒	伤感
星期三			
星期四			
星期五			
星期六			
星期日			

（三）了解情绪反刍

情绪反刍是对各种无名之火、莫名之躁，甚至各种疾病痛苦或悲剧快感之象征意义的溯本求源，慢慢体味、细细咀嚼自己过去所曾经体验到的各种情绪。对情绪的倒嚼可以使一个人变得心平气和、性情陶然。我们可以以情绪类型、时间、地点、环境、人物、过程、原因、影响等为项目，为自己列一个情绪记录表，连续地记录自己的情绪状况，利用记录表反思自己的情绪：为什么会有这样的情绪？这种情绪的原因是什么？有什么消极的负面影响？今后应该如何消除类似情绪的发生？如何控制类似不良情绪蔓延？

如我们只是隐约感到不开心，至于"不开心"是什么，却心中无数，我们可以运用下面的方法觉察自己真正的情绪。

今天发生的主要事情：＿＿＿＿＿＿＿＿＿＿＿＿＿＿＿＿＿＿＿＿＿＿＿＿＿＿。

哪件事情让我感觉不开心？＿＿＿＿＿＿＿＿＿＿＿＿＿＿＿＿＿＿＿＿＿＿＿＿。

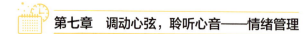
这种不开心具体是气恼、悲哀、肝肠寸断、担心、惊慌还是其他？＿＿＿＿＿＿＿＿＿＿＿。

我对这件事情的解释是＿＿＿＿＿＿＿＿＿＿＿＿＿＿＿＿＿＿＿＿＿＿＿＿＿＿＿＿＿。

我的真实感觉应该是＿＿＿＿＿＿＿＿＿＿＿＿＿＿＿＿＿＿＿＿＿＿＿＿＿＿＿＿＿。

策略二：表达自己的感受

（一）向自己表达

1. 适当哭一场

哭是自我心理保护的一种措施，它可以释放不良情绪产生的能量，调节机体的平衡。哭是解除紧张、烦恼、痛苦的好方法。许多人哭一场过后，痛苦、悲伤的心情就会减少许多，想事情也容易想通，不会再钻牛角尖了。但还要注意，有时候哭得太久会有损记忆力和注意力，甚至降低免疫力，还是要"见好就收"。而如果你总是无法控制悲伤的情绪，总爱哭个没完，那你就要找找原因了。这种情况表明你需要冷静下来，去客观地面对现实。

2. 大声地喊一回

当人内心压抑、心有不平时，会感到心中闷着一股气，不发泄出来便不舒服，这时，可以参考某些电视或电影镜头，到旷野、海边、山上大声地呼喊。通过急促、强烈、无拘无束的喊叫，将内心的积郁发泄出来。这种方法可以使身心处于良好状态，心理达到平衡。放声高歌也是一种消除不良情绪的有效手段。当心情不好时，展开歌喉，来一段表达此刻心情的歌曲，也是不错的情绪表达方法。

3. 冥想

冥想时，闭上眼睛，放上音乐（可有可无），将感官转向内部，观察我们自己，无外界的干预，不控制思想，容许任何思想、情绪出现，这样情绪就可以迅速得到表达。通过冥想，我们能观察到这些情绪的根源，从而溶解它们。

4. 奋笔疾书

有时我们不知道向谁诉说情绪，或感觉说出来不好，那么就把自己心中的委屈、烦闷、气愤等都痛快淋漓地写出来，可采用诗歌、小说、日记等形式，让它们流露于笔端。写完了再念几遍，让心中的闷气都发泄出来，气消之后，把它撕掉，不留痕迹。

5. 绘画、舞蹈

有些情绪难以用语言表达出来，因为那个情绪太痛苦、太强烈，以致我们不想用语言表达出来，此时我们可以通过非语言的方式进行表达。

绘画表达：我们不需要是画家，不需要学绘画，只需一张白纸，一些颜料，不要刻意去画花、画山，容许我们的心选择任何颜色，移动手指随意画，不论画出来的是什么，哪怕是线条、圆圈、涂鸦，都没关系。如果我们刻意去画某个东西，意味着正在强迫自己的心，而如果容许我们的心自由表达，画完后，就会发现有些情绪已得到缓解。

舞蹈表达：关上门，放上喜欢的音乐，不论何种音乐，只要喜欢就行，容许自己按自己的方式随意舞蹈，跳、跑、蹦……我们不是在跳某个特定的舞蹈，而是容许自己的身心做其想做的情绪表达，使心情放松。

（二）向他人表达

1. 言语表达

言语表达就是找一个热心、耐心、公正、宽厚、有见识，对自己又比较了解的人谈谈心，把自己心中的话痛痛快快地倒出来，并得到对方的劝导。使用言语表达要注意以下几方面。

（1）善用"我信息"。"你的做法伤害了我""你伤透了我的心""你的做法让我失望"……这种"你信息"的表达方式容易引起对方反感，像在责备、批评、抱怨。我们可以用"我信息"

来清楚表达内心感受，如"我觉得很伤心""我有点接受不了你的做法""我有些失望"……这样更易引起对方反思，获得对方的理解和谅解。

（2）使用精确的情绪形容词。如果你说"我感觉很糟"就不够明确，若改为"我觉得生气""我感到失望"就精确很多。

（3）说明原因。明确说明导致这种情绪的缘由，以加强对方了解因果关联性，并且避免被认为在无的放矢。如"我会很生气你这样对我"，因果关系不够清楚。"因为我发现你跟别人说了有关我的不实消息，所以我觉得很生气"，沟通起来就清楚多了。

（4）局限时间点。情绪状态是会发生改变的，"我很恼火你乱说话"，就忽略了点明时间点；而"当我发现你告诉别人有关我的错误信息时，我当时觉得很生气"，就聪明地局限了时间点。

（5）不做评论式的人身攻击，如"你恶意中伤我"；只做中性的行为描述。如"你告诉别人一些关于我的错误消息"。如此一来既能清楚地表达自己，又能避免激怒对方，这样才会圆满达成此次情绪表达的最终目的。

2. 非言语表达

与说话相比，肢体语言携带更多的信息，可以传递更为丰富和精准的情绪体验，别人也可由之辨识出我们所表达的心境。

其实，不同情绪的表达，分别由面孔的不同部位来决定：悲哀情绪显现在眼睛，快乐与厌恶表现在嘴部；惊愕的表情由前额显示，而愤怒的情绪则表现在整个面孔上。

脸上的眉毛、眼睛、嘴更能表示极为丰富细致而又微妙多变的神情。皱眉：不同意、烦恼，甚至盛怒。扬眉：兴奋、庄重等多种感情。眉毛闪动：欢迎或加强语气。耸眉的动作比闪动慢，眉毛扬起后短暂停留再降下，表示惊讶或悲伤。

人的眼睛最能表露人内心的隐秘和激情。正如一首小诗中所说："眼睛是心灵的窗口，不会隐瞒更不会说谎。愤怒飞溅火花，哀伤倾泻泪雨。"眼睛的直径约为 2.5 厘米，不仅是人体中较小的器官，而且是生长变化最少的，但它的表情达意却是极为微妙的。一般而言，眼睛正视表示庄重，仰视表示思索，斜视表示轻蔑，俯视表示羞涩。同时它有个显著特点：看到很喜欢的人或事物，瞳孔会异常增大；看到不喜欢的人或事物，瞳孔则会缩小。一个男性看到自己喜欢的异性时，瞳孔会瞪得比平时大一倍。

在面部表情上，嘴的作用亦不可轻视。嘴唇闭拢，表示和谐宁静、端庄自然；嘴唇半开，表示疑问、奇怪、有点惊讶，如果全开就表示惊骇；嘴角向上，表示善意、礼貌、喜悦；嘴角向下，表示痛苦悲伤、无可奈何；嘴唇撅着，表示生气、不满意；嘴唇绷紧，表示愤怒、对抗或决心已定。

策略三：适时伪装自己的情绪

情绪伪装是个体情绪体验与情绪表现不一致的行为。在有些情况下，我们需要伪装情绪，以符合情境和社会要求。通常可以通过两种方法伪装情绪。

一是表面行为表达。伪装情绪的行为表现，如手势、音调、音高、面部表情等，传达的情绪体验并非自己真实的情感反应。如我们对某同学讲述的内容并不感到惊讶，但为了表示我们对他的理解，我们可以佯装面容失色或惊叫不止。

二是深度行为表达。我们可以主动调整自己，激起或压抑某种情绪，使自己的真实情绪体验接近特定情境并表现出与之相吻合的情感反应。如某同学得了重病，我们很难过，但为了鼓励他（她）与病魔做斗争，我们要表现出轻松、有希望，而不是悲痛、失望。

当然，情绪伪装过犹不及，要注意场所和对象，过后要及时把压抑的不良情绪表达出来，以免影响身心健康。

心情日记

一首歌的时间哭泣

心情上的淫雨霏霏总是很难避免，或许是一瞬间的感伤，或许是积压了许久的心情释放。常常会有这样的感触，胸口沉郁，身边又没有人可倾诉，或许那时，我们都需要一个突破口。

常有人说，哭泣也要定好闹钟，悲伤拖得太久会影响以后的幸福。这是在那一段压力过大的日子里学到的技能，哭泣的确是一剂良药，可以舒缓我们内心的郁结。而怎么哭，却也是我们应该学习的技巧。

哭泣的时间不能太长，眼睛肿起来的时候一整天都会不舒服。哭泣的声音不能太大，嘶哑的嗓子会带来一阵阵剧烈的咳嗽。涕泪横流是最真实的画面，抽抽搭搭的模样仿佛很惹人爱怜，然而事实是一阵阵擤鼻涕的声音让人无可奈何。宣泄情绪时，哭泣的成本最低，有节制的哭泣也不会太伤害身体，这个方式恰是最好的选择。

这是我的方式。能忍住泪水叫坚强，能合理释放泪水也是坚强。我会找一个幽静的地方，但不能离人群太远，旁边要有水龙头或其他水源，身上要有足够的纸巾。总喜欢用音乐塞住自己的耳朵，从第一个旋律开始，泪水随着歌声慢慢流，最后一句歌词慢慢消失时，脸上的泪痕已经斑驳。仿佛哭的是那一段哀伤的音乐，真正痛苦的事，往往要借助外力才能宣泄。擦干泪水，洗一下脸，拔掉耳机，又是一个新的开始。

哭泣，在一首歌的时间。心已经酸了，就没必要让眼睛也继续难受下去。记得哭泣时，不要太折磨自己。

（武汉生物工程学院 2021 级汉语言文学专业　云水）

第二节

情绪调控

谁控制了情绪，谁就能掌控一切。

——乔治·布什

情绪的波动对有些人可以发挥积极作用，那是因为他们会在适当的时候发泄，也在适当的时候控制，不任它们泛滥而淹没了别人，不任它们淤塞而使自己崩溃。

——罗兰

心灵故事

一个懂得控制自己情绪、调节自己心态的人从不会为小事纠结，而是用自己的方法疏导开解自己，所以，有时候在情感方面为难自己的不是别人而是自己。

就像我隔壁宿舍有 3 个女孩子，她们经常 3 人同行，刚开始都还好，都会比较客气，相互关心，没什么隔阂，可随着时间的推移，有一个女孩子产生了融不进去的感觉。这个女孩常试着去融入她们，可是失败了，也许是因为她不会表达吧，但每次看到她们玩闹时，这个女孩总会感到孤独。就算她们过来找这个女孩，这个女孩也会觉得是她们可怜自己。然而这几天女孩总是情绪低落，把自己弄得身心疲惫，甚至还会一个人躲着哭泣。

这天女孩给妈妈打电话诉说情况，妈妈告诉女孩："你不必围着她们转，你有自己的小世界呀，融不进去就不要逼自己嘛，对不对。"女孩听了妈妈的话，心想：是啊，我没必要围着她们转，为什么一定要融入呢？就这样保持一种平衡的关系也是不错的呀。

这种感觉可能会在多个朋友一起玩时出现，她们在一起聊得火热，然而就你插不上话，这时你会感到非常孤独吧。所以，有时就是我们走不出情绪的结，陷入其中，被它左右，自己没有进行理性思考。

情绪调控是身心健康的"护航者"，是良好的人际关系的"润滑剂"，是健全人格的"塑造者"，是创新能力的"激发器"。大学生虽然受"象牙塔"的保护，却时常陷入情绪起伏变动的漩涡之中，做好情绪调控是大学生的必修课。

● **心海泛舟**

一、情绪管理及大学生常见情绪困扰

情绪管理就是通过自己对情绪的觉察，一方面要控制好自己的情绪，不能毫无节制地表达；另一方面则是以各种建设性的方式调节情绪，使自己能够很快从负性情绪中恢复过来。

一般来说，大学生常常有以下几种情绪围拢。

愤怒：愤怒是由于客观事物与我们的主观愿望相违背，或愿望无法实现时，我们内心产生的一种激烈的情绪反应。愤怒会使他人感到紧张、压抑甚至狂躁。

抑郁：抑郁是一种感到无力应付外界压力而产生的消极情绪。抑郁的表现有：压抑、苦闷；负面自我评价，无价值、无意义，悲观失望，缺乏兴趣，依赖性强；反应迟钝、活动水平下降；回避交往；体验不到快乐，自卑、自责、自罪；身体反应（失眠、食欲下降、言语及动作迟缓、乏力、面色灰暗、哭泣、叹息等）等。

焦虑：焦虑是当我们预料会有某种不良的后果而产生的不安的感觉，或是自尊心受到潜在威胁时产生担忧的心理，有忧虑、烦恼、害怕、紧张等情绪体验。

冷漠：冷漠就是指对外界的事物缺乏相应的情感反应，具有对凡事漠不关心、冷淡、退让的消极情绪体验。在行为上常表现为对生活缺乏热情，对集体活动漠不关心，对周围的同学态度冷漠，对学习应付了事、缺乏兴趣，大多独来独往，十分孤僻。

嫉妒：嫉妒就是当别人在某些方面，尤其是我们看重的方面胜过自己时，产生的带有忧虑、愤怒和怨恨体验的复合情绪。

孤独：孤独就是我们感到自身和外界隔绝，或受到外界排斥而产生的孤伶苦闷的情绪反应。轻微的孤独给人留下了思考的空间，但如果孤独感经常出现且持续较长时间，则会使个体封闭自己，在行动上被动、退缩，从而影响学习和生活，甚至产生一些心理问题。

二、大学生情绪健康的标准

（1）开朗、豁达，遇事不斤斤计较。

（2）及时、准确、适当地表达自己的主观感受。

（3）情绪正常、稳定，能承受欢乐与痛苦的考验。

（4）充满爱心和同情心，乐于助人。

（5）正确地认识自己和他人，人际关系良好。

（6）对前途充满信心，富有朝气，勇于进取，坚韧不拔。

（7）善于寻找快乐、创造快乐。

（8）能面对现实、承认现实和接受现实，善于把个人需要与社会的需求联系起来。

● **心路导航**

策略一：消除不良认知

临床心理学家阿尔伯特·艾利斯在 20 世纪 50 年代创立了理性情绪疗法，其核心是去掉

非理性的、不合理的信念，建立合理信念。非理性信念的特点是绝对化、过分概括化、糟糕至极。

绝对化：以自己的意愿为出发点，认为某一事物该发生或不该发生。通常与"必须""应该"这类字眼相联系，如"我必须成功""别人应该公正地对待我""他应该对我好""宿舍关系必须融洽"等。

过分概括化：以偏概全，以一概十。一方面对自己不合理评价，如一遇挫折便认为自己"没用""是失败者""一无是处""一文不值"等，一遇到不幸便认为自己"前途渺茫""无路可走"；另一方面是对别人不合理评价，即别人稍有过失就认为他很坏、一无是处等，会导致一味责备他人而产生敌意和愤怒情绪。

糟糕至极：认为某件事情发生了，必定会非常可怕、糟糕透顶、非常不幸，会有"一旦出现了……天就要塌了""再没有比这更可怕的了"的想法。

我们可以按照表 7-3 中的方法与自己辩驳，有意识地改变自己的不良认知，建立合理信念。

表 7-3　辩驳不合理信念示范

不合理信念	辩驳	合理信念
一个人应被周围的人喜欢和称赞，尤其是生活中重要的人	这是不可能实现的。人的一生中，不可能得到所有人认同，即便是家人、亲密朋友等对自己很重要的人，也不可能永远对自己持一种绝对喜爱和赞许的态度，更何况人不是为了他人的喜欢和称赞而活，人活着是为了自己	一个人只要不被周围所有的人否定和排斥，就可以肯定自己是受欢迎的
一个人必须能力十足，各方面都有成就，这样才有价值	这是不切实际的目标。"金无足赤，人无完人。"世界上根本就不存在一个十全十美、永远成功的人。一个人可能在某些事上较他人有优势，但在另外一些事上，却可能不如他人。虽然他以前有许多成功的境遇，但他无法保证在每一件事上都能成功。持有这样信念的人，不得不为永远无法实现的目标而徒自伤悲	人的精力是有限的，能在某些方面上有所成就，人生就是有价值的
当事情不如意时，是很可怕，也是很悲惨的	"人生不如意事十之八九。"一个人不可能永远成功，生活和事业上的挫折可以说是家常便饭，关键在于你如何对待它。如果一遭受挫折就感到十分可怕，那么只会导致情绪困扰，使事情更加恶化。如果遭受挫折会仔细分析并寻求解决的办法，那么挫折将会是一笔无形的人生财富	受挫是很正常的事情，没有什么可怕的。不喜欢某事可以试着去改变它，如果无能为力，那就试着接受它
我们必须非常关心危险可怕的事情，而且必须时刻刻忧虑，并注意它可能再次发生	对危险和可怕的事物有一定的心理准备是正确的，但过分忧虑则是非理性的。因为坚持这种信念只会夸大危险发生的可能性，使人不能对其进行客观评价、正确面对并有效解决。杞人忧天只会使生活变得沉重而缺乏生气，导致整日忧心忡忡、焦虑不已。与其担忧不如置之不顾，将精力花在当前需要解决的事情上	对危险可怕的事情要有一定的心理准备，但是不可过分忧虑
人生中的每个问题，都有一个正确而完美的答案，一旦得不到答案就会很痛苦	人生是个复杂多变的过程，人生的问题总是层出不穷，有些问题有明确的答案，有些问题不一定有答案，有些即使有也不一定有正确而完美的答案，对任何问题都寻求完美的解决办法是不可能的事。如果坚持要寻求某种完美的答案，只会使自己感到迷惑、失望和沮丧	并不是所有的问题都会有正确而完美的答案，对于那些没有确定答案的问题不必穷究到底，更不必因为得不到完美答案而痛苦伤心。但求够好，不求最好

策略二：自我平衡情绪

（一）自我安慰

这种情绪调节方法主要是当我们追求某个事物而不能实现时，为了减少内心失望，找一个借口或理由，以缓解矛盾冲突，消除焦虑、抑郁、烦恼和失望情绪。自我安慰分为酸葡萄式和甜柠檬式两种具体形式。

酸葡萄式："酸葡萄"一词源自寓言《狐狸与葡萄》。狐狸因得不到自己想吃的葡萄，就说葡萄是酸的，根本没法吃。这个寓言用来比喻人们对于自己想要但又得不到的东西，就故意说它不好，从而弱化其意义和价值，以起到平衡心态的作用。

甜柠檬式：即我们对于自己的某种行为明知不妥，但又不愿意承认，只好找出各种理由来增加行为的合理性，以获得自我安慰，减轻心理压力。正如花钱买了柠檬，吃到嘴里是酸的，但还得想办法证明自己的行为是正确的，所以只得说"加点糖就甜了"。

（二）积极的心理暗示

暗示对人的情绪乃至行为有奇妙的影响和调整作用，既可以用来缓解过分紧张的情绪，也可以用来激励自己。当我们产生负性情绪时，可以通过给自己积极的心理暗示来化解不良情绪。我们可以对自己说如下话语。

"我能行！"

"我一定能够成功！"

"我看好我自己！"

"我不怕别人讥笑，我走我的路！"

"我对自己有信心。"

"事情会进展得很顺利。"

"我对未来十分乐观。"

"我看事情要乐观些。"

"没有什么可担心的。"

"一切都会好起来的。"

"我不会因为这件小事跟自己过不去，让自己焦虑难过。"

"光生气对事情是没有帮助的，我要平静下来思考解决办法。"

"想到那些快乐的事情，感觉真好。"

（三）转移注意力

转移注意力就是把注意力从引起不良情绪反应的刺激情境转移到其他事物上或从事其他活动的自我调节方法。

转移注意力可以通过改变注意的焦点来达到目的。当自己情绪不好时，可以做一些自己平时感兴趣的事或活动，如打球、下棋、听音乐、看电影、读报纸等，使自己从消极情绪中解脱。另外，还可以转移话题（如"咱们谈点别的吧""咱们出去走走吧"）或回忆自己高兴、幸福的事，使消极情绪转移到积极情绪上去。

转移注意力还可以通过改变环境来达到目的。当自己情绪不理想时，到室外走一走，到风景优美的环境中玩一玩，会使人精神振奋，忘却烦恼。如果能够改变一下自己所处的环境，也可以使情绪得到改善，如收拾一下房间、改变一下格局、点缀一些花草，都不失为好办法。

（四）音乐调节

音乐对神经结构，特别是对大脑皮层有直接影响。不同乐曲作用于人的感觉器官，乐曲的旋律、速度、音调等不同，可分别使人产生镇静安定、轻松愉快、活跃兴奋等不同作用，从而能调节情绪，因此音乐也被称作情绪的调节器。当然，情绪不同时，选择的乐曲也有所不同（见表7-4）。

表7-4　乐曲－情绪搭配表

情绪	适合乐曲
郁郁寡欢，极度压抑	宜听旋律流畅优美、节奏明快、曲调欢乐的乐曲，如《流水》《黄莺吟》《百鸟朝凤》《步步高》《喜洋洋》等
焦虑不安，手足无措	宜听旋律清丽高雅、节奏缓慢、曲调悠然、风格典雅的乐曲，如《平湖秋月》《雨打芭蕉》《姑苏行》等
七窍生烟，怒不可遏	宜听旋律优美、恬静悦耳、节奏婉转的乐曲，如《春江花月夜》《平沙落雁》《塞上曲》等
心神不宁，失眠多梦	应多听节奏少变、旋律缓慢、清幽典雅的乐曲，如《幽兰》《梅花三弄》《二泉映月》等
情绪低落，萎靡不振	宜听意境广阔、充满活力、气势宏大、激昂回荡的乐曲，如《蓝色多瑙河》《卡门》《渔舟唱晚》等
心情浮躁，情绪紧张	宜听宁静清爽、舒缓柔美、超凡脱俗的乐曲，如《小夜曲》《高山流水》《阳关三叠》等

（五）正念练习

正念的意思是以一种特定的方式来觉察，即有目的地觉察，在当下不做任何判断，使人的思想不再漫无目的地发散、妄想，而是把内在和外在的意识体验专注于当下的事物。

常见的正念练习法有以下3种。

1. 身体扫描

身体扫描是将身体感觉作为观察对象的正念练习。练习时，以不评判、好奇和开放的态度，依照一定顺序陆续感受和体验身体各部分的感觉。无论体会到舒服或不舒服的感觉、是否体会到感觉，都无须评判好坏；发现自己分心后，将分心视为练习的一个部分，然后温和地把注意力重新带回身体扫描练习上来。

2. 觉察呼吸

觉察呼吸是将呼吸作为观察对象的正念练习。练习中，轻松地体会呼和吸，体会呼吸的过程和变化，留意呼吸之间的停顿；无须调整呼吸，只是觉察呼吸，并且接纳当下呼吸的状态；在发现自己分心后，将分心视为练习的一个部分，然后温和地回到练习上来。

3. 觉察想法

觉察想法即把想法作为观察对象的正念练习。练习时，一般以觉察呼吸开始，然后将注意放在了解自己内心的想法上，觉察想法的形成、发展和消失，能觉察到什么就觉察什么；将想法作为内心的主观事件，接纳所出现的任何想法，无须评判想法好或不好。觉察想法时，通常可以留意与想法相关的情绪和身体感受。

（六）腹腔呼吸法

扫一扫

腹式呼吸

当我们生气时，呼吸变得短而急促，吸入的氧减少，血液中的含氧量减少，大脑里的氧气也会减少。这时，我们就会更加冲动，容易出现消极行为，如愤怒、咆哮、攻击他人等。用腹腔呼吸法可以缓解，具体方法如下。

首先，大家找一个舒适的姿势，跟随指导语进行腹式呼吸。请大家缓慢地吸气，感受空气由你的鼻腔进入你的肺部再到你的腹部，屏住呼吸几秒，同时轻柔地告诉自己，自己的身体充满了平静。呼气，用嘴巴呼出，感受空气由腹部到你的肺部，再从嘴巴呼出的过程，同时轻柔地告诉自己，现在自己的身体正在释放紧张。如此循环 5 遍以上，紧张就会慢慢地远去。

（七）理性升华

理性升华就是我们通常所说的化悲痛为力量，即将痛苦、烦恼、忧愁、悲伤等不良情绪转化为积极的有益行为，产生积极情绪。歌德在失恋后积极投身于创作，写了《少年维特的烦恼》；战国时期孙膑被砍去双脚后，怒而发愤，写出《孙膑兵法》；司马迁在遭受宫刑后，完成《史记》等。

策略三：寻求社会支持

（一）倾诉

当个体处于不良情绪时，他人的帮助和支持可以使其恢复信心。大学生要重视家庭生活，重视和亲朋好友的交往，重视与班级同学和寝室同伴的关系。生活中的烦恼是常事，把所有的烦恼都闷在心里，只会令人抑郁苦闷，有害身心健康。如果把内心的烦恼向他人倾诉，得到劝告与抚慰，有助于使烦恼烟消云散，满足心灵慰藉的需求。

（二）专业心理咨询

有些时候，我们需要专业人员——心理咨询师的帮助和支持，帮助我们用合理的和无偏见的方式来梳理情绪，以防长期的不良情绪给身心造成巨大伤害。

情绪和关系

人品的最低处，可以看出一个人值不值得交往。

情绪的最低处，可以看出一个人容不容易相处。

情绪稳定是一个人内心强大和成熟的标志，情绪稳定的人往往不会患得患失，拥有良好的心态，从而容易和他人建立良性的稳定的关系。在一个良性的稳定关系里，双方懂得克制坏脾气，不会用情绪绑架对方；双方有心意相通的默契，能够相互扶持一同渡过情绪的低谷。和懂得照顾别人情绪的人在一起，能够让人感到安心自在。

很多时候，关系都是被情绪破坏掉的。正如一句话所说："发脾气就像扔炸弹，会使人辛苦搭建的爱和信任的大楼，顷刻间坍塌。"一个情绪不稳定的人相处起来会非常困难，当他控制不住情绪，或者对方的一些行为对他产生刺激时，他很容易用暴力来处理情绪。每一次随意释放出的坏情绪，都会让你和他人的距离拉开一段，最终身边的人会因为忍受不了你的坏情绪而选择离开。

处理情绪首先要"意识到自己处于哪种情绪中"，一旦你发现自己的情绪出现波动的时候，告诉自己：情绪不能解决问题。你还可以通过"延迟判断"来调节情绪，当你处于愤怒、沮丧、悲观等负面情绪时，先不要做决定，因为情绪往往会影响你判断的准确性。通过积极的心理暗示、转移注意力、音乐调节、放松训练等方法去调节情绪，把不可控的情绪转变为可控的情绪，从而改善和他人的关系。

心理测试

情绪稳定性自测

指导语：请分析表7-5中的各题，并做出判断，表示肯定的记1分，表示否定的记0分。

表7-5　情绪稳定性测试题

题目	是	否
1. 即使发生了不快，也能毫不在乎地去思考别的事情		
2. 不记小隙，经常保持坦诚的态度		
3. 做任何事都有具体可实现的目标		
4. 遇到担心的事情，喜欢写在纸上进行分析		
5. 失败时也注意仔细思考，反省原因，不会愁眉不展		
6. 具有休闲自娱的爱好		
7. 发生问题时，常常倾听众人的意见		
8. 工作学习能有计划进行，遇挫折不气馁		
9. 无路可走时，往往改变生活的形式、节奏		
10. 在工作和学习上，尽管别人高于自己，仍然我行我素		
11. 常常满足于微小的进步		
12. 乐于一点一点地积累有益的东西		
13. 很少感情用事		
14. 尽管很想做某件事，但不可能时也会打消念头		
15. 往往能理智周密地思考和判断问题，不拘泥于细枝末节		

结果分析

0～3分：情绪很不稳定，有可能是神经质，患得患失。
4～6分：情绪不太稳定，常常拘泥于一些小事。总是忙忙碌碌，耗费心机。
7～9分：情绪一般化，时好时坏。对于一些重大事情，自己不能做出决策。
10～12分：情绪比较稳定。擅长处理问题，不拘细节，胆大心细。
13～15分：情绪非常稳定，能沉着大胆地处理任何事，而且从不畏惧困难。
（本测试结果仅供参考，若有需要，请咨询专业人员。）

本章习题

1. 大学生的情绪有什么特点？大学生情绪健康的标准是什么？
2. 当你有情绪又不愿向别人透露时，你有哪些可以表达情绪的方法？

第八章

人生如花，爱似花蜜
——恋爱与性

"哪个少女不怀春，哪个男子不钟情"。"爱情"是个迷人的词，爱情的来临如早春湖面的波澜，激荡起一层层涟漪。你走近我，我走近你，爱的序曲从此响起……爱情具有无穷的吸引力，恋爱的人都有过"为伊消得人憔悴"的经历，也有过两情相悦的幸福时刻，个中滋味复杂，令人牵肠挂肚。性，这个人类最经久不衰的话题，曾是奇妙体验的载体、被禁忌行为的代表、生命力的完美体现、永恒的价值追求……爱情花开的季节，让我们以相守不离的真爱之心，走进像雾像雨又像风的情爱世界。

● **本章学习目标**

- 了解爱情的定义、要素、类型及健康爱情的特征。
- 了解大学生常见的性心理困扰，学会调适的方法。
- 掌握恋爱能力提升的策略和方法，并对恋爱类型进行自我评估。
- 运用相关理论分析大学生失恋后可能出现的心理危机及应对方法。

第一节

爱情花开

爱情是理解和体贴的别名。

——泰戈尔

爱，是一首无字的歌，要用全身心去感受；爱，是一条漫长无尽的小路，要用整个生命去走。

——苏叔阳

💬 心灵故事

小倩进入大学后加入了学校的艺术社团，最开始在社团里谁也不认识，所以总是很腼腆。同级的小磊是个开朗乐观的男生，后来看到小倩总是一个人，便主动和小倩说话，邀请小倩更多地参与到社团活动中，并且会主动给小倩递话，让小倩能够在同学们之间有话聊。慢慢地，小倩发现自己和同学们相处越来越融洽，和小磊之间的沟通也越来越多。在两个人的交集不断加深的过程中，小倩发现自己对小磊的感情在不知不觉中发生了微妙的变化，总是想要和他在一起，不见面时总会想念。小倩意识到自己喜欢上了小磊，但是她内心又很纠结，自己很想告诉小磊自己的感情，但是又担心对方拒绝自己，以致两个人连朋友也做不成，这慢慢成了小倩内心的一个困扰……

爱要怎么说出口？这是一个令人费解的情感难题。让我们用心、用情、用智慧，聆听"爱"的旋律，学会爱的表达。

● **心海泛舟**

一、爱情的发展阶段

爱情是两颗心灵相互向往、吸引、达到精神升华的产物，是一种高尚的精神生活，一般经历以下几个阶段。

（一）理想对象的确立期

在与异性交往的过程中，产生异性之间的相互吸引，出现希望彼此接触的意愿。在这一阶段，我们在内心勾画出理想伴侣的形象，开始建构自己理想对象的模式并幻想彼此之间的相处方式。这个阶段很重要的是能够了解自己想要的是什么。

（二）恋爱关系确定期

按照内心理解的恋爱对象标准，找到与之相符的现实对象，并且双方都有好感之后，共同确定恋爱关系。

（三）激情热恋阶段

确定了恋爱关系后，经过进一步地了解和感情磨合，就会产生难舍难分、如胶似漆的感情，进而走入热恋阶段。在这个阶段常常会有"一日不见，如隔三秋"的焦灼感，以及渴望能够时时刻刻与对方联系的紧密感。

（四）矛盾显现期

在经历了一段时间的激情热恋后，彼此了解程度加深，随之就会出现一些小争吵。在此阶段，双方在感情降温之后，理智又重新主宰内心世界，原先没有发现的问题一一显现，对方形象也不再"完美"。这一阶段也是恋爱最容易出问题的时期，很多情侣都没有顺利度过这一阶段，从而分手。

（五）感情平稳发展期

如能顺利度过矛盾显现期，重新认识、接纳对方，爱情就会进入平稳发展期。此时，双方对彼此有了相对客观、完整的了解，能够欣赏对方的优点，同时也能包容对方的缺点。相比于其他阶段，此时的感情更稳定，双方能够离开两个人的小空间，在各自的空间独立发展。

二、爱情的心理结构

心理学家斯腾伯格认为，爱情虽然多变，但基本上是由3种成分组成的，即亲密、激情和承诺。

斯腾伯格的这一理论被称为爱情三角理论（见图8-1）。

爱情的第一个成分是亲密，包括热情、理解、沟通、支持和分享等爱情关系中常见的特征。亲密是情感性的，是两个人之间感觉亲近、温暖的情感体验，它包含10个要素：①渴望促进所爱之人的福祉；②相互共享喜悦；③对双方高度关注；④在需要得到帮助时指望对方；⑤与对方相互理解；⑥与对方分享自我与所有；⑦从所爱之人那里得到情感的支持；⑧给予对方感情上的支持；⑨能与所爱之人进行亲密的沟通交流；⑩肯定爱人的价值。亲密产生于人与人之间强有力的、频繁的和各式各样的相互联系，它是爱情的基础，是经过一定的时间逐渐发展起来的。斯腾伯格提出的这一成分同样也适用于友谊关系。通向亲密的关键是关系的质量，包括信任、诚实、尊重、责任感、安全感、支持、慷慨、忠诚、互惠、理解、接受等。

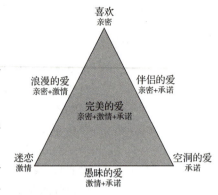

图8-1　爱情三角理论

第二个成分是激情，是基于浪漫、身体吸引之上的性冲动与性兴奋，是爱情中的性欲成分，它包括沃尔斯特所说的"一种非常想要跟别人结合的状态"。激情是满足归属、支配和性需要的内在情感，属于爱情的动机或者驱动力成分。在恋爱关系中，性的需要是引起激情体验的主导方式。爱情中的激情常常与亲密交织在一起，互相影响与转化。例如，双方的亲密关系可以激发激情的产生，在激情状态下双方也会渴望更加亲密的交往。

爱情的最后一个成分是承诺，指投身于爱情和努力维护爱情的决心。承诺包括短期和长期两个部分，短期来讲就是要做出爱不爱一个人的决定，长期方面是指做出维护爱情关系的承诺，包括对爱情的投入、忠诚、责任心。承诺是爱情的认知成分，对以情绪为主的亲密和以动机为主的激情起控制作用，是爱情中的理智层面。

在爱情三角理论的基础上，可将爱情分为以下8种类型。

（1）无爱：如果亲密、激情和承诺三者都缺失，爱情就不存在。两个人可能仅仅是泛泛之交而不是朋友，彼此的关系是随意和不受约束的。

（2）喜欢：亲密程度高而激情和承诺都非常低。双方感到亲近和温情，却不会唤起激情或者与对方共度余生的期望。如果某个朋友的确能唤起你的激情，或者当他/她离开时你会强烈地思慕，那么你们之间的关系就已经超越了喜欢。

（3）迷恋：缺乏亲密或承诺却有强烈的激情，认为对方有强烈吸引力。除此之外，对对方了解不多，也没有想过将来。

（4）空洞的爱：没有亲密和激情的承诺是空洞的爱。如在包办婚姻的社会中，空洞之爱或许是配偶们生活在一起的第一个阶段，但不一定是最后一个阶段。

（5）浪漫的爱：有强烈的亲密感和激情，没有承诺，可以把它视为喜欢和迷恋的结合，这种爱情崇尚过程，不在乎结果。

（6）伴侣的爱：亲密和承诺结合在一起所形成的爱就是伴侣的爱。伴侣的爱的典型例子是长久而幸福的婚姻，虽然年轻时的激情已逐渐消失。

（7）愚昧的爱：只有激情和承诺，缺失亲密。这种爱情会发生在旋风般的求爱中，在压倒一切的激情基础上双方会闪电般地快速结婚，但彼此并不十分了解或喜欢对方。

（8）完美的爱：当同时具备激情、承诺和亲密3个要素时，人们就能体验到完美的爱情。这是许多人都追求的爱情类型，但斯腾伯格认为完美之爱非常类似于减肥：短时间里容易做到，但很难长久坚持。

三、爱情的良性要素

弗洛姆在《爱的艺术》中提出，爱情不是只需要全身心投入的感情，其与人的成熟程度也紧密相关。

不成熟爱情的原则：我爱，因为我被人爱。成熟爱情的原则：我被人爱，因为我爱人。

不成熟的爱宣称：我爱你，因为我需要你。成熟的爱是：我需要你，因为我爱你。

良好关系的维系不仅仅需要双方此刻的爱意，更需要双方共同经营，将此刻的爱意延续下去。成熟的爱情中，以下几个要素可促进爱情的良性互动。

（一）爱是给予

弗洛姆认为，创造性、主动性的爱的主要因素是给予。人们在给予的行为中，能感受到自己的力量、能力、富裕与活力，感受到生命和自身价值的存在。给予是相互的过程，爱情中的给予自然而然也会影响对方，实现双方共同分享给予的过程。

扫一扫

好的爱情是什么样子

物质的给予只是给予的一部分，还包括与他人分享自己的开心、快乐、知识、学习、理解、趣味、难过、悲伤等，在给予的过程中，不仅丰富了他人，也进一步丰富了自己。

（二）爱是关心

关心是爱的表现形式，缺少关心的爱是不完整的爱。关心因爱而生，弗洛姆认为爱是战胜孤独的法宝，关心的爱向人的冷漠提出了挑战。缺少关心的地方必然缺少爱的温暖。

（三）爱是责任

责任与爱是密不可分的。责任不是从外部强加到人身上的职责和枷锁，真正的责任是一个人绝对自愿的行为，从自我心中而生。

（四）爱是尊重

"尊重意味着关心另一个人，使之按照其本性成长和发展"。依赖和独立在爱的过程中都具有重要的作用。弗洛姆强调："只有实现了独立，尊重才是可能的。"人与人共同生活的基础就是双方的互相尊重，双方之间爱的表现形式更多的也是尊重。爱与被爱是相互的，是在实践中互相转化的，尊重也是如此。

（五）爱是了解

了解是关心和尊重的前提，只有了解对方，才能关心和尊重对方。对一个人的了解不能只停留在表面，要两个人通过内心的交流才能达到双方相互了解。要克服曲解，从客观的角度去了解他人的本质。

给予、关心、责任、尊重和了解5个方面是相互依存的。真正成熟的爱，需要这5个要素的有机结合。

● 心路导航

策略一：识别爱情

（一）喜欢 ≠ 爱情

爱情与喜欢有5点不同。

（1）爱情中对另一人有较多的幻想，喜欢则是基于对他人的现实评价。

（2）爱情往往与性欲有关，会有身体更多接触的需求；而喜欢身体接触较少。

（3）爱情具有独占性和排他性，喜欢则不具有。

（4）卷入爱情的双方在感到孤独时，会对所爱之人产生孩童般的依恋，而对喜欢的对象不会如此。

（5）利他。恋爱中的人会高度关怀对方的情感状态，在对方有不足时，也会表现高度的宽容，会主动为对方做一些事情。而喜欢利他的程度较低。

下面的两个测试可用于测量个体间爱恋的程度和喜欢的程度。

测试 1

（1）他（她）觉得情绪很低落的时候，我觉得很重要的职责就是使他（她）快乐起来。

（2）在所有的事件上我都可以信赖他（她）。

（3）我觉得要忽略他（她）的过失是一件很容易的事情。

（4）我愿意为他（她）做所有的事情。

（5）对他（她）我有一种占有性。

（6）若不能和他（她）在一起，我觉得非常的不幸。

（7）假若我感到孤寂，首先想到的就是去找他（她）。

（8）在世界上也许我关心很多事，但有一件事就是他（她）幸福不幸福。

（9）他（她）不管做什么，我都愿意宽恕。

（10）我觉得他（她）的幸福是我的责任。

（11）当和他（她）在一起时，我发现我什么事都不做，只是用眼睛盯着他（她）。

（12）若我也能让他（她）百分之百信赖，我觉得十分快乐。

（13）没有他（她），我觉得难以生活下去。

测试 2

（1）当和他（她）在一起时，我发觉两人都有相同的心情。

（2）我认为他（她）非常好。

（3）我愿意推荐他（她）去做受人尊敬的事。

（4）在我看来，他（她）特别成熟。

（5）我对他（她）有高度的信心。

（6）我觉得不管什么人和他（她）相处，大部分都会有很好的印象。

（7）我得和他（她）很相似。

（8）我愿意在班上或团体，做什么事都投他（她）一票。

（9）我觉得他（她）是许多人中，容易让别人尊敬的一个。

（10）我认为他（她）十分聪明。

（11）我觉得他（她）是我所有认识的人中，非常讨人喜欢的。

（12）他（她）是我很想学的那种人。

（13）我觉得他（她）非常容易赢得别人的好感。

这两项测试有许多共通之处，但爱情有依附感、关怀感和亲密感，而喜欢只是正面的感受，如好感、喜欢、崇拜，没有牵扯到要为他（她）做什么和独占的感觉。假如测试 1 中符合你的情况多于测试 2，那么你对对方爱的成分多于喜欢，你们之间或许已经产生了爱情的火花；反之，则是喜欢而并非爱情。

（二）友情≠爱情

"爱情是两个人的世界，而友谊却是广泛的。友谊之花可以向一切至诚者奉献；爱情的明珠则不可分为两半，要求忠贞专一。"友情和爱情的区别如下。

1. 性质不同

友情中多是对对方的志趣、爱好、品德的敬爱与尊重，而爱情除了这些内容外，更多的是对异性的相貌、人体特征、穿戴、气质、人品等的倾慕；友情是平等的友爱之情，而爱情是渴望身心交融，成为终身伴侣的情感。

2. 包容性不同

友情是"开放的"，爱情则是"关闭的"。两人有坚固的友情，当人生观与志趣相同的第三者、第四者想加入时，大家都会欢迎。爱情则不然，两人在恋爱，如果第三者从旁加入，便会产生嫉妒和排除异己的行为。

3. 基础不同

友情的基础是"信赖"，爱情则是纠缠，存在"不安"。一份真诚的友情，具有强烈的依赖感，犹如不会动摇的磐石。而一对相爱的男女，虽然彼此依赖，但常常被种种不安所包围，比如"我深深地爱着她，她是否也深深地爱着我？"

4. 心境不同

友情充满"充足感"，爱情则充满"欠缺感"。当两个人是亲密的好朋友时，彼此都有满足的心境；但当两个人一旦成为恋人时，虽然初期会有一时的充足感，可不久之后，就产生不满足感，总希望有更强烈的爱情保证，经常有一种"莫名的欠缺"尾随而至，有某种着急的感觉。

友情与爱情可以用以下几个问题进行区分。

（1）对方对我有无性吸引？

（2）别人与对方交往时，我是否会嫉妒（吃醋）？

（3）离开对方，我是否会感到刻骨铭心的想念？

（4）看到对方，我是否会高兴？看到对方的物品，我是否想接触或拥有？

（5）我是否会拿对方与自己理想中的对象进行比较？

（6）看到好的物品和景物，我是否想与对方一起分享？

一般来说，这些问题中，肯定的答案越多，越有可能是爱情。

策略二：表达爱

（一）爱的表达三阶段

表达爱的本质在于让对方感觉到"被爱"，"被爱"的感觉分为 3 个层次，即"被接纳""被欣赏""被尊重"。因此，表达爱可分为以下 3 个阶段进行。

第一阶段：让对方感到"被接纳"。

"被接纳"是爱的关系建立中的第一阶段，人一旦感觉到他人接纳自己，都会感到亲密和快乐，也会对他人产生好感。表达接纳的方法之一是邀请对方和自己一起进行某项活动，比如一起读书、逛街、看电影、吃饭等。

第二阶段：让对方感到"被欣赏"。

"被欣赏"让关系更近一步，每个人都需要被欣赏、被赞美，"心理学之父"威廉·詹姆斯说："人类天性中最重要的原则就是渴望被欣赏。"看见对方做得好的地方，并真诚地对其进行赞美，表达自己对他（她）的欣赏之情，带有爱意的欣赏会带给彼此欣喜、愉悦。

第三阶段：让对方感到"被尊重"。

"被尊重"是爱的关系的最高阶段，也是直通亲密的一层。每个人都需要被他人尊重，而且关系越近，尊重就越重要。女生更希望表达权被尊重，男生更希望行动权被尊重。在这一阶段，男生表达爱的方式是尊重女生说话的权利，学会倾听；而女生表达爱的方式是给他空间去行动，不纠缠、不限制，尊重他行动的权利。

（二）爱的表达方式

向心上人表达爱情，是一种甜蜜的、微妙的情感活动，但也讲究方式方法、时机和艺术。

1. 含而不露

隐晦的方式可借用诗歌、照片、书信或亲手做的礼物传递爱的信息，也可以用表达感受的方式暗示对方，如"和你在一起，我总是感到非常愉快""我觉得今天的时间过得特别快"。

2. 含而有露

采取恰当的方式，含蓄地表达出自己喜欢对方的意思，以观其变。如在特定时间邀请对方一起度过，买两张电影票邀请对方一同观看，邀请对方和自己一起散步逛公园，赠送一束鲜花等，都可以传递爱的信息。

3. 直抒胸臆

表达爱意也可以简明、直率，大胆而毫无保留地向对方倾吐自己的感情。一般而言，性情直率、表达思想感情喜欢开门见山的人，常常会用直抒胸臆的方法。显然，对于交往比较深，有一定的感情基础，或两人已经暗地互相倾慕，只需"捅破那层纸"的双方来说，直抒胸臆表达爱情更省力，也别有一番趣味。

策略三：拒绝爱

（一）什么情况下拒绝

当收到对方传过来的爱的信息时，一般情况下，出现下列情况时需要拒绝。

（1）不爱对方或者还未准备好进入一段恋爱关系。

（2）对方对你的不是爱，只是好感、友谊或一时冲动。

（3）这个人不值得爱，如有暴力倾向、性格缺陷等。

（4）对方态度轻浮，不认真，不慎重，并未准备好进入一段恋爱关系。

（二）拒绝时应注意的问题

在拒绝对方的爱的过程中应注意以下几点。

（1）明确表达自己的拒绝之意，不拖泥带水。态度明朗大方，措辞语言诚恳委婉、明确无误，既不要让人难堪或心生恨意，也不可含含糊糊、贻误他人。

（2）选择合适的时机，尽量在双方情绪都稳定时提出、表达自己的拒绝意愿。恰当的时机能减少对方的受伤感受，同时也可以避免拒绝行为引发对方的过激行为。

（3）使用策略，巧妙地说明原因。如可以委婉地表达自己与对方的友谊之情，或者可以以书面的形式表达清楚当面难以表达的内容等。

（4）不逃避自己的责任。被拒绝方会有伤心、难过等情绪体验，这时可能需要给予安慰或陪伴，帮助其慢慢走出被拒绝这件事。

（5）言行一致。明确拒绝对方后，确立双方的关系界限，不可有模糊不清的言语或引人遐想的行为举止。

如果有一天

——纪伯伦

如果有一天

你不再寻找爱情

只是去爱

你不再渴望成功

只是去做

你不再追求成长

只是去修行

一切才真正开始！

第二节

失恋应对

爱情是叹息吹起的一阵烟，恋人的眼中有它净化了的火星，恋人的眼泪是它激起的波涛。它又是最智慧的疯狂，哽喉的苦味，吃不到嘴的蜜糖。

——莎士比亚

为了失恋而耽误前程是一生的损失。

——荷麦

💬 心灵故事

小倩和小磊在一起半年后，发现两个人性格上有很多不合适的地方。比如，小磊总是有很多的事情要处理，而小倩则需要男朋友更多的陪伴。渐渐地，两个人之间有了隔阂，感情也慢慢淡去，终于两个人在好好沟通后，决定分手。虽然分手是两个人共同商定的结果，但小倩还是觉得很难过，有时候看到两个人经常相约散步的操场，眼泪都会止不住地流下来。

失恋，不仅结束了一段感情，也失去了一个情感寄托的对象，甚至会感觉失去了自己的一部分。失恋是心情的雨季，是人生幸福乐章演奏前的一丝杂音。恋爱是两个人共同选择的结果，单是一方的维系并不能长久，因此，当我们走入恋爱的同时，就存有失恋的风险。如何更好地度过失恋阶段，是我们需要不断学习的课题。

● 心海泛舟

一、失恋的界定

失恋，即爱情的结束，恋爱双方或者任何一方决定中止彼此之间的恋爱过程。失恋是爱情生活中非常普遍的现象，也是一种相互选择的过程，在缔结婚姻之前，恋爱双方都可以自主选择结束一段恋爱关系。失恋刚开始阶段可能会引起双方或者一方的精神痛苦，如懊悔、悲伤、沮丧、低落等情绪，关键是要如何面对这种痛苦，如何调试，在失恋中获得成长。

二、大学生失恋后的反应

失恋是青年期严重的心理挫折之一。没有亲身体验过失恋，是很难想象失恋给人带来的烦恼和痛苦的。大学生失恋后会在认知、情绪、行为、躯体等方面有不良反应，其中情绪问题相较于其他方面的反应更明显。

（一）情绪情感偏差

失恋后易产生抑郁、孤独、悲观、绝望、焦虑、易激惹、敏感、苦恼等情绪，从而表现为情感冷漠、内心痛苦、思想颓废、极度悲伤等。失恋者可能仍对前任心存爱恋，对爱情充满美好的回忆和幻想，否认失恋的存在，从而陷入单相思的状态；也可能会出现一个特殊的感情矛盾——既爱又恨，不能自拔。失恋后的大学生，可能在心理和生理多个方面（情绪、人际关系、学业工作、饮食睡眠）产生困扰，情绪困扰是主要症状表现。

（二）认知失调

大学生容易对失恋事件产生消极、歪曲的认知，如产生"失去了这份感情我就失去了一切"等以偏概全的观念，"他（她）必须爱我"等绝对化观念，"他（她）都不爱我了，人生还有什么意思"等灾难化思维。这些消极的认知，容易导致动力减退、情绪低落等抑郁状态。个人过分沉浸于失恋中，会把个人的注意力集中到自己的消极情绪状态，难以思考积极应对失恋、调整情绪的办法。

（三）行为障碍

失恋会引起痛苦、恼怒甚至绝望等一系列消极情绪反应，如果这种激烈情绪得不到排解，可能会导致心理失衡，把自己的痛苦全部归因于对方的抛弃，进而产生报复心理，如急切寻找恋爱对象，报复以前的恋人；或逃避现实、自我放纵、消极避世；更严重者还会出现自残和伤

119

害他人等极端行为。

（四）生理反应

失恋者还会出现一定的生理反应，常见的有：浑身无力、疲惫、失眠、头晕、头痛、暴饮暴食或饥饿感消退等。

三、大学生失恋心理发展阶段

（一）确认期

失恋的确认期短则几分钟，如直接被对方告知分手的想法，长则几个月，如对方态度不明确、冷暴力等。这个阶段中，双方共同确认恋爱关系的终结，失恋者表现出忐忑不安、情绪低落、烦躁、沮丧、愤怒、自责等，严重者可能会影响生活和学习。安全感较低、成长过程中长期缺失爱的失恋者，在确认期容易产生急性应激反应。

（二）刨根问底期

确认失恋后，失恋者会通过各种途径寻找失恋的原因。这一阶段可能与确认期紧密联系，双方情绪容易出现波动；也可能会和对方激烈争吵，甚至指责谩骂对方，导致情绪失控，出现冲动性的行为。

（三）再表达期

在这一阶段，部分失恋者会主动与对方联系，表达自己悲伤的情绪，希望对方看到自己失恋的痛苦程度，试图唤起对方对自己的同情而改变态度，幻想对方能够因自己的执着而回心转意。一些失恋者可能会很愤怒，并会对对方进行精神报复，表现为试图控制对方的情感生活，干涉对方的人际交往等。

（四）讨价还价期

部分失恋者的再表达被拒绝后会与对方讨价还价，希望通过一些关系维系和对方的感情来恢复恋爱关系，如能否只是暂时分开一段时间（目的是一段时间后能恢复恋爱关系）；能否通过特殊的形式延续这份感情（只是换一种形式）；能否由恋人关系转变为知己关系（还是没有最终放弃）；能否做朋友不要成为陌路人等。

（五）接受期

讨价还价失败后，失恋者只能无奈地接受失恋的事实，但容易产生自我否定、错误地归因于自身等，容易产生抑郁情绪。

（六）理解与自由

接受了失恋，经历了痛苦、愤怒、抑郁、伤心等情绪后，随着时间的推移，能够理解这段感情的终结，重新看到生活的美好，接纳其他的事物涌入自己的生活当中。回看自己的失恋历程，虽然仍有些情绪，但已经可以和上一段感情挥挥手说再见，重新出发，做更好的自己。

知识链接

沉没成本是经济学上的一个概念，它是指你过去付出的时间、金钱、精力等，这些过去的付出并不会对你现在的决策产生利益。人们在做一件事的时候，常常不只看这件事情给自己带来的好处，也会把过去付出的情感、金钱或经历考虑其中，这使人们即使发现这件事对自己来说已经没有意义，但仍然对它进行投入。这样的现象称为沉没成本效应。很多人在失恋的困境中走不出来，就是放不下自己曾经在爱情里的投入。

心路导航

策略一：理性分析失恋原因

失恋的原因千差万别，主要有以下几方面。

（1）自身心理因素。大学生常见的不良人格品质，如偏激、嫉妒、过度依赖、自我中心等，会影响恋爱中双方的交往。如偏激在情绪上表现为个人根据自己的喜恶和一时的心血来潮去论人论事，缺乏理性的态度和客观的标准。

（2）家庭的压力。在选择恋爱对象的过程中，父母仍有较大的影响。恋爱双方在家长反对时，如果缺乏勇气和信心，或惧怕父母的威严，可能导致最终的分手。而双方共同与父母抵抗，则会影响恋爱进程的稳定性。

（3）社会环境的压力。不同地域、不同环境的差异也会给恋爱双方带来一定的矛盾。

（4）环境条件的限制。如双方空间距离较远，或者由于承担家庭重担及其他责任而不得不分手。

（5）双方在交往中彼此思想、个性、情感等出现分歧，致使分手。

策略二：纠正认知偏见

大部分人失恋后都会产生一些不正确的思想认知，常见的错误认知有以下几种。

（1）我不够优秀，所以被抛弃。此认知的错误之一在于，分手的原因很复杂，分手并不意味着双方不优秀；错误之二在于分手不等于被抛弃，分手是两个人恋爱关系的终止，不意味着一方抛弃了另外一方。

（2）我的痛苦证明我对他（她）的爱不可改变。对对方的爱是否改变，并不是用痛苦与否来证明的，而是用时间的长短来证明。正确的认知是：有许多因素会带来痛苦，如自尊心受挫、付出与获得严重失衡、在恋爱中损失太大等。

（3）只要继续付出感情，就能挽回爱情。爱情不是单方面的游戏，正确的认知是：如果对方不再爱你，你能挽回的余地是很小的。

（4）男人（或女人）没一个好东西，我以后还是少付出感情为好。此认知的错误在于你所接触的这个人并不能代表其他异性。正确的认知是：少付出感情并不能减少受伤害的概率，重要的是要学会识别什么人适合自己，怎样做才是真正地爱自己、爱对方。

（5）我失恋了，一切都完了。失恋只代表这一个故事画上了句号，但我们还可以重新书写新的故事，开启新的篇章。

策略三：失恋应对方式

失恋的不良心态会影响人的身心健康，而个体应对失恋的行为方式反映了个体心理成熟水平。当一个人能够理智地从失恋中解脱出来时，往往会使自己成熟起来。大学生应对失恋的方式有以下几种。

（一）解决问题——求助

这是成熟型的应对方式。当爱情受挫后，用理智来驾驭感情，通过增强理智感，分析原因，总结经验教训，寻找解决问题的方法和途径，或向他人寻求帮助和支持，在新的追求中确认和实现自己的价值，从而提高自己的心理承受能力和思想水平。

（二）合理表达——倾诉

失恋时会被不良情绪困扰，可主动找朋友倾诉，减轻自己的压力。可以用口头语言，把自己的烦恼和苦闷向知心朋友倾诉，并听听他们的劝慰。也可以用书面文字，如写日记，释放自己的苦恼。还可以选择哭泣的方式进行情绪的宣泄。

121

（三）正视现实

改变自己的认知，意识到感情是双方的事情，恋爱关系终止不意味着自己不够优秀，也不是谁的对错，每个人都有爱或者不爱的权利，理解并尊重对方的选择。

（四）情绪转移

失恋后换个环境，暂时与会触动自己恋爱痛苦回忆的景、物、人隔离，并主动置身于欢乐、开阔的人际交往与自然环境中，或将注意力集中在自己感兴趣的事物上，如集邮、写作、书法、美术、音乐、舞蹈、体育锻炼等，使情绪得以调适。

（五）换位思考

能够设身处地地从对方的角度进行思考，不是一味地指责对方的过错，要能够看到一段恋爱关系中，双方做得好的和做得不好的地方。同时也不要过分自责，总结自己在这段恋爱关系中的成长与变化，对做得不好的地方加以改进提升。

（六）给自己一段时间

在一段恋爱关系结束后，先给自己一段时间思考，不要为了逃避失恋的痛苦而快速进入一段新的恋情。因为个人的行为模式相对固定，应给自己一段时间处理情绪，汲取经验，获得成长。

（七）寻求专业的帮助

如果你发现自己持续情绪低落（持续时间超过两周）、不和周围的人联系、有轻生的念头、睡眠不好、对感情和生活感到绝望，尤其需要重视，因为你很有可能因为失恋而陷入抑郁状态。这时应主动寻求专业的帮助，比如寻求心理咨询师或者精神科医生的帮助。

策略四：在失恋中成长

（一）失恋不失德

失恋后的人往往被悔恨、遗憾、恼怒、惆怅、失望等不良情绪困扰，可能会出现报复心理，做出过激的行为，但这些想法和行动都只会增加自己的精神负担。在心态极度失衡时，不妨扩宽自己的人际圈，将注意力转移到新关系上，或寻求心理老师的帮助。

（二）失恋不失智

失恋后应不失理智。一些人失恋后，万念俱灰，从此一蹶不振，长期在痛苦的旋涡里不能自拔，心情忧郁，为人冷漠、孤僻，甚至积郁成疾。当感情失重的时候，我们要把握理智的罗盘。既然失恋已成为无法回避的既成事实，那么我们可以借助我们之前讲到的应对方法去正视它。

（三）失恋不失志

有的人失恋后心灰意懒，精神颓废，整天悲观失望；有的借酒消愁，麻醉自己的精神，不愿醒来。殊不知"抽刀断水水更流，举杯消愁愁更愁"。

爱情是生活的一部分，但不是全部的内容。失恋者积极的态度会使自我得到更新和升华，全身心地投入工作，许多失恋者因此创造出辉煌的成就。像歌德、贝多芬、罗曼·罗兰、诺贝尔、居里夫人、牛顿等历史名人都曾经历过失恋的痛苦，但他们用奋斗的办法更新自我，成为积极转移失心痛苦的楷模。

爱情路上的支持者

失恋的时候，我们往往会体验到非常多的痛苦情绪，如悲伤、悔恨、懊恼、责备等，这些情绪往往会影响学习、生活和工作的方方面面。当我们处在失恋的困境中时，我们可以尝试寻找身边的积极心理资源。

很多人最开始想到的往往是自己较亲近的人，比如向朋友倾诉心思、寻求安慰，朋友的支持、理解、陪伴往往可以让我们获得心灵的慰藉，使我们的心情发生一些转变；一些人会选择向父母倾诉自己的苦楚，从父母那里获得一些建议。社团中的伙伴、学长学姐有时也可以成为我们倾诉的对象，辅导员老师、心理咨询师也不失为良好的交谈人选。当我们的情绪难以把控时，可以尝试选择向他人倾诉，倾诉往往可以在一定程度上减少情绪的影响，而压抑会让情绪不断积累，让人难以承受。

第三节

揭秘性爱

自爱者方能为人所爱。

——蒙田

心灵故事

我和他是在社团里认识的，刚见到他时就被他的温柔、风趣、幽默所吸引，后来我们的交流不断增多，对对方的了解也在不断增多，彼此也开始走进对方的生活，两个人走进了甜蜜的恋爱进程。但是随着交往的深入，我们的关系不再限于精神层面的交往，逐渐开始有生理上的接纳与渴求，自然而然我们发生了关系。虽然性关系让我们更加亲密，但是每次一想到与性相关的话题，自己就会感到紧张和恐慌，总会担心别人对自己的看法，也会担心我们会不会分手，我现在陷入了深深的担忧中，我不知道要怎么面对？

123

谈到爱情，不能不谈到性。"饮食男女，人之大欲"，性是非常自然之事。性生理成熟后，人必然会对性爱充满好奇和渴望。当我们开始"爱"、面对"性"的时候，必须首先问自己，对性了解吗？为性做好心理准备了吗？

● **心海泛舟**

一、性心理和性心理健康

（一）性心理

性心理是在个体性生理成熟的基础上，形成的与性特征、性欲、性行为有关的心理状态与心理过程。大学生正处于性生理发育成熟、性心理逐渐趋向成熟的时期，这个时期也是大学生的性生理需求与性的社会规范之间冲突的阶段。

（二）性心理健康

性心理健康是指个体具有正常的性欲望，能够正确认识与性有关的问题，并且具有较强的性适应能力，能和异性进行恰当的交往，在免受性问题困扰的同时，还能完善自身人格，促进自身身心健康发展。

性心理健康的标准应该符合以下6点。

（1）能够正确认识和接纳自己的性别。

（2）具有正常的性欲望。

（3）性心理、性行为的特点与生理年龄基本上相符合。

（4）具有较强的性适应能力，能够正确对待性变化，对性没有犹豫、恐惧感。在出现性冲动后，能够正确释放、控制、调节，使之符合社会规范的要求等。

（5）和异性保持和谐的人际关系。

（6）正当、健康的性行为，符合社会伦理道德规范。

二、大学生性心理特征

（一）性心理的本能性和朦胧性

部分大学生的性心理缺乏深刻的在社会学上的理解，主要为生理发育成熟带来的本能作用。他们对异性的兴趣、好感和爱慕日益浓厚，但又缺乏足够的性知识，从而使性的萌动更加神秘而朦胧。由于性生理和性心理的日趋成熟，大学生与异性交往的心理需求越来越强烈，喜欢揣摩异性的心理，总希望有机会和异性接触、交往。

（二）性意识的强烈性和表现上的文饰性

随着年龄的增长，大学生的性意识明显增强。大学生一方面需要友谊，渴望爱情，另一方面又存在不愿轻易敞开自己的心扉等问题。部分学生尽管在心理上对异性很向往，但在行为上却表现得拘谨、羞涩甚至冷漠；有的大学生明明对某个异性很感兴趣，但表面上有意回避；有的大学生对男女间的过分亲昵表示反感，但内心十分渴望类似体验。

（三）性心理的压抑性和冲突性

大学生处于性能量的高峰期，有强烈的性欲望和性冲动，但受到道德和社会规范的约束，又必须压制这种冲动。性的生物性与社会性的冲突，容易导致焦虑情绪产生，部分学生由于性的能量得不到合理疏导而性压抑。

（四）男女生性心理的差异性

大学生的性心理存在明显的性别差异。在对异性的感情流露上，男生常表现得较为外显而热烈，女生常表现得含蓄而温存。在内心体验上，男生多表现为新奇、喜悦和神秘，女生则常常羞涩、敏感和不知所措；在表达方式上，男生较主动、直接，女生多含蓄、被动。

三、大学生常见的性困扰

（一）性幻想困惑

性发育基本成熟后，由于性激素的作用和性生理的巨大变化，个体必然在心理上产生相应的反应，如出现性梦、性幻想、关注异性，产生接触异性的念头。性梦是指在睡眠状态下出现的带有性色彩的梦境，青春期男女一般会有类似体验，大学生常因性梦的出现而自责，但性梦是个体正常的自我调节，属于正常的心理、生理现象，不必因此而内疚、恐惧。

（二）性焦虑

大学生常对自己的形体、性角色、性功能产生过度的焦虑反应。随着生理发育的逐渐成熟，部分大学生产生了对自己形体的不安，有些大学生也会因为自己的外在条件而烦恼，如皮肤差、眼睛小、青春痘等。除了对形体的不安，大学生还常为自己是否符合性角色而忧虑，如有些男生会感到自己缺乏男子汉气概等。

（三）性压抑

大学生从性的逐渐成熟到以合法婚姻形式开始正常的性生活，一般要 10 年左右，这期间可能会引发诸多苦恼和不适。不少大学生难以接受自己的性冲动和性欲望，常为此感到羞愧、自责、厌恶和恐惧。一方面是性的自然冲动，另一方面是对性冲动的否定，大学生常因此而矛盾不安，困惑自责。

（四）性自慰

性自慰是指抚弄自己的生殖器官等性敏感部位以获得性快感和性满足的活动，是通过自我的性刺激而达到性补偿和性宣泄的行为。事实上，性自慰是"标准的性行为的一种"，它是没有正常性活动的一种无害的代偿办法，适当的性自慰有利于调节烦躁的神经系统。

（五）性心理偏差行为

性心理偏差指青少年性发育过程中的不适应行为，如迷恋黄色视频、不当性游戏、轻度性别认同困难等。

（六）性行为失当的困惑

过多的身体亲昵会加剧性冲动，有时会使自己的行为失去控制。大学生情侣常常因"害怕关系受损""不知道该如何拒绝"而违背自身意愿发生性行为。除此之外，社交软件的流行，部分大学生因猎奇心理等，可能会进行一些有风险的性行为，需要引起重视。

（七）性心理障碍

性心理障碍泛指个体在性方面的心理和行为明显偏离正常，并以这类偏离为性兴奋、性满足的主要或唯一方式的心理障碍。如性身份障碍，表现为厌恶或排斥自身的生物性别，渴望变成另一性别。还有性指向障碍和性偏好障碍，性偏好异常往往会影响正常的两性交往，严重者甚至会用非法手段去获取性满足的刺激物，需要专业的干预或治疗。

● 心路导航

策略一：知性懂性

（一）科学掌握性知识

（1）大学生可以选择阅读一些正规出版发行的性生理和性心理方面的科普书籍或一些性社会学、性伦理学、性法律学等专门论著，构建自己合理的性知识结构。

（2）参加相关课程（如大学生性心理调适）学习和知识讲座，掌握必要的性知识。

（3）在网上查找专业的性教育课程，增加自己的性学知识。

（4）请教已具备性知识、性经验的父母，以及性教育工作者或有关医生。这有助于帮助自己消除误解，减轻心理负担。

（5）科学掌握避孕、性传播疾病等相关知识。

（二）正视生理困扰

（1）遗精：遗精是男青年进入青春期生殖器官发育成熟之后所出现的一种正常生理现象。

（2）月经：月经的到来是青春期性成熟的标志，女生在月经期间需注意照顾身体。

（3）性幻想：性幻想是人类最常见的性现象，适度性幻想通常是无害甚至有益的。

（4）性梦：指在梦中与异性谈情说爱，甚至发生两性关系的现象。性梦可以满足性欲，对于调节我们的身心是有好处的。过于频繁的性梦，大学生需引起重视，及时调整生活状态。

策略二：做好性的自我防范

（一）应对性骚扰

（1）不接受以关心、看手相、摸骨、酒醉等借口而触摸你的身体的行为。

（2）提防持续对你倾诉个人情感及家庭问题者。

（3）拒绝对方用带有性意味的言辞向你挑逗。

（4）了解潜在骚扰者的特征，如歧视女性的人、喜欢用污蔑言语评论女性的人、过度压抑自己的情绪与感受的人、挫折容忍力差与处理压力有困难的人、滥用药物或酗酒者。

（5）避免和男性单独出入暧昧场所，如酒吧包厢、KTV 包厢、电影院等，避免自己一个女性和一大帮男性相处太久。

125

（6）必要时应采取行动，包括：明确表达厌恶之意，要求骚扰者立即停止骚扰行为；清晰记录性骚扰事件的人、事、时、地；骚扰仍不停止时，立刻向学校的老师或其他人员报告。

（二）防止性侵害

（1）外出时，尽量在安全路线行走，避开荒僻和陌生的地方。

（2）女性晚上外出时，应结伴而行。

（3）女性外出要注意周围动静，不要和陌生人搭腔，如有人盯梢或纠缠，尽快向大众靠近，必要时可呼叫。

（4）避免单独和陌生异性在封闭的环境中会面，尤其是对方的住处。

（5）在外不可随便享用陌生人给的饮料或食品，谨防有麻醉药物；拒绝异性提供的色情影视录像和书刊图片，预防其图谋不轨。

（6）如果是新认识的朋友，不要单独赴约，刚开始的约会应尽量选择在公共场合，时间也不宜太晚。

（7）一定要相信自己的直觉，发现有人心怀不轨，立即躲避，不要犹豫。

（8）用谈话拖时间。争辩往往无效，用交谈拖延时间，使他放松戒备，然后寻找逃走机会。

（9）遇事保持冷静警觉，随机应变，善用随身物品（如锁匙、戒指，甚至雨伞或鞋）做反击武器，快而准地攻击对方的眼睛、耳、鼻或下体等。

（10）受到了性侵犯，要谨记犯案者特征，留好证据，尽快告诉家长或报警，切不可因害羞、胆怯导致延误时间、丧失证据，让犯案者逍遥法外。

（11）屈服不是同意。如果你真的无法改变情势而屈服，也不要为此自责。因为在威胁或强制情境下，顺从可能是唯一的选择。你最重要的使命是要保护自己，你要活下去。

心情日记

爱情成熟时性才完美

　　爱情是精神的契合、灵魂的依赖，是两个人之间的信赖、尊重和接纳。爱情不是为了满足生理上对于性的需求而进行的活动，爱情与性密不可分，没有爱情的性会带来对于感情的不信任、对于关系的不确信。伴随着爱情的成熟，男女双方对于彼此的了解越来越深入，性在其间自然而然发生和发展。有爱存在的性是亲密的、温馨的、美好的；没有爱存在的性，只是冲动的抒发、生理上的排解。深入心灵的爱情中，两个人有能力为对方的健康、前途负责，两个人彼此进行爱的表达，深深地关切对方。在关系中，性的作用在于，它是一种爱的表达方式，性可以帮你体验爱、滋润爱，但它不是检验或证明爱的方式。

心理测试

大学生爱情价值观问卷

　　指导语：请按下面每道题与你实际想法的符合程度，进行5级评分，1分表示"完全不符合"，2分表示"比较不符合"，3分表示"不确定"，4分表示"比较符合"，5分表示"完全符合"。

1. 如果与恋人相爱，即便父母和朋友都反对，我仍会坚持自己的意见。（　　）

2. 追求爱情能使我感觉到自身的存在。（　　）

3. 如果一份感情有意义，任何障碍都能克服（如经济拮据或职业冲突等）。（　　）

4. 生命诚可贵，自由价更高，若为爱情故，二者皆可抛。（　　）

5. 如果爱一个人，就可以心甘情愿地牺牲自己的愿望以便实现他（她）的理想。
（　　　）

6. 与陌生人发生性关系是一件非常新鲜刺激的事。（　　　）

7. 如果我爱一个人，我会不顾任何阻碍地维系我们之间的关系。（　　　）

8. 只要能和相爱的人在一起，就算天天喝稀饭、吃咸菜也幸福。（　　　）

9. 爱情应该是婚姻的前提。（　　　）

10. 爱情的价值在于征服异性后的那种满足和自我肯定感。（　　　）

11. 当一个人彻底坠入情网时，爱就是一切。（　　　）

12. 爱情只是男女双方性欲满足的伴随物。（　　　）

13. 一个人一旦有了美妙的爱情，也就拥有了一切。（　　　）

14. 即使和他（她）没有感情，我还是可以和他（她）发生性关系。（　　　）

15. 我期望在我的情感世界里，爱情永驻，并且不随时间的流逝而褪色。（　　　）

16. 找一个漂亮女友或是帅气男友只是为了满足在朋友面前的虚荣心。（　　　）

17. 没有性欲就不可能有爱情，爱情的全部内容只是性本能而已。（　　　）

18. 爱意味着能够自由、放松地和他（她）沟通。（　　　）

19. 身材好的异性常会让我产生性幻想。（　　　）

20. 我希望找一个各方面都比我强的异性，那样会让我觉得很有面子。（　　　）

21. 爱情生活的全部价值就在于追求物质的享受。（　　　）

22. 多个性伴侣更能满足感官的享受。（　　　）

23. 爱情的宝贵，远胜世上的名与利，使人愿意放弃一切去争取和拥有。（　　　）

127

24. 为了我的爱人，我愿意付出一切，哪怕是自己的生命。（　　　）

25. 选择恋人时，我会首先考虑他（她）的经济实力如何，那样会缓解生活的压力。
（　　　）

26. 我乐于同时和几个异性共享"爱情"。（　　　）

27. 我需要找一个某方面比自己强的对象，以弥补自己的不足。（　　　）

28. 爱情是两个人感情的交融，心灵的共鸣，是互尊和自尊的统一。（　　　）

29. 爱情固然重要，但面包、房子更重要。（　　　）

30. 一对恋人，只有在思想感情、理想志向、人生态度上取得和谐，才能产生爱情的共鸣。（　　　）

31. 我总是尽量帮助我爱的人渡过难关。（　　　）

32. 爱情的价值在于性欲的满足。（　　　）

33. 爱情的真谛就是以精神需求为重心的真善美的统一。（　　　）

34. 与他（她）相爱，我更看重的是能否从他（她）那里得到对我有用的东西。（　　　）

35. 男女发生性行为是很正常的，是一个人的生理需求和本能行为。（　　　）

36. 是否对一个人心生爱意，首先要看对方家庭背景、经济条件、社会地位等。（　　　）

37. 我坚信要相爱到永远就必须真诚。（　　　）

38. 爱情只是一种谋生的手段。（　　　）

39. 我觉得利用自己的外貌得到我想要的东西是件很划算的事。（　　　）

40. 爱之前要严肃认真，一旦产生了爱，就要忠贞不渝。（　　　）

41. 我希望能找一个有钱或有权的人，这样可以节省我奋斗的时间。（　　　）

42. 爱情这个东西太虚无缥缈了，还是物质利益来得实惠些。（　　　）

43. 我希望我的恋人能有我所崇拜的名人的特点。（　　　）

计分方法

本问卷分4个维度，每个维度的得分为所包含题目的总分除以题目个数，得分越高，表明此种价值观取向越占主导。各维度所包含的题目及解释如表8-1所示。

表8-1 各维度所包含的题目及解释

维度	对应题号	解释
贪图性欲	6、12、14、17、19、22、26、32、35	认为爱情就是能使两性结合、发泄性欲的途径。这种人只是单纯地追求异性肉体，且一旦原有的对象不再能激起应激性性欲反应时，他们便会追求新的性欲对象。他们把爱情当作一种游戏，以自我为中心，不愿被爱情束缚，将性视为欲望的发泄或一种战利品
现实功利	10、16、20、21、25、27、29、34、36、38、39、41、42、43	并不把爱情作为最终目的，认为世界上根本不可能有真正的爱情，两个人在一起只是有利可图。把爱情看作一种交易，是达到改变自己社会地位、经济条件、满足自身虚荣心和生活方式的一座桥梁，功利思想相当强烈。他们往往会站在现实的角度上选择最符合条件的爱人，这些条件包括家庭出身、学历、能力、未来成就等。只要他们觉得与对方交往为合算的交易，就会继续对这种关系保持忠诚；反之，一旦他们觉得对方不再值得，就会提出分手
理想浪漫	1、2、3、4、5、7、8、11、13、23、24	对于爱情的物质基础并不十分看重，他们不会计较对方的出身地位、经济条件，甚至也并不十分在意对方的外表，他们要求的是彼此能在精神上得到很大程度的和谐统一。他们注重爱情的过程和体验，通常不在乎最终是否能走向婚姻，对爱情的期望值很高，对对方充满了浪漫的期待
传统奉献	9、15、18、28、30、31、33、37、40	持有这种价值取向的人会有两种表现形式：其一是在爱情中甘愿付出、执着，愿意为对方奉献一切而不期望任何回报，他们认为爱情就是应该为所爱的人付出一切；其二就是在爱情中对爱情缺乏主动热情和追求，只是把爱情当作人生必经的一个阶段而已，认为这是社会、父母给自己必须完成的任务，他们不明白爱情究竟是什么，既不想从爱情中获得什么，也不想为爱情做出牺牲。这种人如果组织了家庭，哪怕不爱对方，也会维持家庭的完整

（本测试结果仅供参考，若有需要，请咨询专业人员。）

128

// **本章习题** //

1. 简述斯腾伯格提出的爱情三角理论的主要内容。
2. 有哪些方法可以更好地应对失恋？
3. 性心理健康包含哪些内容？

第九章

不经风雨，怎见彩虹
——压力管理与挫折应对

"人有悲欢离合，月有阴晴圆缺，此事古难全。"尽管我们希望一帆风顺、万事如意，但压力与挫折总是不可避免。谁没有遭遇过失败，谁没有体验过悲伤、压抑、寂寞？最终的结果只有两种：有的人，一蹶不振，步步沉沦；有的人，愈挫愈勇，有所成就。原因何在？横看成岭侧成峰，远近高低各不同。唯有以积极的心态，永葆身心平衡，笑对人生挑战，才能迎接风雨之后的绚烂人生。

- **本章学习目标**

- 了解压力与挫折的基本含义，正确认识压力与挫折。
- 了解大学生面临的主要压力与挫折，学会对压力承受能力进行自我评估。
- 掌握应对压力与挫折的基本策略，学会常见的缓解压力的办法。

第 一 节

压力管理

人生是一场无尽无休，而且是无情的战斗，凡是要做个能够称得上为人的人，都在时时刻刻向无形的压力挑战。

——罗曼·罗兰

痛苦是人类伟大的教师，灵魂在痛苦的气息下日益茁壮。

——叶欣巴哈

肖笑（化名）已经很久没有笑过了。在同学们无忧无虑享受美好大学时光的时候，肖笑考虑的是如何养活自己。她心里盘算着，学习成绩首先不能落下，奖学金是一定要争取到的；餐厅打工已经托社团的同学打听了，现在还没有回信；手里的钱只够用到下周，这周末必须找到发传单的工作，日结的那种。看着室友正在跟妈妈亲热聊天，肖笑很是羡慕。她的妈妈很早就跟爸爸离婚并再婚组建家庭，她们许久未联系了。上次联系还是 12 岁的时候，肖笑跟爸爸吵架，满怀希望去投奔妈妈，结果妈妈在看到她的一刹那，脸上不仅没有惊喜，还有些厌恶。在一起生活的一周里，妈妈不止一次没有缘由地对肖笑发脾气。肖笑既失望，又伤心，找个理由走了。自此，她再也没有主动联系过妈妈。而爸爸则在去年因病去世了，除了农村的一间能勉强住人的屋子，什么都没有留下。伯伯叔叔料理了爸爸的后事，肖笑就暂住大伯家，而大伯母不止一次明示暗示，他们只负责肖笑读完高中，其他就不管了。想到自己无家可归的惨状和经济的捉襟见肘，肖笑又开始头疼了。

压力无处不在、无时不有，每个人都必须学会面对。其实压力是一把双刃剑，关键取决于我们以何种心态去对待，如果以消极心态对待压力，那么压力就会像瘟疫一样，可以轻松地摧毁一个人；反之，以积极心态看待压力，那么压力就会变成动力，可以潇洒地成就一个人。

● 心海泛舟

一、压力

压力，也称应激，于 1936 年由加拿大内分泌专家汉斯·塞利博士提出，指的是紧张或唤醒的一种内部心理状态，它是人体内部出现的解释性、情感性、防御性的应对过程。

二、压力源

压力源是指压力的来源。一般而言，任何让个体有被压迫感觉的事情都有可能构成压力源。一般来说，大学生的压力源有以下几种。

（一）学业压力

学业压力包括专业追求、学业考试、职业探索等。学习是大学生的主要任务，大学的学习课程多、难度大、要求高，面临学习方法与教师授课方式的转变，并且同学之间的竞争比较大。作为"天之骄子"的大学生，在大学以前，大部分学生名列前茅，但是在人才济济的大学中，以前的优越感很难保持，很多同学有种学习的紧迫感。同时，教学方式的转变，使应试教育下的学习习惯难以很好地适应大学的教学方法与教学体系，从而学习成绩下降，大学生感受到巨大的压力。有调查表明，有 30% 的大学生感到目前最大的压力是学习问题。

（二）人际关系压力

社会心理学家的一项调查表明，使人们感到幸福的既不是金钱，也不是名利、地位、成功，而是良好的人际关系。在现实生活中，大学生的人际交往状况不容乐观，甚至有部分学生出现人际交往受挫的状况。有学者形象地形容这种状况为"踏着铃声进出课堂，宿舍里面不声不响，互联网上诉说衷肠"。人际交往受挫是因为大学生在心理发展过程中心理活动具有某种含蓄、内隐的特点。他们既不愿意把自己的想法轻易告诉别人，但是又希望别人能够了解自己，能够真诚、坦率地对待自己；希望找到知心朋友但是又难找到知心朋友。在这种矛盾心理的支配下，大学生在交往的过程中容易形成一些交往障碍，如人际羞怯、人际恐怖，这些人际交往障碍进一步阻碍了大学生之间进行有效的沟通，而交流不顺利，大大降低了人际关系在压力面前的缓冲作用。

（三）恋爱压力

感情问题是大学生活中必不可少的重要组成部分，但是，一些大学生在恋爱的过程中存在很多困惑，如对恋爱的时机把握不好；不知道如何面对单恋、多恋与失恋；不知如何处理好恋爱与性的关系；不知如何更好地协调恋爱与学习；对异性之间的交往缺乏正确的认识等。所以，在爱情的甜蜜与压力之间，有些大学生更多地感受到了恋爱的压力，而这种恋爱的压力对大学生正常的学习与生活造成很大的困扰。其中，性与恋爱这一问题处理不好造成的问题最为严重。

（四）自我同一性压力

确定自我同一性是成年初期的一个重要发展课题。自我同一性是指个体将自身动力、能力、信仰和历史进行组织，纳入一个连贯一致的自我形象中。它包括对各种选择与最后决定的深思熟虑，特别是关于工作、价值观、意识形态与承诺等方面的内容。如果个体无法将这些方面整合起来，或者说他们感到没有能力做出选择，那么就会发生角色混乱，产生自我同一性危机，造成自我同一性拒斥或分散。因此，个体在这一时期，应该通过自身学习、与他人交流、积累社会经验等逐步确立较为稳固的自我同一性。

● 心路导航

策略一：觉察压力

（一）识别压力预警信号

我们可以通过压力预警信号识别压力，如表 9-1 所示。

表 9-1　压力预警信号

生理信号	情绪信号	精神信号	行为信号
头疼的程度与频率增加	容易烦躁、喜怒无常	缺乏注意力	睡眠紊乱，如失眠与睡眠时间的增加
肌肉紧张，尤其是头部、颈部、肩部、背部的紧张	消沉或经常性地抑郁	优柔寡断	饮酒、吸烟增多
皮肤干燥、有斑点、刺痛等	丧失信心与自负	记忆力明显下降	性欲减少
消化系统的问题，如胃痛、消化不良、胃溃疡等	精力枯竭、缺乏积极性	判断力降低	退出以前的人际圈
心悸、胸部疼痛	疏远感	持续对自己与周围环境持消极态度	很难放松，经常烦躁与坐立不安

（二）依据心率，体察压力

以一个比较舒服的姿势坐着，使用下列 3 种方法之一，看看你的静息心率是多少（使用秒表）。

（1）将一只手的食指与中指放在另一只手的手腕上，感觉你的脉搏，记下 30 秒内的脉搏次数。

（2）将一只手的食指与中指放在颈部下面、锁骨之上，手指移向肩部直到找到脉搏为止，记下 30 秒内的脉搏次数。

（3）将一只手的食指与中指放在耳朵前面靠近鬓角的地方，移动手指直到找到脉搏为止，记下 30 秒内的脉搏次数。

将 30 秒内的脉搏次数乘以 2，得到静息状态下每分钟的心跳次数。现在闭上眼睛想你不喜欢的某个人或者让你感到威胁的场景。如果回忆起某个人，想想此人的外表与笑容以及他什么地方招致你厌恶。如果真的不喜欢，就不要再想了。如果回忆起某个威胁场景，尝试将你放回到该场景中。生动地回想起该场景的所有细节，感觉那样的恐惧。像前面一样，回想该人或场景一分钟，记下 30 秒内的脉搏次数，然后乘以 2，用这个数字与前面静息状态下的心率进行比较。

你会发现，在回忆压力时心率会加快，即使没有任何肌体活动，心率也会升高，仅仅是心理活动就能提高心率。通过心率的快慢，你就会发现什么对你来说是有压力的了。

策略二：直面压力

（一）找到压力源

把那些让你受到压力影响的事情列张清单，以"我"开头，这样有助于增强自主意识，为应对压力做好准备。示例如下。

　　我恨自己的字写得不好。

　　我与别人在一起时，总怀疑别人打我的主意。

　　我很容易郁闷。

　　……

（二）采用凯利魔方方程式直面压力

采用凯利魔方方程式，用理性战胜负面的感性。

（1）询问你自己可能发生的最坏状况是什么。

（2）准备接受最坏的状况。

（3）设法改善最坏的状况。

具体的步骤如下。

（1）认清压力事件的性质。

（2）理性思考及分析问题事件的来龙去脉。

（3）确认个人对问题的处理能力。

（4）累积寻求能帮助解决问题的资讯，包括如何动用家庭及社会环境支持系统。

（5）运用问题解决技巧，拟订解决计划。

（6）积极处理问题。

（7）若已完全尽力，问题仍无法短时间克服，则表示问题本身处理的难度甚高，有可能需要长期奋战不懈，除了必须培养坚忍不拔的斗志，可能还需要其他的精神力量支持。

策略三：缓解压力

（一）做好压力日记

我们可以通过记压力日记，缓解压力，如表9-2所示。

表9-2　压力日记示例

致压因素	生理反应	心理反应	处理方法	更好的方法
常规因素： A. _____ B. _____				
特殊因素： A. _____ B. _____				
尝试的放松技巧及效果： ①_____。 ②_____。 ③_____。				
感受： 机体感受：_____。 心理感受：_____。				

注：常规因素是指经常体验到的因素；特殊因素是指很少遇到的因素。

我们不仅要关注某件事情或某天的事情，而且要明白那些与自己的生活压力相关联的因素。为此目的，需要提出以下问题。

（1）你经常遇到哪些致压因素？

（2）你需要或想继续体验这些致压因素吗？

（3）若否，哪些常规因素你可以消除，如何消除？

（4）对于致压因素，你的机体反应通常是怎样的？

（5）对于致压因素，你的心理反应通常是怎样的？

（6）你对致压因素的机体与心理反应，能够帮助你认识到压力，从而降低其伤害吗？

（7）有什么处理技巧是你经常使用的？

（8）这些技巧对你有益还是起相反作用？

（9）有什么技巧你认为可能有益，但不常用？

（10）你如何使自己经常使用那些你不常用的技巧？

（11）是否有一些放松技巧对于你比对于别人更有效？

（12）你在运用放松技巧时是否有困难？是因为没有时间、没有地点，还是因为不安静？

（13）你如何更好地组织自己的生活以获得一段时间的放松？

（14）在产生压力的事件前后你是否有生理反应？

（15）在产生压力的事件前后你是否有心理反应？

（16）是否有什么方法可以防止你由于压力而引起的生理或心理反应？

（17）作为记录与分析日记的结果，应尽可能详细地总结出你将要做的事情，如不仅仅说明你将会更加放松，更要具体描述每日放松的时间、地点及方式，越具体越好，要有较强的可操作性。

经过一段时间后，比如两周后，提问并回答上面的 17 个问题，那时你将更深刻地了解自己的压力体验，从而调整你的生活以避免致压因素。

（二）合理释放

合理释放不仅指向外宣泄与表达，还包括向内深入体验。大学生可以通过放声痛哭、向知音倾诉等方式把不良的情绪适当地排解出来，还要学会深入体会生活中的积极感情与美好感受。

133

（三）冥想练习

找一个安静的地方，集中精神，可以先做呼吸训练与放松练习。选择一个舒服的姿势，坐在椅子或地板上，同时脊柱挺直。尽量让身体放松，再放松。闭上眼睛或者凝视前方的一点，选择任何你感觉到舒服的一个点。

用鼻子吸气，用嘴呼气。吸气、呼气，然后暂停，轻松而自然地呼吸。吸气的时候，默默地告诉自己"将平静吸进来"，呼气的时候，默默地告诉自己"将紧张呼出去"。当一些想法使你的注意远离呼吸时，停止这些想法，并重新去关注呼吸。

每次做这个练习 10 ～ 20 分钟。做完练习后，先不要站起来，而是静静地坐着，眼睛紧闭，将感觉保持一段时间。

（四）呼吸减压法

（1）端正坐好或站直，把所有的烦恼与琐事放在一边。

（2）开始缓慢地、深深地吸气。

（3）吸住气默数到三。

（4）慢慢地把气吐出。

（5）暂停呼吸，默数到三。

（6）重复上述步骤多次，直至感觉到比较放松与舒服。

（五）放松训练

放松训练是指身体与精神由紧张状态转向松弛状态的过程。放松主要是消除肌肉的紧张，主要的放松训练有肌肉放松训练、想象放松练习等。下面介绍一种简单的想象放松训练法。

想象放松训练

（1）选一个安静的房间，平躺在床上或坐在沙发上。

（2）闭上双眼，想象放松各部分紧张的肌肉。

（3）想象一个熟悉的、令人高兴的景致，比如校园或者公园。仔细看着它，寻找细致之处。如果是花园，找到花坛、树木的位置，看着它们的颜色与形状，尽量准确地观察它们。

（4）此时，敞开想象的翅膀，幻想来到一个海滩，躺在海边，周围风平浪静，波光熠熠，一望无际，你心旷神怡，内心充满宁静、祥和。

（5）随着景色越来越清晰，幻想自己越来越轻柔，飘飘忽忽地离开躺着的地方，融进环境之中。阳光、微风轻拂着你。你已经成为景色的一部分，没有事情要做，没有压力，只有宁静与轻松。

（6）在这种状态停留一会儿，然后想象自己又慢慢地躺回海边。景色渐渐离你而去。再躺一会儿，周围是蓝天白云、碧涛沙滩，然后做好准备，睁开眼睛，回到现实中来。此时，你的头脑平静，全身轻松，非常舒服。

（六）体育锻炼，缓解压力

每周进行必需的身体锻炼，如健美操、跑步、游泳、快走等。但是体育运动不要过量，否则过量的体育运动本身就是一种压力源。每天 30～45 分钟适量的运动对健康非常有益。

（七）加强生理储备

要有合理、健康的饮食。牛奶、小鱼干等富含丰富的钙质，能够明显缓解压力。尽量不服用含有尼古丁、咖啡因及其他刺激性的物品，减少脂肪的摄入量，成年人每日食用的脂肪不得超过 80 克。食用不饱和油脂，多吃新鲜水果和蔬菜，减少糖和盐的摄入量。

（八）建立良好的社会支持系统

要善于与家人、老师、邻居、朋友等建立良好的关系，特别是加强与同学的沟通。在压力过大时，积极寻求他人的协助，依托朋辈群体及家庭成员，互相支持，互相帮助，共同克服和消除压力的消极作用。

上天自有安排

那年夏天，总是梦魇。铺天盖地的考试，分分秒秒的倒计时。可紧绷的弦，却断了最后。高考前夕，我坐在轮椅上，还险些失去了视力。

窗外的声音异常清晰。老师娓娓道来的知识点伴着窗外啁啾的鸟鸣，让人仿佛忘记了身在高三的课堂，直到双腿钻心的疼痛把我拉回现实。眼前总是有一层厚厚的雾，想看清书本上的字迹，总要借助放大镜才行。

我总会在疼得受不了时咬自己的手腕，那个课间我咬出了血。可能是我把自己咬疼了，泪水忍不住就要砸下来，我赶紧伏案装作小憩，可抖动的肩膀还是被老师看见。"别哭了，好吗？"上课铃声响起，她开始公布上次测验的成绩。

那是数学，我的弱科，而那次我的成绩却很好。念到我的时候，一向在班里高冷的老师突然哽咽，然后泪水哗地就下来了。班长抬起头为她递上纸巾，这才发现很多人都哭了。

我再也不想哀怨我的经历，我不倒霉，我有爱我的老师和同学，我是世界上最幸福的小孩。

"如果你拼尽全力依旧不如人意，那定是上天另有安排，高考是一张纸，未来才是一幅画。"那个夏天，老师们温柔地摸着我的头，守护了我生命中最脆弱的一程。什么是成长？成长不是你跨过高考收获了什么成绩，而是在这一程学会如何接纳不完美的自己。

（武汉生物工程学院 2021 级汉语言文学专业　云水）

第二节

挫折应对

一个人面临危机的时候，如果把握住这个机会，你就成长。如果放过了这个机会，你就退化。

——马斯洛

人的生命似洪水在奔腾，不遇着岛屿与暗礁，难以激起美丽的浪花。

——奥斯特洛夫斯基

 **心灵故事**

我在初中时学习成绩一直很好，进入高中后，每次考试也都名列前茅。但上大学后的第一学期期末考试，高等数学仅得70分，我的内心受到极大的打击。因为数学一直以来都是我的强项，从没低过90分……自从那次期末考试后，我感觉自己就像变了一个人，过去的我，热情开朗、乐于助人，可现在的我，整天变得闷闷不乐、寡言少语。我为什么总感到周围的同学在嘲笑我呢？我现在动不动就发脾气。有几次，同学叫我一起去看电影、看足球赛什么的，这都是我从前热衷的事情，可现在我却全部拒绝了，总想把自己锁在宿舍里，甚至不愿和任何人接触。我刚进大学时，充满了自信，但很快发现自己这个在中学时备受老师宠爱与同学钦佩的佼佼者，不再像以前那样引人注目了，班里同学都是各地、各学校的优秀生，自己在里面只是普通一员，感到从未有过的挫折与失落感。

135

风雨过后，是鸥翔鱼游的天水一色；荆棘过后，是铺满鲜花的康庄大道。没有必要因叶落而悲秋，没有必要因挫折而放弃抗争，一花凋零荒芜不了整个春天，一次挫折荒废不了整个人生。直面挫折，才能积蓄人生的力量，为新的目标奋斗。

● **心海泛舟**

一、什么是挫折

挫折即个体在从事有目的的活动过程中，遇到难以克服的障碍，致使个人动机不能实现，需求不能满足的情绪状态。挫折这一概念包含3方面的含义：一是使需求不能获得满足的内外障碍等情境条件，称之为挫折情境，如恋爱失败；二是对挫折情境的觉知与评价，称为挫折认知；三是伴随着挫折认知，对自己的需求不能得到满足而产生的情绪与行为反应，称为挫折反应，如恐惧。

二、大学生常见挫折类型

（一）学习挫折

学习挫折是在学习和智力活动中遭遇的挫折，如老师讲课内容自己听不懂、记忆力衰退、考试失败等。

（二）人际交往挫折

人际交往是人类的一种基本需求，这种基本需求得不到满足，人就会感到空虚、孤独。一些同学由于人际交往经验不足，缺乏接触社会和人际交往的基本能力，与同学关系不够融洽。这些人际交往挫折使大学生在心理上产生苦闷、烦躁等消极情绪，常常感到孤独无助，导致自闭、偏执等心理问题。

（三）恋爱挫折

大学生渴望接触异性，向往美好爱情。但许多大学生对感情的理性认识不够，自控力差，对感情投入过多精力，整天忙于二人世界，一旦恋情遭遇波折就痛不欲生，不能正确面对失恋，甚至产生报复念头，给自己和他人造成很大的伤害。如得不到及时疏导，极有可能造成难以挽回的后果，甚至因绝望而走上轻生的道路。

（四）就业挫折

就业竞争越来越激烈，就业压力与日俱增，耐挫力较差的大学生因此焦虑、忧愁，很容易产生心理困扰。

（五）经济困难挫折

随着高校教育制度与收费制度的改革，现在的大学生面临较大的经济压力，特别是贫困与特困大学生，在高额的学费与生活费面前无力应对，有的甚至严重到"不敢随便多吃一点东西，否则生活费就没有了"的地步，经受巨大的压力。

三、面对挫折的常见心理反应

挫折源刺激大脑神经，破坏了神经中枢原有的平衡状态，会引起种种心理反应。常见的心理反应有如下几种情况。

焦虑：躁动不安，并可伴有心悸、出汗、呼吸不均、血压升高等生理症状。

攻击：受挫者采取伤害他人的行为。攻击有直接攻击与间接攻击两种形式。直接攻击，如一大学男生，发现自己所暗恋的女生在舞会上不接受自己的跳舞邀请，却与另一男生跳舞，感到自己受到奇耻大辱，不可自制，第二天见到那位男生时，竟殴打对方。间接攻击又称转向攻击，有人在单位受领导批评后回家找自己的爱人与小孩撒气，这就是间接攻击。

冷漠：个体在长期遭受挫折后，既无法对挫折源进行直接攻击，也找不到适当的"替罪羊"进行间接攻击，因而出现冷漠。屡次恋爱失败后对爱情的无所谓就是一种冷漠。

固执：个体受挫后一意孤行地重复某种活动或坚持某种想法，尽管这种坚持已无成效，但仍要坚持下去。有的学生失恋后仍一如既往地思念以前的恋人，甚至想方设法再度接近对方，尽管事实上已无法挽回。

● **心路导航**

策略一：积极看待挫折

（一）一分为二看挫折

正确认识挫折要求我们认识到挫折的两重性：挫折一方面对人有消极的影响，如挫折会影响个体的积极性，损害个体的身心健康；另一方面也有积极的作用，如挫折能增强个体情绪反应的力量，增强个体的容忍力等。因此，辩证地看待挫折，能够将不利因素变为有利因素，化消极因素为积极因素，促使挫折向积极方面转化。

● **小活动**

思考挫折

（1）想想挫折有哪些好处，运用发散思维，给出尽量多的结果。

① 挫折可以让我换个角度看待问题。

② 挫折可以让我有一段时间休息。

……

（2）回忆自己所经历过的挫折以及它们给你的人生带来的影响，从负面、正面两个方向分析，并填写表9-3。

表9-3 挫折事件大串联

发生时间	挫折经过（概况）	负面影响	正面影响

（二）挫折磨炼意志

教育家海伦·凯勒一岁半时，一场猩红热使她高烧不退，昏迷不醒。医生断言，这个可怜的孩子活不成了，可是她却活下来了，不幸的是这场重病夺去了她的视力与听力，随后她又丧失了说话的能力。病魔把她抛进了黑暗而死寂的世界。她竟然学会了读书与说话，并以优异的成绩大学毕业，成为一名知识渊博的教育家。

较好的学习与成长环境有利于我们成长、成才，但如果仅仅在这种比较顺利的环境下成长，则不利于形成坚强的性格，一旦遭遇挫折，则会承受更大的压力。压力与挫折能够磨炼意志，增强个体忍受挫折的能力。

（三）挫折增强情绪反应能力和解决问题的能力

200多年来，人们赞叹贝多芬在音乐上取得的巨大成就，惊叹于在挫折中他的勇气与创造力。因为家庭贫困，贝多芬没能上大学，17岁时得了天花与伤寒。1796年，26岁的贝多芬患了耳咽管炎，到1799年，变成严重的中耳炎，此后耳聋的程度逐年加大。在这一致命打击下，贝多芬几乎想要结束自己的生命。然而，为艺术而献身的理想最终使他重新鼓起对生活的勇气。他以惊人的毅力克服了难以想象的困难，创作了大量的音乐作品。有时为了听一下曲子的音响效果，他将木棍的一头咬在嘴里，另一头插在钢琴的琴箱里，通过木棍来感受音乐。39岁时，贝多芬全聋了。贝多芬说自己要扼住命运的咽喉，绝不屈服，他坚强地沿着美好的生活目标，走完自己不屈的一生。

挫折会产生一种内驱力，驱使一个人为实现目标而做出更大的努力。当面临压力与挫折时，神经中枢受到强烈的刺激会引起情绪兴奋、精神集中，整个神经系统兴奋度提高。在此状况下，我们的思维活动会加快，情绪反应能力与解决问题的能力会提高。

（四）挫折提高生活适应力

肌萎缩侧索硬化让霍金永远"固定"在轮椅上。疾病这一挫折没有把他击倒，反而调动了他的潜在力量，使他提高了生活适应能力，获得了经历挫折后的成功与超越。

挫折使人产生失望、颓废等消极情绪，但挫折又能给人教益，让当事人清醒，积极总结自己的经验与教训，提高个人的反思能力，增强对自我的了解，提高自我觉察意识。同时使人对社会有一个较为客观的认识，对理想与现实有一个较为恰当的把握，从而提高生活适应能力。

策略二：运用心理防御机制

（一）升华

升华是指个体在遇到挫折后，将自己不为社会认可的动机转变为符合社会要求的动机或需要，或将低层次的行为引导到有建设性、有利于社会与自身的较高层次的行为。

升华是一种最具有建设性、积极的行为反应：古之文王拘而演《周易》，仲尼厄而作《春秋》，屈原放逐赋《离骚》，司马迁受辱著《史记》……在高校中，一些貌不惊人的学生，由于长相、身材等的影响，他们在最初的社会交往中并不引人注意，

扫一扫

心理防御机制

137

于是他们在学问、思想道德修养等方面下功夫，从而学习成绩出类拔萃、品德优秀，为同学所瞩目。

（二）补偿

补偿是行为受到挫折或个体某方面目标无法达到时，个体加倍努力发展其他方面的优势与特长，以期获得其他方面的成功，弥补由于挫折或缺陷而丧失的自尊与自信心。表现为"失之东隅，收之桑榆"。如有的大学生学习成绩不好，社会工作却做得有声有色；有的大学生貌不出众，语不惊人，却能写出一手好文章；等等。

适当地运用补偿，对维护自我形象，增进个人的安全感等有很大的作用。但是如果运用不当，就会有很消极的作用。如某男生性格柔弱，为证明自己是男子汉，便满口粗话，吸烟喝酒，口出狂言，这就是过度运用补偿。

（三）认同

认同又称认同作用或仿同，是指个体在受挫时，仿效他人的经验或行为，或把别人具有的优点加在自己身上，以使自己更好地适应环境、提高自信心，从而减轻内心的挫折感。

大学生常常把一些历史名人、科学家、自己仰慕的老师等作为自己认同的对象，从他们的人生经历、奋斗精神，甚至风度、仪表等方面获得信心、力量与勇气，进而奋发进取，战胜挫折。但是为了掩饰自己的弱点（如自卑）而去盲目模仿别人的举止、打扮等，则不利于大学生个性心理品质的发展。

（四）投射

投射是受挫者把自己内心不被允许的愿望、冲动、思想观念、态度与行为等转嫁于他人或其他事物上，以摆脱内心的紧张心理，从而保护自己并为自己的行为辩护。以自己的想法来推测别人的想法，以为自己这样想这样做，别人也会这样想这样做，从而使自己心理上达到平衡。

"以小人之心，度君子之腹""我见青山多妩媚，青山见我亦多情"等都是投射作用。有一项实验研究是，请大学生联谊会的每一个成员评价其他成员的吝啬、固执、散漫等品质，每位成员也要对自己进行评价。结果表明，大家公认的不好品质特别突出的那些大学生，却未意识到自己具有这样的品质，他们反而更倾向于把那些令人讨厌的品质加在别人头上。

（五）幽默

幽默是指当个体处境困难或陷于尴尬境地时，以自嘲或自我调侃的语言来化解内心的焦虑与不安。人格发展较为成熟的人，常常懂得在合适的场合运用幽默，以摆脱困境、减轻内心的紧张感。

大学生培养一份幽默感，不但有利于身心健康，而且有利于破除人际关系的僵局，促进人与人之间的交往。积极培养幽默感有以下几种方法：（1）尝试发现事物的光明面；（2）即使面临困境，也能持达观、开放的态度；（3）不必顾虑太多；（4）对自己的缺点一笑置之；（5）感到沮丧不安时，试想一些令人发笑的事情；（6）经常以开朗态度待人；（7）百思不得其解或心理矛盾时，尝试用幽默来解决。

（六）否认

否认是个体否认事实上已经发生的令自己不愉快的事情，认为它根本没有发生。其目的是以拒绝承认痛苦事实来躲避心理上的紧张与不安，是一种最简单、最原始的心理防御机制。否认作用在一定程度上保护了自己，给自己多一些时间来思考并做出决定，但是，它并不能使所否认的事情得到解决，从长远来看是不足取的。

比如，小孩子闯了祸，用双手把眼睛蒙起来；沙漠中的鸵鸟，敌人追赶在后其无法逃掉时，就把头埋于沙堆中，当作没这回事儿一样，这些都是否认的表现。

（七）幻想

幻想是指个体面对困难与挫折时因无法处理而用想象的方式，使自己从现实中脱离出来，沉浸于幻想的境界之中，以此获得心理的满足。幻想可以使人暂时获得安全感与满足感，缓冲挫折情绪，但因带有浓厚的自我陶醉的虚幻色彩，过分使用容易使人逃避现实，不利于大学生的心理健康。

比如，一位大学生恋爱受挫，失去了恋人，但他幻想有许多妙龄女子向他求婚，他是如何高贵而浪漫。现实越是使他感到痛苦，幻想就越使他感到愉快。

（八）转移

转移是指原先对某些对象的情感、欲望或态度，因某种原因（如不符合社会规范、具有危险性、不为自我意识所允许等）无法向这些对象直接表现，而将其转移到一个较安全、较为大家所接受的对象身上，以减轻自己心理上的焦虑。

有位被上司责备的先生回家后因情绪不佳，就借题发挥骂了太太一顿，而做太太的莫名其妙挨了丈夫骂，心里不愉快，刚好小孩在旁边吵，就顺手给了他一巴掌，小孩平白无故挨了巴掌，满腔怒火地走开，正好遇上家中小狗向他走来，就顺势踢了小狗一脚，这就是转移。转移对减轻心理压力、避免不当的攻击行为等有一定的作用，但如果转移对象不对或对之采取直接的攻击行为则是有害的。

（九）合理化

合理化是指以看似有理的解释为自己难以接受的情感、冲动、语言、行为等进行辩解，以保持认知一致，避免心理冲突。合理化有两种典型的表现，分别是酸葡萄心理和甜柠檬心理。酸葡萄心理指对渴望却得不到的事物、关系等进行丑化或者贬低，从而将自己从消极情感中解脱出来。寒窗苦读十年，一朝高考落榜，沮丧的学子安慰自己"上大学并不重要，只是众多选择之一"，从而避免了过度的悲伤和自我怀疑。甜柠檬心理指对于已经得到却不满意的事物、关系等进行美化，从而保持心理平衡。妻子喜欢热闹，但丈夫却木讷寡言，于是妻子逢人就夸丈夫忠厚老实，这就是甜柠檬心理的表现。

139

策略三：提高挫折承受力

（一）正确归因

失败并不可怕，可怕的是你根本不知道自己败在哪里。不知道自己败在哪里，以后就有可能在同一个地方失败，因此，我们要理性分析，弄清楚自己遭受挫折的原因何在。

弄清楚原因中哪些是主观的、哪些是客观的、哪些是自己可以控制的等。改变那些可以改变的，接受那些不能改变的，或者在根本不能改变的情况下干脆放弃，另谋出路。

挫折原因反思

（1）组建小组，4～8人为一组。

（2）请一位同学回忆自己所经历的挫折。

①提出第一个问题：问题究竟出在哪里？先自己分析，然后大家共同讨论。

②提出第二个问题：是否一定会这么糟糕？先自己分析，然后大家共同讨论。

③提出第三个问题：对此，我能采取什么补救措施？先自己分析，然后大家共同讨论。

④重新分析和总结自己对所经历过的挫折的认识。

（3）换其他同学重复以上步骤。

（二）调节自我抱负水平

自我抱负水平是指个人对未来可能达到的成功标准的心理需求，是指人们在从事某种实际活动之前，对自己所要达到的目标规定的标准。如果一个人对自己规定的标准高，那么他的自我抱负水平就高；如果对自己规定的标准低，那么他的自我抱负水平就低。可见，自我抱负水平是自定的标准，仅仅是个人愿望，与个人的实际成就不一定相符。

个人的自我抱负水平必须建立在对自己的实际能力正确认知的基础上，如果一个人的抱负水平总是高于自己的实际能力，那就很难达到预期的目标，容易遭受挫折。

（1）我们必须学会根据自己的实际能力正确设定生活的目标，并在前进中及时调整。如果设定的目标不切实际，前进受阻，就要及时调整，以便继续前进。

（2）对远大目标，把它分解成长期、近期和当前目标。如对于考研，就可以由易到难给自己设定目标，当受到挫折后，及时调整目标，改进方式方法。

（3）把自己的目标与社会的客观环境条件、社会利益等因素加以综合考虑，这样才能做出有助于自身且更有助于社会的成就。

（三）自我激励

1. 名言警句激励

经常说一些让人奋进的名言警句，特别是遇到挫折与危机时，这些句子会让人感到非常强大的力量。如不经历风雨，怎么见彩虹；天将降大任于斯人也，必将苦其心志，劳其筋骨，饿其体肤，空乏其身；宝剑锋从磨砺出，梅花香自苦寒来。

2. 其他形式的自我激励

当感到生活、学习没有动力时，可以尝试下面的激励方法：获得成功后及时给自己奖励；经常与成功人士交往；寻求与志同道合者合作；看成功人士传记，听成功人士演讲；参加心理素质潜能开发培训班，挖掘自己的潜能。

一朵摇曳的花

2020 年，突如其来的新冠肺炎疫情席卷我国大地，姗姗（化名）的大学生活就此发生了巨大的改变。活泼热闹的课堂被冰冷的网课替代，班级群里的打卡成了每日"必修项目"，原定的国内外旅行遥不可及，连每月回家都成了奢望。姗姗感到非常压抑、非常焦虑。

突然有一天，看到阳光下怒放的鲜花，姗姗觉得，这样"丧"的日子不是自己想要的生活，她必须有所改变。

姗姗报名参加了学校开设的"压力管理"团体辅导，知道了生活事件、社会环境、人际关系等都会给人带来巨大压力。接着，她开始梳理自己的日常生活，制作了详细合理的日程安排表，增加了每天散步 1 小时的运动，参加了感兴趣的插花课，同时保证充足的睡眠。姗姗在活动中结交了新朋友，向他们分享自己的困惑后，发现大家都有一样的烦恼，她瞬间觉得轻松了不少。她向室友取经，掌握了忽略疫情存在的本领，开始有意识关注美好的校园、有趣的校内活动。"慢慢来"是她在功课遇到难处时常告诉自己的话；当有些许头痛时，她就安静坐下来，给自己来一次放松训练。

现在，疫情还未结束，生活依旧如此，但姗姗却觉得自己变成了那天看到的花，迎风摇曳，努力向上。

心理测试

逆境适应能力测试

逆境适应能力测试题（见表 9-4）有 20 道测试题，请你根据自己的实际情况作答。

表9-4 逆境适应能力测试题

题目	是	否	不全是/不一定/不确定
1. 你童年时很受父母宠爱	1	5	3
2. 你步入社会后经历坎坷,屡遭挫折	5	1	3
3. 你初恋失败后几乎丧失了生活的勇气	1	5	3
4. 你的收入不高,但手头不缺钱花	1	5	3
5. 你无法忍受和性格不同的人在一起工作	1	5	3
6. 你从不失眠	5	1	3
7. 你的朋友贸然带一个你非常讨厌的人来访,对此你感到恼火	1	5	3
8. 原定你晋升职务,可公布名单时却换成了另外一个人。即使如此,你也心情坦然,并向他祝贺	5	1	3
9. 你看到那些穿着奇装异服的人就感到讨厌	1	5	3
10. 你认为一些新规定的实施,都是理所应当的	5	1	3
11. 你接连遇到几件不愉快的事,苦恼不断加重	1	5	3
12. 即使同工作上的竞争对手交谈,你也能友善平和	5	1	3
13. 你结交新朋友相当容易	5	1	3
14. 别人未经允许随便动用你的物品,你会长时间地感到恼火	1	5	3
15. 即使多次失败,你也不放弃再做一次尝试的机会	3	5	1
16. 对于没有完成的重要事情,你寝食难安	5	1	3
17. 至少有一半的成功把握,你才会冒险去干一些事	5	1	3
18. 你很容易染上传染病	1	5	3
19. 别人若对你不公正,你会怀恨在心,一定要找机会进行报复	1	5	3
20. 有空闲时间,你就想读小说和娱乐性报纸	5	1	3

结果分析:20～50分为A型;51～75分为B型;76～100分为C型。

A型:无法承受突如其来的变故,这可能和你一帆风顺的经历有关。性格脆弱,经受不住刺激,更经不起意外打击,即使稍不遂意,你也寝食难安。这是你的主要弱点,建议增强心理承受力,勇敢面对生活的挑战;同时少想个人得失,因为应付困难的能力说到底是对个人利益损失的承受力。

B型:心理承受力一般,在通常情况下不会有什么问题,至少有点烦恼。注意在大的挫折面前要更坚强一些。

C型:勇于迎接命运的挑战,你有不平凡的经历,能正视现实,对来自生活的困难应付自如,随遇而安。

(本测试结果仅供参考,若有需要,请咨询专业人员。)

本章习题

1. 当处于压力状态时,我们可能会有哪些表现?
2. 你经历过哪些挫折?你是如何应对的?谈谈挫折带给你的正面和负面影响。

第十章

生如夏花，逝若秋叶
——生命教育

要问大学是什么，那得想想人生是什么，生命是什么，青春是什么。大学岁月，是每一个人投入青春生命的年月，无论悲欢，无论迷茫，甚至怅惘，都是最为鲜活滚烫的生命体验，都会在未来的岁月中成为牵动生命神经的记忆。如果青春真如鲜花般活力绽放，我们要敞开生命，恣肆地汲取每一滴智慧的甘泉；我们要敞开生命，对每一缕关注的目光报以深情的芬芳；我们要敞开生命，在大千世界展示多姿多彩的人生。我们每个人都要敞开生命——成长。

- **本章学习目标**

  - 认识生命的含义、基本特征，以及生命的意义。
  - 了解大学生生命观的状况及认识偏差，并对生命观进行自我评估。
  - 掌握生命意义提升的策略与方法，丰富生命的意义和价值。

第 一 节

生命意义

我们一步一步走下去，踏踏实实地去走，永不抗拒生命交给我们的重负，才是一个勇者。到了蓦然回首的那一瞬间，生命必然给我们公平的答案和又一次乍喜的心情，那时的山和水，又恢复了是山是水，而人生已然走过，是多么美好的一个秋天。

——三毛

谁能以深刻的内容充实每个瞬间，谁就是在无限地延长自己的生命。

——库尔茨

这个世界，本应早早没有了我。7岁那年，我一个人在家睡觉却遇见了煤气中毒，摔下床的我爬到门口，用尽仅存的力气从门下面坏掉的部位把门抠开一条缝，院子里的橘猫迅速跑过来舔着我通红的脸，我没有过早陷入昏迷。儿时的劫难，仿佛过早让我看淡了生死。

成人那年，上天又来呼唤我归去。核磁室外排着长长的队伍，我前面是个瘦小的男孩子。他被父母费力地搬到核磁室的床上，沉重的门把他和父母隔开的那一刻，他沉默不语的母亲突然簌簌落泪，把脸埋入丈夫怀中，丈夫眼圈亦是通红。那个孩子身上被恶魔埋下了肿瘤的种子。我摇着我的轮椅走出核磁等候厅，报告打印机前，一个强壮的男人蹲在地上失声痛哭。那一天，回家已经是半夜，烧得迷迷糊糊的我喃喃自语："妈，寿衣好难看啊，你让我穿一身汉服好不好？"

被死亡牵过手的我迎来了我的成年礼，如今的每一天都是我和上天讨价还价得来的。虽然身体依旧虚弱，但这场讨价还价，我打算继续下去，因为这个世界，实在是太迷人了。什么是生命的意义？或许努力活下去就是最好的阐释吧。

生命是脆弱的也是顽强的，生命可以空虚平淡也可以创造奇迹，生命是一个永恒的话题，也是一个严肃的话题。人的生命只有一次，每一个人都希望这仅有一次的生命过得有价值、有意义。追寻人生价值，感悟生命意义，我们的内心才会感到充实而圆满。

● 心海泛舟

一、生命——多重属性的组合

生命是什么？这是每个人不得不面对和思考的问题，在我们的日常生活中却被许多人有意回避。要完整地理解生命，我们必须解读生命的多重属性。

不可替代性：生命没有任何等价物，任何东西都不能代替它。

有限性：人的自然生命是有限的，正是因为生命是有限的，我们才要赋予生命更大的意义。

不可逆性：生命对每个人来说只有一次，失去了就不可复得。生命是"进行时态"的。

基础性：人的生存是底线，没有了生命，其他的一切都无从谈起。

独特性：每个人的生命都是独一无二的，即使具有相同遗传基因的同卵双胞胎，他们的生命属性也是不一样的，世界上找不到完全相同的生命体。

超越性：生命本身就是一个不断成长、发展、变化的运动过程。每个生命都具有不断向上发展的驱动力。生命即是成长。只有不断超越，生命才富有意义。

两重性：人的生命可能是脆弱的、被动的、被漠视的、呆板的、受压抑的，但也可以是坚韧的、主动的、丰富的、生动的、充满创造潜质的。人的生命兼具脆弱和坚韧的双重特性。

二、死亡——生命的终结

有生必有死。凡是生命，都存在死亡的必然性。同时，死亡的必然性也刺激人们去思索生命的意义。了解死亡的特征是为了更好地活着。

死亡的必然性：生命是一个有机体新陈代谢的过程。生命遵循自然规律，有生就有死，死亡是必然到来的，死也是生命的重要组成部分。

死亡的不可抗拒性：无论年龄大小，地位尊卑，财富多寡，学识高低……都无法逃脱死亡，我们能做的最多只是延缓死亡，但不可抗拒死亡的最终到来。

死亡的偶然性：死亡不可避免，但我们何时死亡，以何种方式离开这个世界却是偶然的。

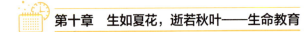

我们永远无法预料自己在哪一年的哪一天，遇到什么危机事件会丧失生命。死亡的偶然性显示了我们的生命是脆弱的。

三、生命意义——生命存在的价值思考

生命意义是指人们对自己生命中的目的、目标的认识和追求，即每个人的生命中都有一些独特的目的或者核心的目标，人们必须有一个清晰的认识，知道自己将来要做什么，并为实现自己的价值努力去做一些事情。

四、生命教育——珍惜生命，突显价值

生命教育是指对个体从出生到死亡的整个过程中，通过有目的、有计划、有组织地进行生存意识熏陶、生存能力培养、生命价值提升，最终使其生命质量充分展现的活动过程。生命教育的宗旨是珍惜生命，注重生命质量，突显生命价值。生命教育是一种全人教育（认识生命现象、感悟生命境界），是一种自我认识及自尊的教育（了解自己的优缺点和性格，并对各种生命现象持尊重态度和人道关怀），是一种生活教育（在生活中发生，也需要在生活中实践），是一种体验教育（身临其境地感受和体会）。

五、大学生生命困惑面面观

（1）生命意义迷失。找不到生命的意义、人生的价值，不知道为什么而学习。生活的目标是什么？人应该怎样生活和做人？人生的意义何在？反而，"空虚"和"郁闷"成了口头禅，常常深感生命的无意义感和生活的空虚感。

（2）生命耐挫力差。一旦遭遇失败、挫折、失意和不幸，往往比较容易被挫伤，无法适从，不知道如何应对感情受挫、学业压力、生活负担、求职失败、家庭不良因素、人际关系紧张、媒体负面影响等产生的消极影响，无法自如地去面对，反而暴露出种种心理问题、心理障碍，甚至心理疾病，严重的还会一蹶不振，放弃生命。

（3）生命态度倦怠。面对学业、求职、人际关系、爱情等方面的问题，往往出现情绪上的倦怠：孤独、寂寞、痛苦、烦恼、郁闷、心烦、心虚、忧伤、迷茫……不能积极乐观面对现实生活，害怕和回避生活中的矛盾与冲突。

（4）生命价值缺失。不能正确评价自己，自卑，看不起自己，觉得自己多余、无价值，一遇到问题就自我否定，甚至放弃生命。

● 心路导航

策略一：理解生命——生命大道的探寻

（一）生命偶然——降临人世，我们都是一个美丽的意外

父母的结合本身就是一个偶然，精子和卵子的约会与融合也是一个偶然，在这些偶然之中，你出生来到这个世界也是一个偶然。我们能来到这个世界，拥有生命，这是属于我们的一个奇迹，是一个亿万分之一概率的偶然，也是一个美丽的意外。

（二）生命可贵——我们只拥有一次生命

晚年的林语堂有一次在圣诞节前夕和女儿去商场购物，坐在轮椅上，他看到商场里一个个鲜活的生命在面前来来往往，看到琳琅满目的节日饰品装点着这个美丽的商场，突然，他失声痛哭起来，因为他明白自己将不久于人世，而生活又是多么美好啊。到了生命的尽头，很多人生出对生命的特别渴求，这是正享受着生命的人无法体验到的。

有人说生命就是一个括号，左边是生，右边是死，中间精彩的部分是生命的历程，这个历程有长有短，但都会有终结的时候。生命对我们来说，每个人只有一次，失去了就不会再重来，

144

就像单程票一样，只能坐一次，不能坐第二次。生命也不是一张永远旋转的唱片，青春也不是一张永远不老的容颜。我们应好好珍惜生命中的分分秒秒，因为生命是宝贵的，一个人只拥有唯一的一次，我们应该使我们的生命在有限的日子里显示出无限的价值。

（三）生命独特——世界因我们而不同

大千世界，生命丰富多彩，世界上没有两片完全相同的树叶，世界上也没有两个完全相同的人。每个生命都是独一无二、不可替代的。法国文学家罗曼·罗兰说过："每个人都有他隐藏的精华，和任何他人的精华不同，它使人具有自己的气味。"从呱呱坠地开始，你就拥有自己独一无二的身体；你也拥有自己独一无二的身份，你还拥有自己独一无二的家庭、社会关系；更重要的是你还将创造你自己独一无二的个性、人格。因为以上种种，你就是你，没有人能够替代你。世界也正因为有千千万万个独一无二的我们，才变得如此丰富多彩。

策略二：享受生命——让生命充满阳光

（一）天空没有留下翅膀的痕迹，但我已飞过

泰戈尔在《流萤集》中写道："天空没有留下翅膀的痕迹，但我已经飞过！"很多时候，很多事情，结果并不是最重要的。天空如此宽广无垠，而我们只是一只不起眼的小鸟，怎能让天空留下我们的痕迹而不被擦除？成功不在于被人们所认同，而重在努力过、奋斗过、付出过、经历过！还有什么比这飞行的过程更重要、更真实、更值得珍惜！

生命是需要体验的，没有体验的生命是苍白的。激情只是生活的一部分，平淡才是生命的全部，每段经历都是一次生命的涅槃，也许天空中没有留下翅膀的痕迹，但我们已飞过，不后悔。

（二）自我做主，人生因目标而增色

快乐来自于对明确目标的不懈努力和追求中，只有为自己确立了一个明确目标，并为之忙得无暇顾及的时候，幸福、愉悦、快乐才会降临到我们身边。所以，当我们把生活中有意义的事情作为人生追求的目标，在创造中、奋斗中、关爱中、坚持中，在一切的追寻和不断努力中，充实和用好生命中的每一天时，就会感受到生活的幸福、愉悦、快乐。

（三）让价值之星把生命照亮

印度哲人奥修说过："这一切都由你而定。生命是一张空白的画布，无论你在上面怎么画，你可以将痛苦画上去，也可以将幸福画上去。"因此，人生的意义由自己设定，生命的价值由自己创造，人生的意义也由我们自己来发掘和享有。生命是一块空白的画布，需要你拿出一生的时间来画满美丽，写满精彩！

人的一生最主要的事情是活出生命的意义，人的责任是使自己的生命具有美好的价值。生命需要意义支撑，没有意义支撑的生命，就是无根的浮萍。但生命的意义，并不存在整齐划一的客观标准，而由每个活着的人自己赋予。我们可以将生命视为一束鲜花、一片阳光、一串响亮的欢笑……一切全在我们的赋予！一切全在我们的创造！

（四）拥有平常心，珍惜拥有，感恩生活

霍金，物理学家，患有肌萎缩侧索硬化，完全失去了行动自由和生活自理能力。一次，他刚做完学术报告，一位记者跳上讲坛，问了一个突兀而尖锐的问题："霍金先生，肌萎缩侧索硬化已将你永远固定在轮椅上，你不认为命运让你失去太多了吗？"整个报告厅顿时鸦雀无声，霍金用还能活动的手指艰难地敲击键盘，投影屏上缓慢而醒目地显示出："我的手指还能活动；我的大脑还能思维；我有终身追求的理想；有我爱和爱我的亲人与朋友；对了，我还有一颗感恩的心……"顿时，报告厅内掌声雷动。

人自从出生那天起，便沉浸在恩惠的海洋里。大自然赐给世界万物生灵，赐予我们良辰美景；父母赐予我们生命，养育我们成才；师长传授我们知识和道理；同学给了我们陪伴和帮助；

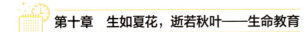
还有许多人给了我们许多的机会。但是，我们是否有过感恩之心？我们有没有对他们表示过真诚的感谢？感恩是一种爱的能量的流动，它像一块磁铁石，可以为我们吸引来亲情、友情、爱情、快乐、健康和一切美好的东西。心怀感恩，我们会更加珍惜生命；心怀感恩，我们的心灵会变得崇高；心怀感恩，我们的生活会变得宁静与祥和。

（五）拓展生命宽度

有时候人生极为短暂，短暂如昙花一现；有时候人生又极为绵长，绵长如不朽的丰碑。生命是以长度来计算的，人无法决定生命的长度，却可以决定生命的宽度，从而增加生命的丰富内涵。生命到底有多少个明天，任何人都无法预见。每个人只能在现有的生命长度上，拓展生命的宽度，使生命越来越多姿多彩，越来越深沉厚重……从而，无限地增加了生命的宽度。

（六）极限开发，创造自己难以置信的奇迹

生命是血肉之躯，但是只有在人类赋予了生命以坚强和勇敢，生命才勃发出拼搏之力、前进之力。超越、战胜，构成了人的存在的意义。人可以没有健全的肢体，但人不能不勇敢地面对困境。盲聋作家海伦·凯勒，战胜了日复一日的幽闭、黑暗，完成了哈佛大学的学业，成为人们心中的英雄；英国科学家霍金，身患运动神经元疾病，半身不遂，却并不妨碍他在宇宙的起源等领域做出杰出贡献，成为当代伟大的科学家。我们应该勇敢向生命的顶峰冲刺，勇于开发自己的生命潜能，创造自己都难以相信的生命奇迹。

策略三：直面死亡——把死亡当成生命的导师

（一）活在当下——假如明天不再来临

人本心理学家马斯洛在心脏病突发被抢救过来后说道："面对死亡又暂时从死亡中解脱，使世间的一切事物显得如此珍贵、如此神圣、如此美丽。我现在比任何时候都更强烈地热爱这一切，更渴望拥抱这一切，更情不可遏地要投身于这一切……死亡及其突然降临的可能性，使我们更有可能去爱，去热烈地爱。"

生命就是有生有死的过程。只有当我们学会面对死亡，我们才能学会生命中重要的课题。生命总在瞬息间变化，没有人可以预知自己的生命到底还有多长。我们所拥有的只是今日、当下，所以要对生命保持警醒与觉察，懂得珍惜自己当下的生活及提高生活质量。

昨天已经成为过去，明天还没有到来，所以今天是最美好的一天。

反思昨天而不纠缠，关注今天而去担当，向往明天而重目标。

人的痛苦来自于比较，不要对自己有过多的苛求，停止不满和抱怨。

用平常之心对待每一天，用感恩之心对待"当下"的生活，享受一路走来的点点滴滴。

每天拿出时间来充实思想，阅读丰富心灵的书籍。

培养博爱之心，坚持每天为别人做一件好事。

把精力集中在今天度过的每一秒上，解决好今天的问题，就是为明天做好了准备。

用欣赏的眼光去看待一切，体验生活中的真、善、美。

（二）临终关怀——让生命享受最后一缕阳光

2010年，武汉生物工程学院学生小婷（化名）罹患肝癌晚期，医生诊断只能用药物维持最多一个星期的生命。在她生命的倒计时里，心理健康教育与咨询中心的吕慧英教授利用临终关怀经验，帮助小婷减轻痛苦和对死亡的恐惧。

吕慧英实施了包括美化环境、音乐舒缓、疼痛护理、情绪疏导、亲属援助、完成心愿等全套心理支持方案。小婷去世前一天，吕慧英再次走进病房，拉着小婷的手轻声地解释生命的自然过程，与她一起回忆校园生活和儿时的点点滴滴，让她逐渐放松。告别前，吕慧英拥抱着小婷，在她耳边嘱托："要勇敢面对一切，你永远是我们的骄傲！"小婷用尽全身力气抱着吕慧英说："我不害怕，老师放心！"

　　这是国内首例大学生接受临终关怀的案例，吕慧英教授通过人文关怀，让只有19岁的绝症晚期学生无痛苦、无遗憾、安详地停泊在人生的终点，让生命享受到最后一缕温暖的阳光。

　　临终关怀向临终病人及其家属提供一种全面的照顾，满足临终者在人生最后岁月中的生理、心理和社会需要，尤其是解除其对疼痛及死亡的恐惧和不安，使其正确认识生命的价值，适应角色的转换，在充满人性和温情的氛围中，安详、舒适、有尊严地走完人生的最后旅程。生命是一个包含从出生到死亡的完整过程。尊重生命，包括对出生和死亡问题的正确关注。当我们有能力面对死亡时，我们便更懂得欣赏生命、珍爱生命，珍爱周围所有的人，以更饱满的热情、珍惜的态度投入现实生活中，赋予生命丰富的意义。临终关怀要做到以下几个方面。

　　（1）营造温馨氛围，房间布置家庭化，安静、清洁、光线充足，室温适中，空气新鲜，在病房及走廊摆放鲜花及镜框，床单用花色装饰等，使病人感受不到医院的冷寂，感受人间最可贵的真情和关爱。

　　（2）除给予病人感情上的支持（安慰、倾听、表示同情），还应帮助病人正确认识疾病，了解死亡是人生命中的客观规律。通过与病人推心置腹的交流、讨论，使病人对疾病的现状、发展和治疗做到心中有数，同时也使病人能够积极地配合医护人员的工作，在有限的时间里提高生活质量，维护病人的尊严。

　　（3）倾听他们的谈话，关注他们的内心情况，在交流中挖掘他们内心的遗憾和愿望，并记录下来，帮助他们实现每一个愿望，使其安详、无憾地离开人世。

　　（4）充分理解病人的绝望、恐惧和发自内心的痛苦，应保持冷静、忍让，要用爱心与同情心去疏导、劝慰病人，让其平息心理上的冲突。

　　（5）满足病人自我实现的需要，给病人提供展示和发挥兴趣爱好的机会，如制作手工艺品、下棋、十字绣等，倾听病人的叙述。

　　（6）提供娱乐场所，随时调节病人情绪，让他们拥有快乐，陪病人下棋、打牌、聊天等，为每一位住院期间过生日的病人开生日联谊会。

　　（7）弥留之际的病人要让家属随时守候在床前，聆听病人的自语，鼓励安慰病人安详度过弥留阶段。

　　（8）制作生命记录档案。档案内容包括病人生前最喜欢的东西、照片、一些经历、最后生命感言、忠告，以及病人对家里人一直无法诉诸语言的感触，制作成精美册子，留给其家人。

　　（9）主动关心家属，给予其心理支持。聆听家属的叙述，对家属的心理反应表示理解、同情并提供方便和帮助，教会他们简单的护理知识，使家属在病人死前充分尽义务，从而得到心理慰藉。帮助家属正确面对和接受病人临近死亡的现实，指导家属处理好此时期与病人的感情关系。病人死亡后，以诚挚的态度劝解家属，安抚家属，并提供适当的场所让他们发泄悲痛。

心情日记

生命的意义

　　作家三毛曾说："生命的意义和最终目的到底是什么，其实很简单——那便是寻求真正的自由，然后享受生命。"呱呱坠地，是我们来到人间最激烈的反应；牙牙学语，是我们成长路上最关键的模仿；侃侃而谈，是我们穿梭人间最美好的绽放。当然，我们最后也终将归于黄土。

　　我们时常感叹时间的流逝，寻找生命的真谛，生活中，我们总是思考一个问题——人活着的意义究竟是什么？其实，生命的意义不在于它是什么，而是在于我们应该怎样做才能让生命变得有意义。生命是极具挑战性的，自我们出生起，就接受了这份挑战。对于人生意义的追求，缠绕着我们一生，有人追求高官厚禄，盛名远传……在世俗中拼命挣扎，当生命停止的那一刻，便是回首向来萧瑟处，却是华亭鹤唳。在这美好的年华里，何不约上两三个知己，诗酒趁年华，在飞逝的时光中找到生命的永恒。

人生一世，草木一春。来如风雨，去似微尘。就算时间转瞬即逝，就算岁月逐渐消融，我们也仍要把握机会，尽情释放生命的光与热，用心去品味这繁华人间。

（武汉生物工程学院 2021 级汉语言文学专业　朱雅婷）

第二节

承担责任

每个人都被生命询问，而他只有用自己的生命才能回答此问题：只有以"负责"来答复生命。因此，"能够负责"是人类存在最重要的本质。

——维克多·弗兰克尔

责任就是对自己要求去做的事情有一种爱。

——歌德

心灵故事

2022 年 3 月，安徽某高校一学生乘车返校后，私翻校墙频繁往返学校宿舍及附近网吧，后被诊断为无症状感染者。这名学生在明知自己具有较大传播风险的情况下，违反疫情防控相关规定，进入人员密集公共场所，造成新型冠状病毒社会面传播的严重危险，后又故意隐瞒活动轨迹，编造虚假信息，因而被立案调查。

新冠肺炎疫情发生以来，各地大学生纷纷加入志愿者行列，积极投身于联防联控、防护宣传、专业医护、便民服务、防疫消杀、心理援助、社区村镇排查等各类防疫工作中，贡献青春力量。

在疫情防控的背景下，大学生能够控制自己的言行，积极主动配合学校、社区的指示，遵守各项防疫规范，执行各项防疫措施，是大学生社会责任感的具体体现。如果能积极参与志愿服务，为疫情防控做一些力所能及的事情，更是责任与担当的体现。

● **心海泛舟**

一、责任、责任心、责任感

对责任的理解通常可以分为两个意义：一是指分内应做的事，如职责、尽责任、岗位责任等；二是指没有做好自己工作，而应承担的不利后果或强制性义务。

责任心是一种自觉地把分内的事做好的重要人格特质，即个体对自我应负责任的自觉意识与积极履行的行为倾向，责任心是成就事业的可靠途径。这里的责任包括与个体的社会角色相应的职责（如作为家庭或某个组织中的一员所应承担的责任）、个体对行为后果（尤其是过失）的责任、个体对其所承担的任务的责任等。

责任感即既要求利己，又要利他人、利事业、利国家、利社会，而且自己的利益同国家、社会和他人的利益相矛盾时，要以国家、社会和他人的利益为重。人只有有了责任感，才能具有驱动自己一生都勇往直前的不竭动力，才能真正得到人们的信赖和尊重。

二、大学生的责任解析

生命责任——感悟，探究，升华生命的意义。生命本身就是一种与生俱来的责任。我们一方面要把握生命的本质，尊重、热爱人的生命。遵循生命发展原则，珍爱自己的生命，对他人的生命报以珍惜和尊重的态度，并对自己的行为后果负责；另一方面要理解生命的意义，积极创造自我生命的价值。在为社会服务的过程中，获取履行责任的亲身感受，使生命的价值不因自己的懈怠而辱没，从而找到富有意义的人生道路。

行为责任——理解，选择，掌控行为的指向。我们一方面要培养合理性的行为规范，对每一种行为表现都应当选择对社会有利的、舍弃对社会有害的，并始终向有利于社会的方向不懈努力；另一方面要培养节制性的行为习惯，消除是非、善恶、美丑界限的模糊性，避免陷入责任虚无的困境。

成才责任——明确，实施，坚持成才的抱负。社会的发展赋予了我们为实现中华民族伟大复兴而不懈奋斗的历史使命和成才责任，这要求我们真正用"胸怀天下"的抱负去努力学习科学文化知识，才能为建设社会主义现代化强国贡献力量。

回馈责任——知恩，践行，铭记回馈的义务。对他人所给予的帮助与方便心存感恩，并予以回报。我们一方面要认识和铭记自身所获得的恩惠和方便，衍生出一种自觉的感恩意识，进而外化为感恩甚至施恩的行为并形成习惯；另一方面要提升服务他人、服务社会的能力，做一个有价值的人。我们要用自己的实际行动来回报父母、回馈社会、报效国家，就要自觉提升综合素质，实现自我能力的协调发展，将知识技能服务人民、奉献社会。

知识链接

人们把众多的旁观者见死不救的现象称为责任分散效应。关于责任分散效应，心理学家发现：这种现象不能简单说成是众人冷漠无情或品德沦丧的表现。在不一样的场所，人们的援助行为确实会不一样。当个体遇到紧急情境时，如果当下只有某个人能提供协助，他会清醒地看到自己的责任，积极给予协助。假如他见死不救，他会产生罪恶感、内疚感，这须付出很高的心理代价。但是，如果现场有许多人，救助的责任就由大家来分担，构成责任分散，每个个体分担的责任很少，会产生一种"我不去救，别人会去救"的心理。

心路导航

策略一：大丈夫一屋不扫何以扫天下

当今有些大学生事事由父母包办，自理能力差，依赖性强。"温室宝宝"做不了一辈子，早早独立、离开父母羽翼的人一定能成为最坚强、面对困难最冷静的人。一屋不扫，何以扫天下，大学生应该承担起自己的责任，独立自主地生活是走向社会的第一步。

（一）学会自理

（1）学会理财，要注意考虑：在生活中，哪些开支是必需的，哪些开支是完全不必要的，哪些是可有可无的。钱要花在刀刃上，要避免完全不必要的消费，可花可不花的尽量少花或不花。此外，还要根据父母的经济能力和自己"勤工俭学"的能力来进行日常消费。

（2）学会准时起床，料理床铺，收拾房间，能照顾好自己的衣食住行，学会自己照料自己。

（3）过去由父母承担的心理压力，现在要自己承担了，没有父母陪伴在身边后，要学会自己长大。

（4）根据自己的实际情况制订合理的、切实可行的消费计划，不攀比，不铺张浪费。

（5）选择有益的休闲方式，如读书、听音乐、做运动等，避免沉迷于网络游戏或打麻将。

（6）除了学习知识，还要锻炼自己语言表达、人际交往等多方面的能力，提高综合素质。

（7）和同学进行交流，同学间的互相影响和互相学习能在一定程度上促进生活自理能力的提高。

（二）学会自立

越来越多的大学生正摆脱父母的"搀扶"，靠各种形式的工作，自立求学，读大学成了他们追求经济和心理自立的好时机。我们如何做到自立呢？

（1）从心理上"断乳"，强化成人意识，不能总是"坐、等、要"，期待社会、学校来"解放自己"，遇事自己先想办法解决，实在不行再向父母或老师求助，不再凡事依赖于父母或他人，让别人替我们拿主意。

（2）在实践中自立自强，把课堂与社会实践结合起来，积累经验，增长才干，为今后进入社会打下扎实基础，敢于挑战，不畏困难。

（3）自我激励，做事不怕失败，自我监督，自我管理。抛开自哀自怜，多站在全局的角度看问题。

策略二：予人玫瑰，手留余香

（一）人之为善，百善而不足

如果你在任何时候、任何地方，留给人们的都是些美好的东西——鲜花、思想及美好的回忆，那么生活将会轻松而愉快。那时你就会感到所有人都需要你，这种感觉会使你成为一个心灵丰富的人。你要知道，给予永远比索取愉快。这种给予使别人富有，也提升了自己的生命感。给别人带去爱和快乐，也让自己体会到存在的价值，觉得自己是一个对他人和社会有用的人，爱的火焰照亮了别人，也会温暖自己。

（二）帮助别人，也是在帮助自己

有人曾和上帝谈论天堂与地狱的问题。上帝对这个人说："来吧，我让你看看什么是地狱。"他们走进一个一群人围着一大锅肉汤的房间。每个人看起来都营养不良，绝望又饥饿。每个人都拿着一把可以够到锅的汤匙，但汤匙的柄比他们的手臂长，没法把东西送进嘴里。他们看起来非常悲苦。"来吧！我再让你看看什么是天堂。"上帝说。他们进入另一个房间，它和第一个没什么不同：一锅汤、一群人、一样的长柄汤匙。但每个人都很快乐，吃得很愉快。因为他们互相用自己的汤匙舀汤去喂对方。

仅仅囿于一管之见、一私之利，不肯帮助别人，结果却是害人不利己，自己失去的更多。其实，帮助别人就是帮助自己，为别人付出的同时，快乐和富裕便会进入心中，相反，如果困守在自设的真空中，不肯接受也不愿意付出，那很有可能使自己窒息，很有可能像地狱的人们一样，守着食物饿死。不管何时，不管何地，都不要吝惜我们的付出，只有在别人需要帮助时不假思索地伸出援助之手，才能在陷入危机时得到别人的帮助。

（三）见义勇为，更需见义智为

见义勇为需要勇敢，也需要智慧。对于见义勇为的行为，我们应当鼓励和提倡。不过，见义勇为应注重方式、方法，也就是说要"见义智为"。"智为"即遇到险情时善于审时度势，分析客观情况，做出力所能及的恰当行动，既消除危机，又保护自己。见义智为并不代表见义勇为的湮没，反而意味着更好地实现见义勇为。如果有勇而无智，鲁莽行事，往往可能招致伤害，甚至遭遇失去生命的不幸。有道是："舍生取义是英雄，见义智为亦英雄。"见义勇为本身是一种勇敢与智慧相结合的行为。如果没有足够的能力，见义者完全可以智为。以智取胜，这何尝不是勇为的一个好办法呢？

策略三：施惠勿念，受恩莫忘，感恩父母

"父兮生我，母兮鞠我。拊我畜我，长我育我。顾我复我，出入腹我。"我们自呱呱坠地起，

150

就承受了父母的恩泽。感谢无边，一句话语、一个行动、一种情怀，都能表达感谢的真谛；感谢无痕，一份努力、一点进步都能传达一份真情与心愿。让我们怀着一颗感恩的心，用平实的话语和实际行动表达出发自内心的谢意，学会感恩父母。

为劳累了一天的父母倒一杯茶，揉揉肩，讲讲笑话。

多体谅、理解父母，不与父母争吵，多为父母着想。

学会拥抱父母，说声"谢谢"。

学会节约，不浪费父母的劳动成果。

每天反思，学会对父母说"对不起"。

学会尊重、关爱父母，做有心人，父母生日或节日时及时送上温暖。

主动交流，和父母主动谈谈自己的学校、老师和朋友，高兴的事或不高兴的事，讲讲感受，给父母一个好心情。

创造机会，跟父母一起做一件事，做饭、田里劳动、打球、逛街、看电视，边做事情边交流。

认真倾听，当被父母批评或责骂时，不要着急反驳，试着平心静气地先听完父母的想法，说不定你会了解父母大发雷霆背后的理由。

控制情绪，与父母沟通不顺时，不随意发脾气、顶嘴，避免不小心说出或做出伤害父母的事。想要动怒时，可以深呼吸、离开一会儿，或用凉水先洗把脸。

承担责任，在做好自己事情的同时，主动分担家庭的一些责任，比如洗碗、倒垃圾、擦桌子、干些农活等，趁机还可以跟父母聊聊天。

策略四：心怀天下，成就大我

（一）关注社会

大学生作为有知识、有思想的社会一分子，理应承担更多的社会责任，我们不仅要关注自己的学业，更应关注国家和社会的发展，通过书籍、网络、媒体等途径多渠道了解国情民情，把理论学习与社会实践结合起来，用自己的实际行动，生动诠释当代大学生勇于承担社会责任的良好风貌

（二）奉献社会

"在大山深处，他用一个刚刚毕业的大学生稚嫩的肩膀，扛住了倾颓的教室，抗住了贫穷和孤独，扛起了本来不属于他的责任。"中央电视台2004年"感动中国"年度人物评选这样评价徐本禹，从此，"本禹"变成了志愿精神的代名词。

哈佛大学有句名言："为获取智慧走进来，为服务祖国和同胞走出去。"我们要勇敢地担负起时代和社会赋予的责任，从点滴做起，懂得给予，用行动去诠释新时代大学生的风采，在奉献中历练青春。

心情日记

"90后"大学生两捐骨髓，带动学子爱心接力

杨子威是武汉生物工程学院2007级学生，是2010中国大学生年度人物提名奖获得者。杨子威从小就热心公益事业，16岁拿到身份证那天，他就兴冲冲地跑到义务献血点准备献血，却被告知未满18岁不能献血。虽然未能如愿，但那颗博爱与奉献的种子却深深埋在他的心底，慢慢地生根发芽。2008年初春，即将迎来18岁生日的杨子威，提前十几天就开始了实现献血理想的倒计时。

2009年年底，杨子威收到一封邮件，称他的血液样本与北京一名患白血病的女学生配型成功，问他是否愿意捐献。在查证核实之后，杨子威眼前一亮，他为有机会救助他人兴奋不已。说服了父母之后，杨子威坚定地走上了捐献造血干细胞的手

术台。一年之后，接到那位女生病情复发、需要再次移植骨髓的消息，杨子威的心真的有点乱了。得知需要儿子再次捐献骨髓时，妈妈流下眼泪。父母的担心，杨子威理解，但是他想到，如果拒绝，那么前面所做的一切都将付诸东流，一个16岁的花样生命将就此暗淡。2011年3月，杨子威在父母的陪同下又一次走上捐髓手术台。就这样，他成为湖北省年龄最小的骨髓捐献者，也是全国少有的两次捐献骨髓者之一。

　　杨子威的事迹传开后，在大学生中引起了强烈反响，网友称他为"心灵最美的'90后'大学生"。"我们很多人都是非常愿意做好事的，有时候只是缺少一个契机。"杨子威决定把身边愿意奉献的同学凝聚起来，让行善有一个更广阔的平台。行善的第一步，杨子威选择了他亲身体验过的献血捐髓。2011年5月4日，武汉市首个以个人名字命名的献血捐髓爱心组织——武汉生物工程学院"杨子威献血捐髓志愿者服务队"成立，迅速吸引大批学生加入。近些年来，该组织累计献血超过44万毫升。

第三节

感知幸福

快乐就是幸福，一个人能从日常平凡的生活中发现快乐，就比别人幸福。

——罗曼·罗兰

真正的幸福只有当你真实地认识到人生的价值时，才能体会到。

——穆尼尔·纳素夫

💬心灵故事

大学生活，真的幸福吗？

　　很多人认为大学生活很幸福，不愁吃喝，没有压力，活动丰富多彩。事实上真是这样吗？我感觉我不是。进大学快一年了，我每天都在迷茫中度过。对自己的专业也谈不上喜欢，每天就是上课、睡觉、打游戏、刷抖音，再就是吃饭，日复一日都是这样，太无趣了。我特别怀念高中的生活，时间安排得紧紧的，每天都知道自己该干什么，特别充实。

　　现在我经常会感到苦闷、郁闷、空虚，不知道人生的目标是什么，学习只要不挂科就行，找工作感觉还早，也不想去考虑。到底是生活过于优越才这样，还是因为太了解社会而只能选择逃避？我还没有与这个社会抗争的能力，但又不得不面对这个社会！这很无奈……

　　"无聊"，《辞海》中的解释为："精神空虚，无所依托。"上述现象的确是大学生活的一个缩影。幸福感是一种感觉，是内心的一种平衡。只有外求超越、内求安宁，在成长中不断开拓，才能在平凡生活中体会到幸福的感觉。

● 心海泛舟

　　幸福指一个人的需求被满足后产生的精神上的愉悦状态。清华大学心理系主任彭凯平教授从积极心理学的角度将幸福定义为"有意义的愉悦体验"，认为幸福不是虚幻的概念，也不是简单的满足，幸福不是有钱就可以，也不是靠别人就能给予，幸福更不是独善其身。

　　心理学家曾提出通向幸福的10个基本问题。

　　（1）我拥有什么？

　　通常我们会为自己没有的东西而苦恼，却看不到自己拥有的，如健康、可以听、可以看，可以爱与被爱，每天都有食物供我们享用等。"失去了才知道珍贵。"让我们走出哀怨，这样就可以看到什么是我们拥有的。

（2）我应该为什么感到自豪？

为你已经取得的成绩而自豪。成绩不分大小，每一次成功都意味着向前迈出了一步。你可以为你刚刚战胜的一个挑战感到骄傲，可以为帮助了一个陌生人而感到幸福，可以为帮助了一个朋友露出微笑，也可以为结识了新朋友或读了一本新书而感到高兴。

（3）我应对什么心存感激？

每天都有很多事情让我们为之心存感激，同时也有很多人值得我们感谢，因为他们在无形中教会了我们一些事情。生活的每一天对我们来说都是一份珍贵的礼物。

（4）我怎样才能充满活力？

每天都要计划好做一些积极的事情，让自己充满活力。例如，可以给那些一直以来你很欣赏，却很久未联系的人打电话；对同学说一些鼓励的话；保持微笑；留出时间玩耍等。

（5）我今天能解决什么问题？

设法把那些原本想留到明天才解决的问题今天就解决掉，尽量在当天完成手边的工作，要敢于面对那些棘手的问题，并换一种角度看待它们。

（6）我能抛下过去的包袱吗？

"过去的包袱"就是指那些长年累积起来的伤心的经历和怨气。背着这些沉重的生活包袱有什么用呢？建议你对过去做一个总结，把值得借鉴的经验保存起来，然后永远地卸下重负。

（7）我怎样换个角度看待问题？

人往往是别人的建议者，却不是自己的。很多时候，根本问题就是我们看待事物的方式。很多人都经历过为一件事苦恼不堪，过后又觉得可笑。悲和喜只是我们看问题的角度不同而已。

（8）我怎样过好今天？

做些与往常不一样的事情。如果我们走出常规，学会享受生活，那么生活就是丰富多彩的。我们要敢于创造和创新。

（9）今天我要拥抱谁？

拥抱是我们的精神食粮。曾经有一位心理学家说过，要想健康，每天要至少拥抱 8 次。身体接触是人最为基本的需求，它甚至可以帮助我们开发大脑。

（10）我现在就开始行动？

不要认为上述这些都是"听起来不错"的建议，也不要认为生活很难是这样的。其实，每天的生活都不是你想象中的那样。是让生活过得索然无味，还是积极向上，决定权就在自己手中。努力幸福地生活，你又会失去什么呢？

幸福不会从天降，但懂得感知幸福的人，在任何时候都仰望头顶的星空，因为，只要你愿意抬起头，总会看见璀璨繁星。

● 心路导航

策略一：追问幸福，探寻幸福的真谛

（一）幸福并非拥有得多，而是计较得少

幸福是一种心境，不在于拥有多少，而在于能放下多少。一个人不幸福，主要是妄想太多，追求不停。贪恋很重，总希望拥有一切。明明已经拥有很多，总觉得自己拥有的还不够，一直不停地追求下去；让自己不安心，只能越来越不幸福。

计较是人生痛苦的开始。有些人为了多获得幸福而与人争吵不休；有些人为了名利和人反目成仇；有些人为了小事和人大打出手……因此，在这些人的生活中，总会充满矛盾和怨气，

153

让自己活得很累、很不幸福。

一个幸福的人不是由于拥有得多，而是由于计较得少，懂得发现和寻找，且具有博大的胸襟、雍容大雅的风度。积极努力地发掘生活中我们拥有的一切，幸福的感觉就会接踵而来，它就在时空的分秒间。

（二）不幸福并非获得的少，而是获得的非自己所想

约瑟夫·坎贝尔说过："你知道什么是沮丧吗？那就是当你花了一生的时间爬梯子并最终达到顶端的时候，却发现梯子架的并不是你想上的那堵墙。"我们每个人最大的任务就是发现自己追求的价值是什么，以及生命中最重要的是什么。遵从内心热情，挖掘生命的内在渴望，拥有自己的真正梦想，清晰地看到自己每天、每月、每年都在做些什么，一步步向目标前进。

每个人都在渴求幸福，于是人们用各种方式寻找幸福。有些人用了一辈子的时间也没有找到幸福。人生的悲哀莫过于走完了人生道路，才恍然发觉自己苦苦追寻的东西并不是自己想要的，一个人若能够挖掘出自己内心真正的渴望，并能主动舍弃那些可有可无、并不触及幸福意义的东西，那么这种人生必能收获更多的充实与愉悦。

做一做

我的人生5样

取一张纸、一支笔，写下你生命中最重要的5样东西。你尽可以天马行空地想象，只要把内心最珍贵的5样东西写出来就行，不必考虑顺序。

然而不幸的是，你的生活发生了意外，你要在这最宝贵的5样东西中舍去一样，请你把其中的某一样抹去。

生活又发生了重大变故，你必须再放弃一样。现在只剩下3样宝贵的东西了，但又一次不幸的遭遇迫使你还得放弃一样。

最后，你的生活滑到了前所未有的低谷，你必须做出一生中最艰难的选择，只能留下一样，其余全部放弃。至此，你的纸上只剩下你最宝贵的一样东西。你涂掉了4样，它们同样是你看重的东西，被涂掉的顺序就是你心中划分的主次顺序。

（三）幸福并非没有痛苦和失败，而是有舍才有得

人之一生，藏于心灵深处的东西很多很多，由此背上了人生的重负，所以，需要我们放弃的东西也很多，要懂得取舍。鱼与熊掌不可兼得，放弃也是一种智慧，人生的决定必有取舍，有取舍就会有痛苦，有舍才有得，虽然有时舍了并不一定会得，可是不舍便永远不会有所得。

（四）幸福并非全无缺憾，而是微笑面对现实

海伦·凯勒，从小就聪明过人，19个月大时，一场暴病残酷地夺去了她的视、听、说功能。后来在家庭教师的帮助下，靠着日复一日、年复一年的奋力拼搏，她不但学会了读书、写作、说话，而且上了大学，并最终克服常人无法想象的困难，成为一名举世瞩目的大作家，著有《我生活的故事》等共14部作品，许多国家授予她荣誉学位和勋章。她的著作不仅被译成了布莱叶盲文，还被译成了其他各种语言在全世界出版发行。

海伦失去了健康，但是得到的却是无数健全的人都无法得到的人生辉煌，她是不幸的，但是正是这种不幸使她的生命更有意义，更丰富多彩。三毛曾经说过："完全没有缺憾的人，不可能有更多的快乐。"一个没有缺憾的人，必然会对完美缺少判断力。人生有缺憾，我们才有追求完美的理想和热情，也只有接受人生的缺憾性，我们才能真正理解和追求完美人生。

策略二：感受快乐，储蓄幸福之源

（一）大度做人，宽容别人，原谅自己

1. 不要拿自己的错误惩罚自己

扪心自问一下，人世间有多少烦恼是自己同自己过不去！人非圣贤，孰能无过？如果一有过错，就终日沉陷在无尽的自责、哀怨、痛悔之中，那么人生的境况就会像泰戈尔所说的那样：不仅失去了正午的太阳，而且将失去夜晚的群星。人生短暂，我们不必执着于过去的遗憾，只需用行动和希望来代替无尽的悔恨和自我折磨。

2. 不要拿自己的错误惩罚别人

我们都会为自己的过错而痛悔，但不少人为掩饰伤口，把自己的过错归咎于别人或迁怒于别人，而那些无辜受到惩罚的"替罪羊"，或迟或早势必要起自卫。伤害我们身边真正关心自己的人，只会让生活更加不幸福。承担自己的失误，取得自己和别人的宽恕和谅解，做出弥补和改进，才是正确之举。

3. 不要拿别人的错误惩罚自己

康德曾说："生气是拿别人的错误惩罚自己。"人生旅途中，总是避免不了矛盾、少不了摩擦。这时候，多数人会产生误解、猜忌、自以为是、挑剔，下意识里充满敌意或是疑问，时不时地做出伤害自己或伤害他人的行为。实际上我们并非十全十美，也经常犯同样的错误。因此，对别人善意的过错要谅解，对他人的失误要宽容，对无意者的伤害要释怀。少一点计较多一点谦让，少一点冷漠多一点热情，少一点刻薄、挑剔、急躁、敌意和自以为是，多一点宽容、稳重和泰然自若，那么我们就能够获得心灵上的宁静和心理上的平衡。

（二）生活中不是缺少美，而是缺少发现美的眼睛

"生活中并不缺少美，只是缺少发现美的眼睛。"其实，幸福又何尝不是这样呢？带上对生活的热爱，带上发现美的纯净内心，我们会发现，生活的点睛之美，处处闪耀光芒。生活中的美，在于它的真实和细微，所以只有真实地投入生活中去，我们才会发现它的美，才能感受它的美，体验它的美。擦亮我们蒙上灰尘的眼睛，用心去看世界，用心去体验生活，生活永远都是最美的。

（三）知足常乐

知足者想问题或做事情能够顺其自然，保持一份淡然的心境。在前进的道路上，当我们取得一些成绩的时候，如果我们都能知足，就能够保持乐观的心态，在对待生活中的困难时，也会泰然处之。凡事讲究度，不是不追求，也不必过分追求，而是适度。一个人知道满足，心里就时常是快乐、达观的，利于身心健康。相反，贪得无厌，不知满足，就会时时感到焦虑不安，甚至痛苦不堪。真正做到知足，人生便会多一些从容、多一些达观，从而常乐。

策略三：点缀生活，通向幸福之门

（一）营造舒适生活空间

整洁、舒适、温馨的寝室环境，让我们享受无比的轻松愉悦，我们的生活更加闲适、惬意，同时我们也感受到幸福的滋味。我们可以通过以下方式营造属于自己的这片幸福空间。

（1）保持地面清洁，物品摆放整齐，这样会给人一种美的感觉。

（2）用小饰件装饰寝室，如字帖、剪纸、壁画、风铃等。

（3）向阳寝室光线充足，可以选择墨绿色、浅蓝色、绿灰色等中性偏冷的色调。背阳寝室光线暗淡，可以选择奶黄、米黄、浅紫罗兰等偏暖的色调。

（4）窗帘避免选择刺激性强的颜色，一般选择暖和的、淡雅的中间色，如乳白色、粉红色、米黄色等。

155

（5）"室雅何须大，花香不在多"，不妨在阳台养几盆花草，充实生活，增加生命活力。

（二）收藏幸福

2001年的春天，一个叫罗安的老人举办了一场别开生面的幸福展示会，展示的是他在过去几十年间积攒的幸福故事和用来装故事的400多个储蓄罐。在罗安很小的时候，有一天祖母送给他一个储蓄罐，让他把每天最幸福的事情写到纸条上装进去。从此，他每天坚持写自己的幸福故事。后来，一个罐子不够了，他便又买了一个，到了60岁那年，他一共积攒了400个这样的储蓄罐。

这个名叫罗安的老人用自己的一生向大家诠释了幸福的真谛，在星星点点的事例中，大家感受到了平凡的幸福、简单的快乐和一辈子都受用不尽的爱。其实，我们每个人都有一个叫作幸福的储蓄罐，只是我们缺少的正是搜集幸福的眼光。我们的目光如炬，但看到的尽是痛苦和创伤，因此，我们一辈子活在失利的阴影里。我们不是没有幸福，只是幸福一点点地从手中溜走了，也许，我们缺乏的正是罗安的那双手，因为他的手网住了幸福，而让所有的苦难从指间漏下。

幸福的感觉

幸福是一种什么感觉？有1000个人，就有1000个答案。

有人说，幸福就像吃糖的感觉，含在嘴里慢慢融化，从舌尖沁润到五脏六腑的甜蜜，含化之后，空气似乎也飘逸着香甜的味道。

有人说，幸福是闻花香的感觉，浓郁的、芬芳的香味扑鼻而来，久久不能散去，让人心旷神怡。

有人说，幸福是冬日里晒太阳的感觉，细细的阳光照在身上，帮你赶走了冬日的寒意，一抬头，明媚的阳光拨开了乌云的阴霾。

有人说，幸福是沙发一样柔软的感觉，当你累了的时候，总是静静地让你依靠，给你温暖，柔软的触感让你觉得踏实又安全。

有人说，幸福是得到的感觉，得到想要的礼物，得到一句赞美，得到一份祝福，得到一个奖励，那种发自内心的自我满足，让你充实而愉悦。

有人说，幸福是思念的感觉，随着岁月的流逝，回忆的幸福会越来越浓，思念滋养着你的情感，任你随时随地翻阅、享受。

幸福的感觉，需要用眼睛去看，用耳朵去听，用身体去触碰，用心去感受。

心理素质拓展活动

感恩清单

指导语：不需要说大道理，直接感谢某人或某事。下面是一位大学生的感恩清单，作为借鉴。

1. 感谢父母，把我们带到这个美丽的世界。

2. 感谢阳光、空气，感谢春风细雨、轻盈雪花、皎洁月光、灿烂星辉、四季风景，让我们感受到大自然的神奇与美丽。

3. 感谢爱情，让我体会到"衣带渐宽终不悔，为伊消得人憔悴"的唯美感觉。

4. 感谢给我送过好书或给我讲过世界上成功人士故事的阿伟。

5. 感谢在我最绝望的时候给我最大希望的阿强。

6. 感谢始终鼓励我的老师。

7. 感谢伤害我的人，因为他们让我成长，让我觉醒，让我化悲痛为力量，让我找到了自信、自强、自立的勇气……

8. 感谢在我最需要支持、最需要能量、情绪最低潮的时候，给我源源不绝能量的知心朋友。

9. 感谢在我面前一直保持微笑的阿胜。

……

感恩清单写得越多越长，你心里所获得的能量会越大。

本章习题

1. 你认为生命的意义是什么？
2. 大学生应该承担哪些责任？
3. 有哪些途径可以帮助我们感知快乐？

第十一章

自由呼吸，我心飞扬
——心理危机干预

人生浮浮沉沉，人活其中，必然经受风霜雨雪，体味酸甜苦辣。人的一生不会是无限的光明，坎坷崎岖、风沙拍脸、雨水洗面也在所难免，有潮起就有潮落，有花开就有花谢。生命的轮盘在旋转，无时无刻，恰似雾气如花，消散无落瓣。只要我们心中依然充满激情，打开一扇窗，让心灵自由呼吸，就能让生命之花美丽绽放。

● **本章学习目标**

- 了解心理危机的含义、产生机制、影响因素及具体表现，正确认识心理危机。
- 了解大学生心理危机的特征、常见心理危机问题，并进行危机脆弱性自我评估。
- 掌握心理危机识别与应对的基本策略及方法，提高危机应对能力，预防与化解心理危机。

第一节
心理危机的识别与干预

苦难有如乌云，远望去但见墨黑一片，然而身临其下时不过是灰色而已。

——里希特

意志坚强的乐观主义者用"世上无难事"人生观来思考问题，越是遭受悲剧打击，越是表现得坚强。

——西尼加

妈妈的病情越来越严重，医生诊断说时间不长了。我对一切事情失去了兴趣，我感到很疲惫，但我每天又睡不着。我觉得这一切都是因为我自己没用，妈妈的病情我帮不了任何忙，她都这样了还在为我操心，是我太无能了。夜深人静的时候，我总在被子里悲伤哭泣，我感到绝望和无助。

自从妈妈生病以后，亲戚们态度的变化，让我感觉到心寒，慢慢地我开始出现想信任他人但又不知如何信任的矛盾心理，我开始不信任男友，我总觉得他不是真的爱我。昨天，我给他打电话却一直占线，后来我知道他是在给他前女友打电话，我无法接受这样的行为，提出了分手，但是说完后，我又极其后悔，我担心是我自己的问题把他推远的。昨天我梦见了他，是我自己主动提出分手的，但是我还会想他，我不知道为什么会这样。是不是我对他更好一些，就不会造成今天的局面？

我好烦啊，目前我在竭力保持思维正常运行，我很担心妈妈去世后我内心的防线会崩溃，我会失控，会做出伤害自己或者伤害他人的事情。

在人生长河中，我们每个人都有可能身陷心理围城之中，情场上的失意、人际关系的困扰、家庭变故引发的心理震荡和痛苦、就业带来的高度焦虑……尽快缝合心灵创伤，步出心理重围，抚慰受伤心灵，重建心灵家园，需要我们勇敢面对。

● 心海泛舟

一、什么是心理危机

心理危机是指个体面临突然或重大生活事件，如亲人亡故、突发威胁生命的疾病、灾难等，个体既不能回避，又无法用常用的方法来解决问题时，所出现的心理失衡状态。

（1）心理危机是个体面对突发事件时出现的一种正常心理反应，没有人能够获得免疫。

（2）心理危机是个体面对特定事件时产生的一种超过个人问题解决能力的一种感受。

（3）心理危机的程度取决于个体对事件的感受和解释，而不取决于事件本身。

（4）心理危机具有"即时"的特点，需要得到立即解决。

某一事件是否会成为危机，有 3 个影响因素。

（1）个体对事件发生的意义及事件对自己将来的影响的评价。

（2）个体是否拥有一个能够为自己提供帮助的社会支持系统。

（3）个体是否获得有效的应对机制，也就是个体能否从过去经验中获得解决问题的有效方法，如哭泣、愤怒、向他人倾诉等。

由于个体在这 3 个方面可能存在较大的差异，因此，相同的事件不一定对每个人都构成危机。

二、心理危机的特征

突发性：危机常常是出人意料、突如其来的，具有不可控制性。

紧急性：危机的出现如同急性疾病的暴发一样具有紧急的特征，它需要人们去紧急应对。

痛苦性：危机在事前事后给人带来的体验都是痛苦的，而且可能涉及人格尊严的丧失。

无助性：危机的降临，常常使人觉得无所适从，而且，危机使人们未来的计划受到威胁和破坏，由于心理自助能力差、社会心理支持系统不完善，危机常常使个体感到无助。

危险性：危机之中隐含危险，这种危险可能影响人们的正常生活与交往，严重的还可能危及自己和他人的生命。

三、大学生常见心理危机

与学习有关的危机：不适应大学教学、学习方法不当、不喜欢所学专业、考试失利、担忧

扫一扫

心理危机发生的过程

159

专业前景、上网过度影响学习或网络成瘾影响完成学业、不能正常毕业、考研压力等。

与适应有关的危机：主要表现为入学适应不良、感觉自己被埋没、无法建立新的人际关系、想家、班委竞选失利、缺乏归属感、没有新的奋斗目标、缺乏自我约束与规划大学生活的能力等。

与人际有关的危机：主要表现为不能建立新的人际关系网络、朋友太少或无朋友、为复杂的人际关系所困扰、人际矛盾或冲突、没有知心朋友等。

与爱情有关的危机：主要表现为单相思、失恋、恋人之间的矛盾冲突、婚前性行为、分手后的相处等。

与家庭有关的危机：主要包括家庭经济困难、家庭财产突然损失、父母或家庭成员间矛盾冲突、单亲家庭或孤儿、父母离异、与父母发生观念冲突、家人突然生重病或意外伤残或去世等。

与突发事件有关的危机：主要包括天灾人祸、地震、水灾、火灾、车祸、飞机失事等。

知识链接

万物苏醒的春天是大学生心理危机多发、高发的季节。春天气压较低、气候多变，会导致体内外失去平衡，也容易引起人体激素分泌紊乱，使精神行为发生异常改变，诱发精神分裂症、抑郁症等精神疾病。春天是各类精神疾病的多发期。有研究显示，每年的3月至5月是心理疾患的高发季节，发病数约占全年的一半。农谚曰："菜花黄，人心慌。"讲的就是这个规律。

心路导航

策略一：识别危机

（一）锁定重点群体

一般来说，有15类人群是心理危机干预的重点关注群体。

（1）学业问题，成绩不理想，多门不及格，尤其是一年级第一次考试不及格的学生及二、三年级多门功课不及格的学生，英语等级、论文通不过的学生。

（2）情感问题，主要是失恋、单相思、被骚扰。

（3）心理上抑郁、孤僻、自卑，人际关系紧张，这类情绪积聚到一定程度就会爆发出来。

（4）过度使用网络，甚至网络成瘾，严重影响学习和生活的。

（5）受到校纪校规处分，如因旷课、作弊、打架、偷窃等受到校纪校规处分的。

（6）由于身边的同学出现个体危机状况而受到影响，产生恐慌、担心、焦虑、困扰的学生。

（7）自杀倾向，有既往自杀未遂史或家族中有自杀者的学生。

（8）严重应激，遭遇突发事件而出现心理或行为异常的学生，如家庭发生重大变故、失恋、受到自然或社会意外刺激。

（9）严重心理疾病，如患抑郁症、恐怖症、强迫症、精神分裂症等疾病的学生。

（10）严重身体疾病，个人很痛苦、治疗周期长的学生。

（11）环境适应不良等导致心理或行为异常的学生。

（12）性格过于内向、孤僻、缺乏社会支持的学生。

（13）毕业生中就业困难、考研失败及因种种原因无法正常毕业的学生。

（14）与家庭成员交往过程中遇到的问题，以及成长经历带来负面影响的学生，如父母离异、严重缺乏家庭温暖或父母教养方式存在严重问题，或由他人抚养长大、少有人关注等。

（15）其他有情绪困扰、行为异常的学生。

（二）关注危机反应

1. 情绪反应

危机首先会给情绪带来困扰，这些困扰主要表现在以下几方面。

焦虑：包括生理和心理两方面，表现为寝食难安、心绪烦乱。

沮丧：情绪持续低落、抑郁、忧愁、无能为力和对外部世界失去兴趣，对生活失去意义感，觉得没有什么东西值得付出努力，觉得什么事都十分暗淡和无望，没有什么东西值得自己生存下去。

震惊：在心理或情感上难以接受已经发生的事实，目瞪口呆或呆若木鸡。

悲伤：伤心至极，哀痛不已，痛不欲生，且这种情绪无法消解。

害怕：心有余悸，危险经历萦绕脑际，挥之不去，反复播放。

羞耻：逃避事实，看不起自己，如受虐受辱之后的受害者，往往会在心理或人格上极度丧失自尊感，并呈出强烈的羞耻感的情绪反应。

2. 情感＋生理＋认知＋行为＋人际关系反应

危机发生之后，个体会在情感、生理、认知、行为和人际互动5个方面产生较大反应。

情感反应表现为：悲伤、无助；害怕、畏惧、快要崩溃；麻木、迷惑；感觉受到伤害、愤怒等。但也有可能害怕、愤怒、内疚及受伤害等感觉被压抑，导致个体看上去没有任何反应。

生理反应表现为：失眠、食欲不振、头痛眩晕、呼吸短促、心跳加快、胸口疼痛、冒汗、手脚冰凉等，在适应生活方面可能会看起来与平常无异。

认知反应表现为：脑中不断浮现导致危机的原因及不良后果，却想不出解决办法，可能暂时将自己抽离，或者说"这件事不是真的"，认为受伤害或愤怒源于他人；认为自己不对，愤怒转向自己。此时在认知层面对于适应生活是没有影响的。

行为反应表现为：呆坐、无精打采；坐立不安、吸烟饮酒、依赖药物、学习工作表现退步；口齿不清、眼神呆滞、听觉迟缓、步履不稳、工作无法集中，甚至会企图恐吓或伤害他人；做出自我伤害的行为等。在适应生活方面表面上对事件处理得非常好，但说话过于理性，或机械、不带感情。

人际关系反应表现为：不愿与人交谈或会面，或与人沟通时无法集中注意力，与朋友见面次数减少；人际关系恶劣或欠佳，经常责怪他人，孤立自己，不能与他人建立信任关系，但也有可能会由于无助，而愿意接受他人意见。

策略二：应对危机

（一）自己遭遇危机时应该怎么办

如果觉察自己有心理危机，要做到以下几方面。

（1）不要等待，主动寻求帮助。

（2）要相信会有人愿意帮助你，但是你得将自己的困难和痛苦如实告诉你信任的人，否则他们对此一无所知。

（3）如果你的倾诉对象不知道如何帮助你，你可以向学校的心理咨询中心寻求帮助。

（4）你可以通过电话向校外的心理热线或心理咨询人员寻求帮助。

（5）有时为找到一个真正能帮助你的人，你需要求助几个不同的人或机构，你应坚持下去，提供帮助的人一定会出现。

（6）解决心理危机通常需要一个过程，可能你需要反复多次约见心理咨询人员或心理医生。

（7）如果医生开药，应按医嘱坚持服用。

（8）避免用酒精、药物等麻痹你的痛苦。

（9）不要冲动行事，强烈的痛苦可能使你更难做出合理的决定。

（二）身边同学遭遇危机时应该怎么办

如果发觉身边同学处在危机状态，我们可以采用以下做法。

（1）向他（她）表达你的关心。询问他（她）目前的困难，以及困难带来的影响。

（2）多听少说，尤其不要说教。给他们一定的时间说出内心的感受和担忧。

（3）提问时使用开放式问题，如"发生了什么？""感觉怎么样？"要有耐心，不要因为他（她）不太愿意与你交谈就轻言放弃，有时沉默以后会出现重要的信息，有时当事人很伤心、痛苦的时候，你什么都不用说，静静地坐在他（她）身边就传递了一种支持，陪伴是有力量的。

（4）要允许流泪，允许他（她）表达，不要担心他（她）会出现强烈的情绪反应，如果真的出现反而是好事。即便是号啕大哭也没关系，充分释放后他（她）就会感到痛快和轻松，所以你不要担心。此时千万不要对他（她）说"不要哭"，哭是一种治疗手段，哭能减轻压力。

（5）不要批评指责，要学着接纳。这时候不要试图去改变对方内心的感受，不要试图改变对方的观点，千万不要与他（她）争论。

（6）给予希望。让他（她）知道目前面临的困境是暂时的，能够有所改变的，不是完全无能为力的。

（7）在谈话结束时，要鼓励他（她）再次讨论、交流。如说"今天我们谈到这里，下个礼拜或者明天的这个时候我们俩再见面，可以吗？"一定要得到他（她）的同意，这样可以让他（她）知道你的关怀是持续的。

（8）如果你认为他（她）需要专业的帮助，要给他（她）提供这方面的信息。

（9）应预想到他（她）会拒绝你提供的帮助。有心理危机的人有时因难以承认他（她）无法处理的问题而加以否认，不要错误地认为他（她）的拒绝是对你本人的反感。

（10）如果发现一个人想自杀，一定不能让他（她）独处，请立即报告老师或相关人员。

（三）危机干预六步法

1. 确定问题

从当事人立场出发，确定和理解当事人的问题。使用积极的倾听技术：同感、理解、真诚、接纳及尊重。使用开放式问题，既注意语言信息，也注意非语言信息。

2. 保证当事人安全

将保证当事人安全作为首要目标。

3. 给予支持和帮助

与当事人沟通和交流，通过语言、语调和躯体语言让当事人认识到我们是能够给予其关心帮助的人，让当事人相信"这里确实有很关心我的人"。

4. 提出应对方式

帮助当事人探索可以利用的替代解决方法，促使当事人积极搜索可以获得的环境支持、可以利用的应付方式，让当事人知道有哪些人现在或过去能关心自己，有许多可变通的应对方式可供选择。

5. 制订行动计划

帮助当事人做出现实的短期计划，计划应该根据当事人的应付能力，着重于切实可行和系统地帮助当事人解决问题。计划的制订应该与当事人合作，让其感到这是他自己的计划。制订计划的关键在于让当事人感到没有剥夺他的权力、独立和自尊。

6. 得到当事人的承诺

促使当事人承诺采取确定的、积极的行动步骤，这些行动步骤必须是当事人自己从现实的角度是可以完成的，我们应该从当事人那里得到诚实、直接和适当的承诺。

（四）危机消除策略

1976年，临床心理学家布彻和莫达尔对如何帮助危机中的人尽快渡过危机进行了研究，提出了危机消除策略。

1. 精神支持

使当事人有足够的信心，坚信自己有处理危机的能力；赞同当事人的决定，表明你对他充满信心。

2. 宣泄

给当事人提供宣泄的机会，有助于疏导那些可能会造成自我毁灭的情绪，如愤怒、恐惧、憎恨。

3. 希望和乐观精神

选择恰当的时机使当事人看到希望，使其对前途充满信心。

4. 有选择地倾听

在与当事人交谈时，你的回答有选择性，这就决定了你要有选择地听取当事人的交谈，如你可以忽略当事人对天气和体育的闲聊，当当事人开始谈到情感时，你就可以有所反应。

5. 劝告、直接建议和限制

一般情况下应避免直接建议、限制，但许多心理危机者陷入困境时情绪思维很混乱，应按实际情况提出劝告和建议，预防不利情况的发生。

心情日记

看见，是疗愈的开始

很多人在遭遇心理危机的时候，内心是很挣扎的，有的人会羞于表现出来，甚至在最熟悉的人面前也是如此，所以有时候危机并不能够轻易被觉察。但是，"被看见"恰恰又是处于危机中的人们最需要的。

看见危机中的"痛苦"。痛苦可以是直观的表现，比如负面的情绪表露和语言表达。有些痛苦可以从一些与个体平时不一致的表现看出来，比如睡眠和饮食习惯的改变、难以完成自己的任务、没办法自己照顾自己，退出社交圈、拒绝社交行为，甚至酗酒或者滥用其他物质等。如果你捕捉到这些细节，继续观察，顺着这些线索去发现可能存在的危机。

看见危机中的"需要"。所有的危机背后，都隐藏着没有被满足的"需要"，帮助他人解决问题，看见并理解他的"需要"是很关键的。这些需要可能包含"需要被理解""需要被尊重""需要被认同""需要被支持"等，我们可以根据不同的需要提供解决方案。

每个人都会在人生的不同阶段遭遇不同的危机，危机并不可怕，可怕的是危机不被"看见"。当发现自己面临危机时，积极地寻求帮助，将困难和痛苦表露出来，相信一定会有人愿意帮你。

163

第二节

自杀的识别与防范

人生在世，具有把握自己生命与肉体的权力，这是无可非议的事情。

——叔本华

我们应当不是把生命当作一种享乐，一种磨难，而是当作一种义务，一种只要最后期限未到我们就必须全力而尽的义务。

——法布尔

心灵故事

我的睡眠状态越来越差了，每天只能睡 3～4 小时。记性也越来越差，学习起来很吃力。很多时候，我都在回忆以前的事情。10 岁左右父母开始分居，他们为了我苦苦维持婚姻，直到我上高一时他们终于离婚了。得知父母离婚的消息，我瞬间崩溃大哭，推倒了桌子往外跑，努力爬上教学楼 5 楼的护栏，没有一丝犹豫地想跳下去，却被校长一脚端了回去，校长责骂了我一通。

现在我大学快毕业了，虽然高中毕业之后就没有了自杀行为，但我还是时不时会有想结束生命的念头，也在遇到一些困难时会情绪崩溃，会忍不住大哭大喊大叫。妈妈说我那次跳楼没有成功，会"大难不死必有后福"，要我一定好好活着。但是我真的认为人生均是苦难，目前我只是在为父母努力撑着，但是不知道可以坚持到哪一天。

朋友让我跟他们说说我的事情，但是我总说没事。我不知道该如何与他人诉说，我也担心我若告诉他们，他们会被我带入悲观抑郁的旋涡，因此，我只展现好的一面给他人……但我真的好痛苦。

生命是一条单向车道，我们永远不可能再次路过相同的风景，每个人都应该全身心地去享受生活、珍惜生命，而这就是人生的真谛。然而在现实中，一个个风华正茂的生命戛然而止，令人扼腕痛惜的同时，也引发了我们的深思。

● **心海泛舟**

一、自杀的概念及分类

自杀是指自行采取结束自己生命的行为。自杀有 3 个要素：自杀动机或想死的念头、可能导致本人死亡的行为、死亡的结局。根据三者的存在与否及其严重程度可以区分出以下不同的情况。

自杀完成：有自杀动机，也有可能导致死亡的行为，并且造成了死亡的结局。

自杀未遂：有自杀动机，也有可能导致死亡的行为，但没有造成死亡的结局。

自杀企图：有自杀念头，并开始了自杀准备，如蓄药、准备刀具或绳索等，但尚未付诸行动。

自杀观念：有自杀的动机或想死的念头，但没有可能导致死亡的行为，也没有开始自杀的准备。

类自杀/自杀姿势：不是以结束生命为目的，而是以引人注意，达到警告、威胁、使人妥协或求助为目的，有自我伤害，但往往有意采取不足以致死的手段，只做出一种自杀态势。

伪自杀：没有自杀动机或想死的念头，有可能导致死亡的行为，造成或未造成死亡的结局。

二、自杀的主要原因

（1）心理疾病。有调查显示，在 35 例大学生自杀案例中，几乎每位自杀者都有程度不等的人格障碍和情绪失调，这两个因素在导致自杀的原因中起着首要的作用。这些人往往觉得自己无能力、无希望、无帮助，一旦遭遇困难，就会产生自杀的冲动。

（2）情感挫折。大学生为情自杀、杀人的新闻不时出现，不管是被遗弃或者是结束一段感情，不管是责任在对方还是在自己，有些人就是没有能力处理这种所谓的问题和困难，心理脆弱。

（3）学习压力。有调查显示，学习压力占大学生自杀原因近 30%。有些学生读死书、死读书，每次考试相当于过"鬼门关"。学习成为"生命之痛"，不仅不能使他们有任何快乐和幸福，甚至使他们完全失去了兴趣。

（4）经济压力、家庭因素。这两个方面的影响是相互的，经济压力往往来自于家庭，家庭因素还包括父母离异或家庭变故造成的创伤，作为儿女的往往无法承受这种现实。

（5）安全感缺失。当前社会竞争加剧，生活节奏加快，学生的自我调适时间太少，闲暇时间不能很好地调节，造成空虚无聊感，容易使学生失去明确的目标，造成自身定位不准，从而引起失望和无助感，造成自杀的现象。

（6）严峻的就业形势。现在毕业生数量一路走高，找工作很不容易。不少大学生期望值太高，找到工作后，由于工作环境和工作状态与期望值反差较大，很容易产生挫败感。

（7）媒体感染。媒体经常报道自杀、他杀现象，对受众有感染作用，这对有潜在自杀念头的人，很可能是诱发因素。

知识链接

湖北省青少年心理健康教育中心关于高校大学生自杀的调研结果表明，每年春季开学后的 3 周内、五一长假及假后 3 周、秋季开学后的 3 周内均是自杀高峰期。在敏感时段应高度关注以下 12 类同学。

（1）有自杀未遂史或有自杀企图与计划者。
（2）曾患抑郁症及尚在治疗者。
（3）曾有妄想或其他精神病症状及尚在治疗者。
（4）人格偏执者。
（5）近期失恋者。
（6）意外怀孕或近期流产者。
（7）情绪长期低落不与人往来者。
（8）有生理缺陷或长期患病者。
（9）极度贫困者。
（10）学习困难及不能毕业者。
（11）近期丧亲者。
（12）极度自卑或自感生活能力低下者。

心路导航

策略一：鉴别自杀线索

（一）语言线索

经常谈到自杀或想到死亡，对自己关系亲近的人表达想死的念头，或在日记、绘画等中流露出来。

对绝望、无助或无价值感发出议论，经常说"我不在这里就好了"或"我要离开"。

直接向人说："我想死""我不想活了"……

间接向人说："我所有的问题马上就要结束了""现在没有人可以帮助我""没有我，他们会过得更好""我的生活毫无意义""我再也受不了了"。

突然与亲朋告别；讨论自杀计划，包括自杀方法、日期和地点；谈论与自杀有关的事或开自杀方面的玩笑；谈论一些可行的自杀方法。

（二）行为线索

出现与上课有关的学习与行为问题。

放弃个人财物。

突然增加酒精摄入或药物滥用。

出现突然的、明显的行为改变（中断与他人的交往或出现很危险的行为）；神态反常，突然、出乎预料地由悲伤情绪转为平和安详，甚至表现出愉快的样子。

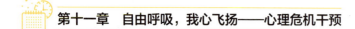
抑郁的表现：深度悲伤、兴趣丧失，食欲不振、沉默少语、失眠。

将自己珍贵的东西送人。

有条理地安排后事：把事情安排停当，无缘无故收拾东西，整理要丢掉的东西，向人道谢、告别、归还所借物品、赠送纪念品等。

频繁出现意外事故。

专心考虑自杀的方法：寻找付诸实施的有关信息（如自杀网站），同时寻求获得自杀的手段。

（三）环境线索

重要人际关系的结束，如失恋。

家庭发生重大变故。

显示出对环境的不良适应，因而失去信心。

（四）并发性线索

从人际关系退缩下来，显得与世隔绝的样子。

显现出忧郁的情绪，经常出现"没有希望"的念头。

显现出不满的情绪，而且有许多的抱怨，甚至有爆发性的攻击行为。

睡眠与饮食习惯变得紊乱，经常显得很疲惫的样子，身体常有不适的感觉或有反应性、突发性的大病……

策略二：自杀危险性评估

（一）破除误解

对相关学生进行自杀危险性评估，是预防自杀的重要一环。但是对于自杀及其预防，很多人存在一定的误解。

（1）自杀事件一般是无迹可寻的。其实自杀者在做最后的决定前，很大程度上会表现出内心的痛苦及犹豫，若自杀者身边的人能及时察觉并加以帮助，可能会减少悲剧的发生。

（2）与可能自杀的人讨论自杀将诱导其自杀。事实上与一个想自杀的人讨论自杀将能够帮助他们正确处理一些重大问题，并缓解他们的压力，愿意花时间重新获得控制。

（3）威胁别人说要自杀的人不会真正自杀。事实上，大量的自杀身亡者曾经威胁过别人或者对他人公开过自己的想法。

（4）自杀是一种不合理的行为。事实上，从自杀者的角度看，几乎所有采取自杀行动的人都有充足的理由。

（5）情绪好转后自杀危机减少。一些情绪极度抑郁并有自杀意念的人，有时情绪会突然好转，让人误以为他们的自杀危机已降低，就在众人放松防范时，突然自杀。

（6）一件小事也足以令人寻死。其实自杀行为并不能以单一事件去理解，因为自杀者长期面对的压力或存在的其他困扰经常被忽略。

（7）自杀者都有精神疾病。事实上，仅有部分自杀未遂者或自杀成功者患有精神疾病。他们大多数人是处于严重抑郁、孤独、绝望、无助、被虐待、受打击、深感失望、失恋等状态的正常人。

（8）想要自杀的人是真的想死。事实上，有很多人并不想死，他们只是想要逃离那个令人无法忍受的境遇，他们只是想终止自己的痛苦。

（9）想过一次自杀，就会总想自杀。事实上，大部分人只是在他一生中的某个时候产生自杀企图，在这段时间里，他们要么克服这种想法，要么寻求帮助，要么死亡。

（10）自杀都是冲动行为。事实上，有些自杀是冲动行为，另一些则是在仔细考虑之后才实行的。

（二）自杀危险程度评估

除了了解自杀的信号，我们还必须具备评估自杀危险程度高低的能力，以免因错误的判断，而引发难以弥补的遗憾。我们可以就以下几个层面来评估个体自杀的低、中、高危机程度。

1. 自杀计划

当个体已有自杀的计划时，自杀的可能性即由低升至中；如果他的计划相当完整，则其自杀可能性即由中升至高。

2. 曾有过自杀企图

尤其是在 6 个月以内有过这种企图的人，自杀的可能性较高。如果能了解他前次的过程，则有助于判断其自杀的可能性。通常当事人在自杀时，如果有避免被别人发现、事前事后不告知他人的情形，则自杀的可能性最高。

3. 身心的压力

如果个体具有较低的挫折容忍力，或是在面对压力事件时容易产生较高的心理压力，则自杀的危险性就会提高。尤其在面对亲人、朋友或宠物的过世，有失去的反应，或是出现放弃的念头时，自杀的危险性便会提高。

4. 危险征兆

如果个体的生活状态是正常的，情绪也不怎么低落，则自杀的可能性较低。一旦他在饮食、睡眠及课业上的活动突然改变，或是悲伤、受困扰及有孤独感，而且本身的活动量也降低，他的自杀危险性则由低升到中；如果他的日常生活秩序已广泛地被破坏，或是有无希望感、悲伤及有无价值感时，他自杀的危险性便由中升到高。

5. 支持资源

当个体有困扰时，如果能随时获得他人在精神上或物质上的帮助，则他的自杀危险性较低；相反，如果人际支持资源不足，则自杀的危险性便会提高。

6. 沟通方式

如果个体能直接、清楚地表达他的自杀感觉及意图，其自杀的危险性尚不算高；如果他自杀的意图是为了处理人际的问题，则自杀的危险性会由低升到中；如果他自杀的意图是为了逃避内心的罪恶感与无价值感，则自杀的危险性将由中升至高。

7. 生活形态

当个体有稳定的人际关系，人格表现或学业成绩尚且不错时，自杀的危险性较低；如果个体有药物滥用及冲动性的自残行为时，危险性较高；当个体已出现自杀行为、人际关系恶劣时，自杀的危险性很高。

8. 健康状况

如果个体没有别的健康问题，则自杀危险性低；而那些有反应性、突发性、短暂的精神或生理疾病的青少年，自杀危险性较高；有慢性或急性重大疾病者，自杀的危险性最高。

表 11-1 是自杀危机鉴别表，利用此表可以很好地评估自杀危险程度，也能有效避免因错误判断而导致的遗憾。

表 11-1 自杀危机鉴别表

评估维度	危机程度		
	危机程度低	危机程度中	危机程度高
一、自杀念头出现频率	没有或一闪即过	偶尔出现	常常出现且持续一段时间
二、自杀计划			
1. 细节	模糊、没有什么特别的计划	有些特定计划	有完整的想法，清楚定出何时、何地、用何方法
2. 工具的取得	尚未取得	容易取得	手边即有
3. 时间	未来非特定时间	几小时内	马上

续表

评估维度	危机程度		
	危机程度低	危机程度中	危机程度高
4. 方式的致命性	服药、割腕	药物、酒精、一氧化碳、撞车	手枪、上吊、跳楼
5. 获救机会	大多数时间均有人在旁边	如果求救会有人来	没有人在附近
三、先前的自杀企图	没有或有一个非致命性的	有许多低致命性或许一中度致命性的，有重复的征兆	有一高度致命性或许多中度致命性的
四、环境压力	没有明显的压力	对环境改变或失去某些人及物有中度反应	对环境改变或失去某些人及物有强烈反应
五、征兆			
1. 对日常生活的处理	可维持一般正常生活	有些日常生活，如饮食、睡眠及课业受到影响	日常生活广泛受到影响
2. 忧郁程度	轻度的情绪低落	中度的情绪低落，悲伤、受困扰或孤独感产生，且活动量降低	受到无希望感、悲伤及无价值感打击，而产生退缩或爆发性攻击行为
六、支持资源	可获得家人与朋友帮助	家庭或朋友可帮助，但非持续性的	家庭、朋友采取敌视、重伤或不管之态度
七、沟通方式	直接表达自杀的感觉及意图	表现出人际的自杀目的，如"我会死给他们看""他们会因我的死感到抱歉"	内心的自杀意图不直接或根本不表达
八、生活形态	尚有稳定的人际关系、人格表现及学业表现	有药物滥用或冲动性之自残行为	有自残行为，人际相处困难
九、健康状况	没有特别的健康问题	有反应性、突发性、短暂的精神或生理疾病	有慢性、逐渐衰退性疾病或急性之大病

策略三：自杀干预与处理

（一）如何帮助有自杀征兆的同学——我们的行动

1. 如何安慰自杀者

保持冷静和耐心倾听。

让他（她）倾诉自己的感受。

认可他（她）表露出自己的情感，也不试图说服他（她）改变自己。

询问他（她）是否想自杀："你是否觉得太痛苦、绝望，以至于想结束自己的生命？"

相信他（她）说的话；当他（她）说要自杀时，应认真对待。

如果他（她）让你对其想自杀的事情予以保密，不要答应。

让他（她）相信他人的帮助能缓解其面临的困境，并鼓励他（她）寻求帮助。

说服相关人员共同承担帮助他（她）的责任。

如果你认为他（她）当时自杀的危险性很高，不要让其独处，要立即陪他（她）去心理咨询机构或医院接受评估和治疗。

对于刚刚出现自杀行为（服毒、割腕等）的人，要立即送到最近的急诊室进行抢救。

2. 如何劝解自杀者

遇到有人跳楼、跳桥、跳河等突然情况，要以关心、尊重的口气劝说他（她）先从高处下来，除了告诉他（她）有事好商量外，对于其提出的合理要求可以暂时答应下来。

劝说时，尽量让他（她）开口将自己的难题讲出来，并尽量把对话进行下去，此时可以找些能触动他（她）的话题，比如"你现在最割舍不下的是什么""父母多大年纪了"等，注意不要说教，不要评价他（她）的行为，要着重强调他（她）自身存在的价值。

应该迅速拨打110、120等紧急电话，并在他（她）可能跳下来的地方做好张网、铺垫等工作，以防万一。

进行劝解时要让他（她）有这样一个牢固的观念：自杀获救还可以抚平对亲友的伤害，弥补过失，如果真的自杀身亡，那才真的是不可原谅。

不要给出诸如"一切都会好转的""不要胡思乱想"等没有实质性内容的建议，不要与他（她）争辩。

忌聚众起哄看热闹，更不能用"你倒是跳啊"之类的言语刺激他（她）。

3．面对要自杀的人可用的几句话

"你有权利自杀。"（含义：尊重、接纳他（她），明确是否自杀是他（她）自己的事，他（她）要对自己的行为负责。）

"自杀是每个人一生中都曾经出现过的想法。"（含义：你不是世界上唯一一个有自杀念头的人，你自己不必为有这样的想法而恐惧或自责。）

"自杀是一个人遇到困难还没有找到解决办法时的一种想法。"（含义：强调自杀是摆脱痛苦的手段而不是目的。）

"你遇到了什么困难让你痛苦到想要自杀？"（把话题引向深处，以发现他遇到的具体困难，为下一步提供心理援助打下基础。）

（二）如何帮助有自杀征兆的人——大家齐行动

学校可以围绕 5 级防护开展大学生自杀预防工作。

一级防护：学生自我调节（自觉地认识自己，独立地调节各种心理问题）。平时注意建立一个有一定规模、密度并具实质性的支持系统，学会和他人交流与沟通（会聆听，也会倾诉）；培养参与体育运动或文娱活动的习惯，在一定程度上这有助于不良情绪的释放和宣泄；提高自我觉察力，一旦发现产生自杀意念，便及时实施自我救助（如转移注意、避开刺激物等）；必要时可向心理辅导等专业人士咨询或寻求帮助。

二级防护：学生的朋辈互助（有互帮互助意识和能力，通过互帮互助解决某些心理问题）。指导学生心理协会，培训志愿者开展朋辈互助活动。

三级防护：辅导员、班主任、教师的工作（有发现学生心理问题、保护帮助学生解决某些心理问题的能力，能及时推荐某些学生去咨询）。建立院系心理健康联系人制度，培训心理辅导员，合作开展重点学生工作。

四级防护：心理咨询中心的工作（负责对大学生提供心理咨询、心理测试、心理训练、心理健康教育等服务）。

五级防护：医院治疗与家庭护理工作（医院能对问题学生心理疾病实施门诊药物治疗或住院治疗，家庭能协助并配合做好当事人的心理问题的防护和心理危机的干预工作）。与校医院及校外医疗机构保持紧密联系。

策略四：超越幸存——给自杀幸存者的建议

法国哲学家德里达说："幸存，就是超越生命的生命，多出生命的生命。因为，幸存，不只是留下来的东西，而是充满张力的生命本身。"每个人都要超越幸存。

（1）你能够生存下去，尽管你可能不这样想，但你一定能做到。

（2）你会一直纠缠于自杀发生的原因，直到最后你不再需要知道原因或你已经知道了一部分原因。

（3）你内心强烈的感受会压得你喘不过气来，但所有这些感受都是正常的。

（4）愤怒、内疚、混乱、健忘是常见的反应，你并没有发疯，只是处于悲伤之中。

（5）意识到你可能会对死者、这个世界以及你自己感到愤怒，把这种愤怒的情绪表达出来，没问题。

（6）你可能为你自己做过的或没有做过的事情感到内疚，宽恕自己，让内疚转化成遗憾。

（7）有自杀的想法很正常，有想法并不代表你一定会采取行动。

（8）记住自己需要时间慢慢度过这段日子，给自己一段时间恢复。

（9）找一个可以分享你心声的倾听者，如果需要倾诉就给他（她）打电话。

（10）不要害怕哭泣，眼泪有助于治愈心理创伤。

（11）记住选择自杀不是你的决定，没有人可以对生命产生唯一决定性的影响。

（12）尽量拖延做出重大决定的时间。

（13）允许自己寻求专业帮助。

（14）意识到你的家人和朋友承受的痛苦。

（15）对自己和其他还不能理解的人保持耐心。

（16）给自己制定一些限制，学会说不。

（17）避开那些告诉你应有什么感受或感觉如何的人。

（18）树立信心可以帮助你渡过悲伤。

（19）悲伤过程中会出现一些常见的躯体反应，如头痛、食欲不振、无法入睡等。

（20）主动与他人一起说笑或对着自己笑都是恢复的好方法。

（21）发泄自己内心的质疑、愤怒、内疚或其他感觉，直到完全清理干净。

（22）你已经不再是原来的你了，但你能够生存下去，并且可以活得更精彩。

（23）预料到情绪会有波动，如果内心的情绪如潮水般返回，这说明你的悲伤反应可能还未过去，还有一些残留。

拥抱生命

生命是什么？是一段旅程，还是一个过程？站在这个多样化的世界里，生命不间断地延续着，而你我都拥有一段自己的人生，一份全新的生命。

热爱生命——因为短暂，所以更要绽放绚烂的光芒

生命是很神奇的礼物，她拥有至高无上的特权，当我们接受这个礼物时，却未曾意识到我们自身是如此渺小，未曾想到生命有朝一日终会被召回。天灾、人祸、疾病，无时无刻不在危及我们脆弱的生命。热爱生命，善待生命，珍惜生命，爱护生命，好好活着，把握生命的每一天，为梦想和希望而生存，让生命充实而精彩地度过，让生命完美而真实地走完。我们的生命有太多的奇迹与感动，让我们用心去拥抱生命的美丽阳光，为生活中所有的美好而感动，在这短暂过程中留下自己美丽的足迹，生命也随之变得美丽绚烂……

学会生存——经历过就会快乐

每天我们都生活在经历之中，每个人有不同的经历，或深或浅，或多或少，经历让我们有了更多的体会，让阅历更丰富，让人生更精彩，它装点每个人，不带一点修饰，没有一丝夸张，不掺半点虚假，平实无华。我们无法预料在自己的生命中会遇到什么人，会遭遇什么事，会经历什么样的曲折和不幸，我们也不能预知未来，但我们可以把握现在，我们可以善待自己，我们可以从容面对生活中的酸甜苦辣、荣辱得失。就像泰戈尔说的："天空不曾留下鸟的痕迹，但我已飞过。"只要经历过就足以让我们快乐！

了解生活——展示给自己的舞台

伴随那轻微得近乎心跳的破裂声，一个生命就这样来到了这个绚丽的世界。生活是一个百变的大舞台，每个人都在这里演绎着自己的梦想，每个人都可以扮演一个角色。这里或许会有人鼓掌、有人喝彩，但在这个舞台上我们始终都是为自己起舞，展示心中那个真实的自己，演好自己的角色，便已是人生的一件幸事。

漫漫人生路，生命才是人生中最重要的。拥有生命，就可以创造奇迹。花谢了，会重开；春去了，会再来；爱失去，还有回忆在。可是如果生命没有了，我们还要怎样感知这个世界？带着对这个世界的所有热恋离开吗？

所以紧紧拥抱生命吧！即使在意料之中，也要让生命之花绽放的光彩划过昏暗的夜空。

心理素质拓展活动

我的生命线

拿出一点点时间，回想一下你的过去，想想你设想中的未来；拿出一张纸、一支颜色鲜艳的笔、一支颜色暗淡的笔。

1. 画一条生命走向的线条，在原点处标上 0，代表你的出生，写下你出生的日期和地点。

2. 预测你的死亡年龄：在生命线的末端做上一个标记，写下你预计的寿命数，那是你预测的死亡年龄。

3. 标出你现在的年龄：根据你规划的生命长度，找出你现在的年龄，标出它的位置，写下你的年龄数。

4. 列出过去对你影响最大或令你最难忘的 3 件事，找到它们大致发生的时间，写出时间并标注位置。这些事情对你产生了什么样的影响？如果是开心快乐的事情，请用鲜艳的笔写；如果是伤心痛苦的事情，就用暗淡的笔写。

5. 列出今后你想做的 3 件事或最想实现的目标，找到它们大致发生的时间位置，并注明时间。

本章习题

1. 什么是心理危机？心理危机有哪些类别？
2. 简述心理危机的特征。
3. 如何识别并化解心理危机？

参考文献

[1] 樊富珉. 大学生心理健康教育研究 [M]. 北京：清华大学出版社，2002.

[2] 郝伟. 精神病学（第 5 版）[M]. 北京：人民卫生出版社，2018.

[3] 戴维·H. 巴洛，V. 马克·杜兰德. 变态心理学——整合之道（第七版）[M]. 黄峥，高隽，张婧华，等译. 北京：中国轻工业出版社，2017.

[4] 彭聃龄. 普通心理学 [M]. 北京：北京师范大学出版社，2012.

[5] 黄希庭. 健全人格与心理和谐 [M]. 重庆：重庆出版社，2010.

[6] 王晓刚. 大学生心理健康 [M]. 北京：清华大学出版社，2008.

[7] 杨秀君. 心理素质训练 [M]. 上海：上海交通大学出版社，2010.

[8] 江光荣，吴才智. 大学生心理健康教育 [M]. 武汉：华中师范大学出版社，2012.

[9] 赵川林，吴兆方. 大学生心理健康 [M]. 北京：经济科学出版社，2010.

[10] 章劲元，郭晓丽. 心灵之约——大学生心理讲堂（第一辑）[M]. 武汉：华中科技大学出版社，2012.

[11] 郑日昌，陈永胜. 学校心理咨询 [M]. 北京：人民教育出版社，2010.

[12] 张大均，吴明霞. 大学生心理健康（第 2 版）[M]. 北京：清华大学出版社，2019.

[13] 刘晓新，毕爱萍. 人际交往心理学 [M]. 北京：首都师范大学出版社，2003.

[14] 聂振伟. 心灵的距离——人际关系解码 [M]. 北京：高等教育出版社，2008.

[15] 徐畅，庞杰. 大学生基本素质训练教程——礼仪 团队 心理 拓展训练（第 2 版）[M]. 北京：清华大学出版社，2012.

[16] 蔺桂瑞，杨芷英. 大学生心理健康与人生发展——成长，从关爱心灵开始 [M]. 北京：高等教育出版社，2010.

[17] 查尔斯·I. 布鲁克斯，万克尔·A. 丘奇. 心理学无处不在 [M]. 李展，译. 北京：新华出版社，2011.

[18] 肖水源. 大学生心理健康 [M]. 北京：人民卫生出版社，2005.

[19] 弗洛姆. 爱的艺术 [M]. 李建鸣，译. 上海：上海译文出版社，2008.

[20] 胡安·阿巴斯卡尔，多米尼克·布里克托，劳雷尔·布里克托. 压力控制 [M]. 苏静，译. 北京：中国劳动社会保障出版社，2006.

[21] 王为正，韩玉霞. 大学生心理自助读本——感悟·求索·升华 [M]. 北京：科学出版社，2010.

[22] 陈佩杰，张春华. 压力管理——理论与实务 [M]. 北京：北京大学医学出版社，2008.

[23] 边玉芳. 大学生心理健康 [M]. 上海：华东师范大学出版社，2009.

[24] 江光荣. 心理咨询的理论与实务（第 2 版）[M]. 北京：高等教育出版社，2012.

[25] 克拉拉·E. 希尔. 助人技术——探索、领悟、行动三阶段模式（第 3 版）[M]. 胡博，等译. 北京：中国人民大学出版社，2013.

[26] 江远，张戍山. 新编大学生心理健康教育 [M]. 北京：清华大学出版社，2009.

[27] 李莉，周石其. 大学生心理健康教育教程 [M]. 北京：人民邮电出版社，2019.

[28] 刘树林. 高职大学生心理健康教育 [M]. 上海：上海交通大学出版社，2009.

[29] 马丁·塞利格曼. 持续的幸福 [M]. 赵昱鲲，译. 杭州：浙江人民出版社，2012.

[30] 夏翠翠，宗敏，涂翠平. 大学生心理健康教育 [M]. 北京：人民邮电出版社，2017.

[31] 叶松华. 大学生生命教育 [M]. 杭州：浙江大学出版社，2011.

[32] [美] 罗兰·米勒. 亲密关系 [M]. 王伟平，译. 北京：人民邮电出版社，2015.

[33] [美] 罗伯特·J·斯腾伯格，凯琳·斯腾伯格. 爱情心理学 [M]. 李朝旭，等译. 北京：世界图书出版公司，2010.

[34] 王伟. 人格障碍的基础与临床（案例版）[M]. 北京：人民卫生出版社. 2016

[35] 黄希庭，郑涌. 大学生心理健康教育（第三版）[M]. 上海：华东师范大学出版社，2020.

[36] 高山川. 大学生生涯规划与发展 [M]. 上海：复旦大学出版社. 2015.

[37] 闫俊，李凌江，季建林，等. 强迫障碍诊疗概要 [J]. 中国心理卫生杂志，2014，28（4）:308-320.

[38] 李本清，李春梅. 精神疾病患者的家庭康复护理探讨 [J]. 医学美学美容，2019，28（21）:121-122.

后 记

"莺初解语，最是一年春好处"。春回大地，在这个万物更新的季节，经过编者团队集思广益、通力协作，《我心飞翔——大学生心理健康教程》出版10年后再次修订，继续为大学生的心灵成长引路护航。

《我心飞翔——大学生心理健康教程》是根据《高等学校学生心理健康教育指导纲要》（教党〔2018〕41号）、《普通高等学校学生心理健康教育课程教学基本要求》（教思政厅〔2011〕5号）、《湖北省普通高等学校学生心理健康教育工作基本建设标准实施意见》（鄂教思政〔2011〕8号）等文件精神要求而编写的。我们选取了自我意识、人格塑造、生涯规划、学习、人际交往、情绪管理、恋爱与性、挫折与压力、生命教育、心理危机这些主题，再现了大学生在心理上的一些困惑。每一节分为四大板块：心灵故事——从案例分析入手，揭示本节主题；心海泛舟——运用相关心理学知识分析事件，理解故事；心路导航——针对心理问题提出应对之策并训练强化，提高大学生的自我调节和自我成长能力，达到助人自助的目的；心情日记——选取充满哲理的心理美文，让大学生在轻松的阅读中有所领悟和收获，实现自我启迪。每章章末设置有心理测试、心理素质拓展活动，可以帮助大学生了解自己，这种培养能力的实际训练，避免了行、知脱节，让大学生在反思体验中获得心灵成长。

本书由武汉生物工程学院吕慧英、湖北医药学院扶长青、武汉生物工程学院吴雪霜任主编，负责全书框架结构设计、指导具体写作、统稿定稿等。参与编写的人员如下（以姓氏笔画为序）：丁伟（武汉生物工程学院）、王龙（武汉生物工程学院）、李艳（武汉生物工程学院）、朱悦悦（武汉生物工程学院）、吕慧英（武汉生物工程学院）、扶长青（湖北医药学院）、宋宇宁（武汉生物工程学院）、吴雪霜（武汉生物工程学院）、欧欣怡（武汉生物工程学院）、侯冰杰（武汉生物工程学院）、袁文婷（武汉生物工程学院）、高则富（武汉生物工程学院）、谢红林（武汉生物工程学院）。在编写过程中，我们参阅和引用了大量文献资料，谨向原作者表示深深的谢意！此次修订出版中，出版社提供了大力支持和帮助，在此一并表示感谢！

大学生心理健康教育问题十分复杂，加之编者水平有限、时间仓促，书中难免有不足之处，我们真诚希望广大读者提出宝贵的批评意见，以便进一步完善。

祝愿所有的读者朋友都能拥有健康、快乐、充满活力的心灵，在人生的道路上越走越好！

编者
2022年5月